JN290875

サステイナビリティ時代の
マーケティング戦略

高谷和夫 [著]

sustainability
marketi

東京 白桃書房 神田

はじめに

◎──サステイナビリティ時代の意味

　本書のタイトルは「サステイナビリティ時代のマーケティング戦略」としている。但し，サステイナビリティだけを取り上げたマーケティング戦略について記述したものではない。サステイナビリティの時代でも学ばなければならない基本理論は不変である。その基本理論をできるだけわかりやすく，しかも実務に使えるように解説したのが本書の特徴である。そして基本理論をもとに今後のマーケティング戦略の向かうべき方向として，企業の利潤だけを追求するのではなく，もっと外に目を向けた社会志向型のマーケティング戦略としてさらに発展させなければならない。それがサステイナビリティ時代におけるマーケティング戦略というタイトルにした意図である。

　サステイナビリティついては第1章で述べているが，一般的には持続可能性，すなわち地球環境の持続可能性のことを意味しているものの，地球環境の観点だけではなく，社会（経済・社会格差）や人間（人権・教育・ジェンダー）などの解決を含めた持続可能な発展を意味する。世界を取り巻く地球環境問題以外に日本に起きているさまざまな社会問題を含めてその解決を目指すことがこれからのマーケティング戦略を進めていく上できわめて重要であるという視座にたって，本書ではサステイナビリティの定義を「人間，社会，地球環境の持続可能性」としている。したがってサステイナビリティ時代のマーケティング戦略とは，わかりやすい言葉で「人・社会・地球に優しいマーケティング戦略」という定義である。

◎──ナンバーワンよりオンリーワン

　筆者は大学やビジネススクール，企業などでマーケティングの講義を行っているが，そのなかで200社以上の企業の成功事例を取り扱っている。それらの企業の成功事例は実はすべてオンリーワンでの成功である。すなわち他の企業の真似をして成功した例はなく，すべて独自に事業を創造したり新製品開発で成功したりした事例である。そのオンリーワン経営が結果的に業界でナンバーワンになったり，特定の分野，特定の製品カテゴリーにおいてナ

ンバーワンになったりするのであって，始まりはすべてオンリーワンなのである。

◎──**事業の目的は「顧客の創造」**

著名な経営学者のピーター・F・ドラッカー（Peter F. Drucker）は著書『現代の経営』において，事業の目的は"顧客の創造"であると述べている。「利潤追求という観点から事業を定義したり，説明したりすることはできない。事業とは何かと問われると，たいていの事業家は，"営利を目的とする組織"と答えるし，経営学者たちもほぼこれと同じような意見を持っているようである。しかしこの答えは大きな間違いであるばかりでなく，まったく見当はずれな答えである。同様に＜最大利潤の追求＞をもって事業の目的と考え，この観点に立って事業の活動を説明しようとする経済理論も，明らかに妥当性を欠いている」[1]と事業の目的は利潤の追求ではないとした。そして「事業とは何か，という質問に答えるためには，われわれはまず，事業の目的を考察する必要がある。事業が社会の一機関である以上，事業の目的は事業それ自身にあるのではなく，事業をその機関とする社会の中になければならない。かくして事業の目的について正しい定義は1つしかない。それは顧客の創造である」[2]と喝破したのである。

今でもこの話をすると，いや企業はやはり利益の追求であるとか，顧客の創造と利益の追求の両方のバランスであるという人が多い。しかしそれらは事業を創造した経験のない人の意見であると筆者は考えている。企業の創始者，創業者は利潤の追求ではなく事業の市場性を追求してきた。すなわちこの事業は顧客に満足を提供できるか，顧客の支持を得られるのか，どれくらいの顧客を獲得できるのかという顧客創造に賭けてきたのである。したがって成功した企業の創業者は，経営者というよりも事業の発明家が多いのである。ただ事業の発明家である創業者が企業の経営能力があるかというと，それはケースバイケースである。事業の発明家の創業者をマネジメント面で支える名経営者が出てきた例もある。例えば本田技研工業の創業者本田宗一郎は技術屋であり事業の発明家であったが，それを支えたのは経営のスペシャリスト藤沢武夫であったことは良く知られた話である。

事業の目的は利潤ではなく顧客の創造であるとドラッカーはいった。それ

では利益のことは何といっているか。「利益は事業がマーケティング活動やイノベーションや生産性向上を行った結果なのである。事業の第一の義務は，何よりも存続することである。いい換えれば，経営経済学の指導原理は最大利潤にあるのではなく，むしろ損失の回避にあるのである」[3]と述べ，危険を補償するためにこそ必要最小限の利益が必要であるとしているのだ。

◎──顧客の創造に必要なマーケティングとイノベーション

ドラッカーはさらに「事業は顧客の創造を目的とするものであるから，いかなる事業も2つの基本的な機能──すなわちマーケティングとイノベーション（革新）を持っている」[4]とし，マーケティングとイノベーションが顧客の創造に不可欠であると述べている。マーケティングは事業活動そのものであり，事業のあらゆる領域においてすべての人がマーケティングに関心をもち，責任をもつ必要があるとして，マーケティング・マインドの重要性を述べている。マーケティング・マインドとは企業活動のあらゆる局面においてマーケティング発想を重視することであり，また顧客に喜びや感動を与えたいという心のもち方を意味する。またイノベーションとは顧客に対して，さらにより良い，より経済的な商品やサービスを提供することによって企業が質的に向上することである。

現在日本では，産地の偽装，原材料の偽装，賞味期限の改ざんなど消費者の信頼を裏切る行為が多発している。また古紙の配合率を偽るエコ偽装問題も発生している。これら不祥事を起こしている企業は，利潤を追求するあまり，ドラッカーがいう事業の目的である顧客の創造をどこか忘れてしまっているのではないか。また顧客のニーズやウォンツを知り，絶えずより良い，より経済的な商品やサービスを提供するというマーケティング・マインドの実践ができなくなってしまっているのではないか。さらに企業の社会的責任を長期的，継続的に果たしていくという社会志向の経営理念が欠落しているのではないか，といわざるをえないのである。こうした不祥事の報道に接するたびに，改めてマーケティング教育の重要性を感じるのである。

◎──大学でマーケティングを学んだ人は1割

筆者はビジネススクールでもマーケティング授業を行っている。対象は大学卒業後，ファッションビジネスについての勉強をさらに深めたいという人

や，アパレル，百貨店からの若手の企業派遣生など20～30人前後のメンバーである。毎年かれらにマーケティングを学んだ有無を尋ねるのだが，大学時代にマーケティングを学んだことのある人は1割くらいにしか過ぎない。その1割の人は，経営学部でマーケティングを学んだ人がほとんどである。しかし社会においてビジネスに関わろうとする人は経営学部出身の人たちだけではないはずで，それ以外の学部のほとんどの人も大学卒業後は企業に勤めることになる。

企業の方でも入社後，従業員にマーケティングを学ばせる機会を与えることがある。慶應ビジネススクールや社会経済生産性本部などへの教育派遣である。しかしこれらの教育には費用がかかるため，教育を受けることのできる人は年に1～3名くらいの少数のエリートに限定される。そのため企業に入ってからマーケティングを学ぶことができる人は極めて少ないということになる。

このように大学でマーケティングを学ぶ人は全体の1割くらいしかなく，また企業の教育派遣の人数は少ないため，企業においてマーケティングの知識を持っている人は当然少なくなる。仕事上，マーケティングを勉強しなければならない人は，書店でマーケティング関連の本を読んで独学で勉強することになる。もちろん社会に出てからも勉強は必要である。しかし学生時代ほどの時間の余裕がないのが実情である。

◎―**マーケティングとは兵法のようなもの**

江戸時代では武士は兵法について学んだ。その兵法の1つに「孫子の兵法」がある。その兵法書『孫子十三篇』は紀元前500年くらいの中国の春秋時代末期に栄えた呉国の王に仕えた孫武の作とされている。

「孫子の兵法」で有名な言葉に"彼を知り己を知れば百戦して殆うからず"がある。戦いは，相手と己を客観的に深く調べて，己に合った戦い方，己が有利な土俵で戦えば，決して負けることがないという意味である。そのためには十分な情報収集と周到な準備が必要であるということだ。

「孫子の兵法」を学び，それを活用した歴史上の人物には武田信玄やナポレオンなどがいる。武田信玄が旗印にした"風林火山"は「孫子の兵法」からとった言葉である。米国の軍隊も湾岸戦争で「孫子の兵法」を研究し，活

用したといわれている。また企業においても「孫子の兵法」を企業戦略，マーケティング戦略に活用できないかと研究をしている。このように「孫子の兵法」は2500年以上という時間を超えて貴重な兵法書として今も生き続けている。

マーケティングは，企業の過去の数多くの戦い方を研究し理論化したものである。それらの実践的な戦略，戦術を論理的に体系化，類型化したのがマーケティングという学問である。マーケティングはコンセプトから始まって，ターゲット戦略，製品戦略，価格戦略，広告戦略，流通チャネル戦略，競争戦略など戦略項目ごとに2〜5つの具体論に類型化している。例えば，価格設定については「コスト志向型」「需要志向型」「競争志向型」の3つに類型化される。これらの基本類型を参考にして企業は自分に合った（小さな企業は小さな企業なりの）戦略を考えるのである。

問題なのは，こうしたマーケティング戦略を学ぶ機会がなく，自分の知識や経験だけに偏ってワンパターンのことしか考えられなくなることである。現実，企業に勤めている人でマーケティングの基本的な用語すら知らない人が多いのが実態である。ほんとうにそれで日本企業が欧米に太刀打ちできるのだろうか。だからこそ，ぜひマーケティングを勉強して頂きたい。そして，自分の身の回りにある商品やショップ，サービスに関心をもつ。企業の活動やマーケティング手法に興味をもつ。そしてファッションや映画，スポーツや音楽などにもできるだけ触れて，マーケティング・マインドを磨くことである。

マーケティングを学ぶことはビジネスマンとしての教養，知識を身につけるだけでなく，自分で問題を発見し，問題を分析し，問題を解決する方法を考える能力を高めるものだ。この問題発見，問題分析，問題解決能力は人生においても大いに役に立つものである。

◎──マーケティング理論は図で覚え，自分で実際に使うもの

マーケティングはできる限りわかりやすくなければならない，またマーケティングは楽しくなければならない，そしてマーケティングは実際に使えるものでなければならないと筆者は考えている。わかりやすく理解するためには，マーケティング理論はできるだけ図で覚えることである。そして図を道

具や武器のように普段から使うように心がけ，雑誌記事などに掲載されている成功事例を実際に分析してみることである。自分で図を作成し分析して初めて自分のものになる。そこに新しい発見がある。だからマーケティングが楽しくなる。マーケティングは兵法といったが，図はまさに武器である。良い武器でも使い方がわからないと使えない。また使い方がわかっていても，実際に使わなければ武器は錆びるのである。

　本書ではできるだけ図で解説するように試みた。そしてその図を使った事例を多く掲載している。本書を参考に，マーケティング理論を理解し，自分の武器として，自分なりの使い方を編み出してもらいたい。

◎―フレームワーク思考で戦略を考える

　また，本書は戦略とは何かについても触れている。マーケティング戦略を考える上では，戦略の意味をよく理解しておく必要がある。戦略的に考えるということは，ものごとをできるだけ長い目で，できるだけ多面的，全面的に，そしてできるだけ根本的に考えることである。そして歴史や古典から学んでそれを生かすことである。なぜなら人間が考えるようなことは本質的には昔とは大きく変わらないからだ。その歴史や古典のひとつがマーケティング理論である。われわれは長年にわたって築き上げられてきた理論を学び，それを実際に生かして今の社会に，今の人々の生活に貢献することができる。自己流に考えるのではなく，多くの研究家が築いてきたマーケティング理論を活用して考えることをフレームワーク思考という。多くのマーケティング理論は自分の思考の引き出しとなるはずである。引き出しはできるだけ多いほうがよい。これらの引き出しにプラスして自分の独自の考えを重ねていくことである。本書を思考の引き出し代わりにぜひ活用してもらいたい。

◎―注・参考文献
1) P.F.ドラッカー著（野田一夫監修・現代経営研究会訳）(1965)『現代の経営＝上』ダイヤモンド社，p.44
2) 同上，p.47
3) 同上，p.62, p.64
4) 同上，p.49

目　次

はじめに

第Ⅰ部　製品・サービス開発戦略

第1章—人間，社会，地球の持続可能性　〜サステイナビリティ〜 …………2
　1. サステイナビリティとは…2　　2. 南北問題と貧困問題…3
　3.「流通の歯車」モデル…5

第2章—心の豊かさ(モノからコトへ)　〜ニーズの源＝TPOS〜 ……8
　1. 物の豊かさ，心の豊かさ…8　　2. ニーズとウォンツ…9
　3. ニーズの源＝TPOS…11　　4. 事例研究…12

第3章—限界集落を救う　〜情報の重要性とマーケティング・リサーチ〜 ……14
　1. インフォメーションとインテリジェンス…14　　2. 思考の三原則…15
　3. マーケティング・リサーチ…16　　4. リサーチの方法…17　　5. 事例研究…18

第4章—ソリューション　〜不満解消の製品開発〜 …………………21
　1. Change, Chance, Challenge＝3C…21　　2. ウォンツ・スリップ…22
　3. メーカーの生活者の声を収集する方法…23　　4. 事例研究…24
　5. 生活のなかにあるさまざまなソリューション・チャンス…26

第5章—心のバリアフリー　〜ユニバーサルデザインの製品開発〜 …………28
　1. 少子高齢化と総人口減少時代…28　　2. 少子高齢化に対する店舗の取り組み…28
　3. ユニバーサルデザインとバリアフリー…29
　4. ユニバーサルデザインの製品開発…30　　5. 事例研究…32

第6章—コンセプトテスト　〜製品開発の進め方〜 ……………………34
　1. 新製品開発の流れ…34　　2. シーズ発想とニーズ発想…35
　3. 製品コンセプト開発…36　　4. 製品コンセプトテスト…37

第7章—悪魔のサイクル　〜先発優位と後発優位〜 …………………39
　1. 先発優位とマーケットシェアの関係…39　　2. 先発優位の理由…40
　3. 後発逆転＝新カテゴリーの創造…43　　4. 事例研究…44

第8章—一貫したストーリーの歴史　〜ブランド開発〜 ………………47
　1. ブランドとは何か…47　　2. ブランド展開の5つのパターン…48

vii

3. ブランド開発戦略…51　　4. 事例研究…54

第9章―人・社会・環境への責任　～CSR～ …………………………56
　　1. CSRとは…56　　2. 日本のCSRの現状…57　　3. 効果主義と効率主義…59

第Ⅱ部　製品マーケティング戦略

第10章―目的志向とKFS　～戦略と戦術～ ……………………………62
　　1. 戦略とは何か…62　　2. 戦略に必要な視点・発想…65

第11章―社会的マーケティング志向　～マーケティング・コンセプト～………67
　　1. マーケティングとは何か…67　　2. 市場とは…69
　　3. マーケティングの4つのコンセプト…70

第12章―敵を知り，己を知る　～SWOT分析～ ………………………73
　　1. SWOT分析…73　　2. 戦略と企業ドメイン…74
　　3. 3C分析とMECE（ミッシー）…76　　4. 事例研究…77

第13章―心理特性・行動特性　～セグメンテーションとターゲティング～ ……81
　　1. 市場細分化とターゲット顧客の選定…81　　2. セグメンテーションの方法…82
　　3. 事例研究…84

第14章―戦わずして勝つ　～製品ポジショニング戦略～ ………………87
　　1. ポジショニングとは…87　　2. 新カテゴリーの創造…88
　　3. ポジショニングが製品デザインを決める…90
　　4. マーケティングの基本プロセス…91

第15章―好感度認知　～製品ライフサイクル戦略～ ……………………92
　　1. 製品の3つのレベル…92　　2. 製品ライフサイクル…93
　　3. ライフサイクル別のマーケティング戦略…94

第16章―スターを育てる　～製品ポートフォリオ・マネジメント～ …………99
　　1. 製品ポートフォリオ・マネジメントとは…99
　　2. 製品ポートフォリオの例…100　　3. 製品ポートフォリオから戦略を考える…101

第17章―差別化と集中化　～競争地位別戦略の定石～ ………………104
　　1. ポーターの3つの基本戦略…104　　2. 競争地位別戦略…105

第18章―儲け度外視　～価格設定戦略～ ………………………………109
　　1. 建値制とオープン価格制…109　　2. 価格設定戦略…111
　　3. 内的参照価格…114　　4. PSM分析…114　　5. 事例研究…116

第19章―モノづくりの想いを伝える　～流通チャネル政策～ ……………118
1. 4つのチャネル政策…118　　2. 事例研究…120

第20章―清く正しい社会人　～プロモーション戦略～ ………………123
1. プロモーション・ミックス…123　　2. プッシュ戦略とプル戦略…124
3. 生活者の購買決定プロセスとプロモーション…125　　4. 事例研究…127

第21章―コト発想で提案する　～店頭マーケティング～ ……………129
1. インストア・マーチャンダイジングとは…129　　2. ISMの3要素…130
3. 売り場レイアウト…130　　4. 棚割り…132
5. 優位置とゴールデン・スペース…133　　6. インストア・プロモーション…134

第22章―マインド・シェアを勝ち取れ　～ブランド戦略～ ……………136
1. 企業にとってのブランドの意義…136　　2. 消費者にとってのブランド価値…137
3. ブランド・エクイティ…138　　4. ブランド価値ランキング…141

第23章―「売り手よし,買い手よし,地球よし」　～環境マーケティング～ …144
1. ソーシャル・マーケティングのフレーム…144
2. レスター・ブラウンのプランB…145　　3. 環境マーケティング…146
4. LOHASマーケティング…149　　5. 排出権取引…152　　6. 事例研究…154

第Ⅲ部　サービスマーケティング戦略

第24章―かゆいところに手が届く　～ワン・トゥ・ワン・マーケティング～…158
1. マーケットシェアから顧客シェアへ…158
2. ターゲット・マーケティングとの違い…159　　2. 優良顧客の選定方法…159
4. 事例研究…160

第25章―1品が顧客をつなぎ止める　～データベース・マーケティング～…164
1. リレーションシップ・マーケティング…164　　2. FSP…165
3. 優良顧客とライフタイムバリュー…166　　4. データベース・マーケティング…167
5. 1品の死に筋が顧客をつなぎ止める…169

第26章―マニュアルを超える　～サービスの特性～ ……………………171
1. サービスとは何か…171　　2. サービスの特性…172　　3. サービスの内容…174

第27章―"We Are Ladies And Gentlemen"～インターナル・マーケティング～ …175
1. サービスマーケティング3つの要素…175　　2. インターナル・マーケティングとは…176
3. インターナル・マーケティングの事例…177　　4. ESとCS…179

第28章―ノーと言わない　～インタラクティブ・マーケティング～……………180
　　1．インタラクティブ・マーケティングとは…180
　　2．インタラクティブ・マーケティングの事例…180
　　3．「ノーと言わない」サービスの実践…183　　4．顧客のニーズを把握する…183

第29章―7つのP　～サービスマーケティング・ミックス～………………186
　　1．製品（モノ）のマーケティング・ミックス…186
　　2．サービスマーケティングの7P…187　　3．サービスマーケティング・ミックス…189

第30章―経営は変化の創造　～業種と業態～……………………………190
　　1．業態とは…190　　2．業種と業態の違い…190
　　3．スーパーマーケットという業態…192　　4．ワンストップ・ショッピング…193
　　5．深化とシーン化による新業態開発の必要性…193　　6．事例研究…194

第31章―ショッパーテイメント・エデュテイメント　～経験・感動マーケティング～…196
　　1．驚きと感動を与えるサービス…196
　　2．経験経済と経験・感動マーケティング…197

第32章―自分で考え，自分で作って，自分で売る　～オンリークオリティ～…201
　　1．チェーンストア経営の特徴…201　　2．なぜチェーンストアか…202
　　3．チェーンストア経営の特徴…202　　4．標準化とは…205
　　5．レイバースケジューリングプログラム（LSP）…206
　　6．製造小売業…207　　7．事例研究…209

第33章―店こそ唯一のプロフィット・センター　～フランチャイズシステム～…211
　　1．フランチャイズシステムとは…211　　2．コンビニエンスストアの経営数値（試算）…212
　　3．フランチャイズビジネスのメリット，デメリット…213　　4．事例研究…215

第34章―短期と中長期で考える　～アンゾフの成長戦略～………………217
　　1．アンゾフの製品・市場マトリックス…217
　　2．企業の今後の戦略を考える…219

第35章―人類・社会・地球の危機を救う　～「サステイナビリティ・マーケティング」～…222
　　1．新しいマーケティング・パラダイムの序曲…222
　　2．「サステイナビリティ・マーケティング」の提言…227

あとがき

第Ⅰ部 製品・サービス開発戦略

第1章
人間・社会・地球の持続可能性
～サステイナビリティ～

——1．サステイナビリティとは

　サステイナビリティ（sustainability）とは，持続可能性，すなわち地球環境の持続可能性，人間社会の文明・経済システムの持続可能性を意味する。
　2008年米国のNRF（全米小売業大会）において，小売業の巨大潮流としてこのサステナビリティが取り上げられている。「サステイナビリティは，米国では環境保護だけではなく，『地球にやさしい』『人に優しい』企業活動を意味するようになっている。またコンプライアンス（企業倫理）やフェアトレード（公正な貿易），ダイバーシティ（多様な人材の差別のない登用）を含む『モラルと透明性が高い』活動だ」[1)]とIFIビジネススクール学長尾原蓉子は述べている。
　1972年ローマクラブが『成長の限界——ローマ・クラブ人類の危機レポート』を発表し世界に大きな衝撃を与えた。ローマクラブとは1970年にスイス法人として設立された民間組織で，科学者，経済学者，プランナー，教育者，経営者などによって構成され，日本からもメンバーとして参加している。『成長の限界』はローマクラブから第一段階の作業を委嘱されたMIT（マサチューセッツ工科大学）のデニス・L・メドウズ（Dennis L. Meadows）等のプロジェクトチームの研究成果を取りまとめたものである。人口と工業投資がこのまま幾何級数的成長を続けると地球の有限な天然資源は枯渇し，環境汚染は自然が許容しうる範囲を超えて進行することになり，100年以内に成長は限界点に達するという衝撃的な内容は，当時の多くの人々に多大な影

響を与えた。

　その後，経済成長と環境保護とはゼロサム（足してゼロのこと）関係にあるという前提の下に議論が進んでいった。資本主義社会の制度そのものに手をつけなければ環境問題を本当に解決できないと主張する論者もいた。しかしこれらの論調は経済的発展を望む途上国や経済成長論者の支持を得ることはできなかった。1980年代に入ると経済成長と環境保全は両立できると論じるエコ近代化論が始まった。

　そしてサステイナビリティが広く認知されるきっかけとなる1987年のブルントラント委員会が出した報告書"Our Common Future"において〈sustainable development〉（持続可能な発展）が人類の課題として取り上げられたのである。このブルントラント報告では「持続可能な発展」を将来の世代のニーズを充足する能力を損なうことなしに，今日の世代のニーズをみたしうるような発展であると定義している。深井慈子著『持続可能な世界論』（2005）によると，「『持続可能な発展』を取り上げた背景には，途上国の懸念を払拭するために，環境と途上国の発展を両立させる道を探ることを国際政治の課題として位置づけようとする政治的意図が含まれていた」[2]としている。

　ブラジルのリオ・デ・ジャネイロで1992年6月に開催された地球サミットでは21世紀に向けた持続可能な開発のための人類の行動計画である「アジェンダ21」が合意された。中心概念は，環境への影響を最小限に抑えた「持続可能な発展」である。

　2002年には南アフリカ共和国・ヨハネスブルグで地球サミットが開催された。1992年のリオ・サミットから10年目にあたる節目の会議で，持続可能な発展のためには，環境面だけでなく南北問題（先進国と途上国の経済・社会格差の問題）や貧困問題という課題の克服が不可欠であると合意された。

2. 南北問題と貧困問題

　南北問題や貧困問題とは具体的にどういうことであろうか。
　国連人口部による世界の人口は2007年で66億人である。1950年の世界人

口は25億人，1975年は40億人，2000年では61億人と25年間ごとに1.5～1.6倍増えていることになる。国連人口部の推計では2050年の世界人口は約92億人と推定されているが，この人口増加の大半はアジアとアフリカでの増加とされている。先進国では人口増加は鈍化しているが，途上国の多くでは急激な人口増加が続いている。この途上国の人口増加が先進国と途上国の経済格差（南北問題）をさらに広げることになっている。

　人口増加の背景には「貧しい地域では子供を労働力とみなす考え方が根強く，それも人口増加に拍車をかけている。貧困が発展途上国の人口爆発を助長し，その結果，さらに貧困の度合いを増すという，手のつけようのない悪循環が進行しているのだ。途上国の人々に少子化の考え方や避妊の知識を広めることで，人口増加に歯止めをかけることができる。しかし世界には，避妊しようにも，コンドームすら買えない人びとが何億人もいることもまた事実なのだ」[3]という指摘もある。

　FAO（国連食糧農業機関）は，世界で8億4000万人以上が慢性的な栄養不足状態（飢餓状態）にあるとしている。すなわち世界人口の66億人の実に13％が飢餓状態にあるという。そのほとんどは途上国の人々である。飢餓はインドとサハラ砂漠以南のアフリカの国々に集中している。

　栄養不足の影響が大きく出るのは子供である。インドやバングラデシュの子供の半数以上は栄養不足という。栄養不足は感染症にかかりやすくなる。主要な感染症はマラリア，エイズ，赤痢，結核などである。サハラ砂漠以南のアフリカの地域では，成人の10～30％がHIVに感染している国が珍しくない。貧困の地域では，家計を助けるために子供の頃から働かなければならないので教育を受けることができない。字が読めないので条件の悪い仕事にしかつけない。そのため読み書きできない成人は貧困からなかなか抜け出すことができないのである。

　貧困に苦しむ人々のなかでも，女性はとくに不平等や差別を受けている。男性に比べ，基本的な教育や，医療などを受けにくく，劣悪な環境下での出産を強いられ，その結果妊産婦の死亡率が高くなる。途上国の妊産婦死亡率は先進国の10～100倍という報告もある。貧困はジェンダー（社会的な性差別）にも大きな影を投げているのである。

第1章 人間・社会・地球の持続可能性 〜サステイナビリティ〜

　このようにサステイナビリティとは，国際社会においては地球環境保護の観点だけでなく社会（経済格差，社会格差）や人間（人権，教育，ジェンダー）などの途上国の諸問題の解決を含めた持続可能な発展を意味している。すなわち「**人間・社会・地球環境の持続可能な発展**」と理解されているのである。

3.「流通の歯車」モデル

　図表Ⅰ-1は，流通のしくみを消費者（後に生活者へと変貌する），小売業，卸売業，メーカーの4つの歯車ととらえ，メーカー主導の流通システムから生活者主導の流通システムへと大きく変化する状況を筆者がモデル化したものである。

　図表に示すとおり，「**生産中心の時代**」においては，流通全体のエンジン部分はメーカーが担っていた。メーカーが流通の主導権を握ることによって，

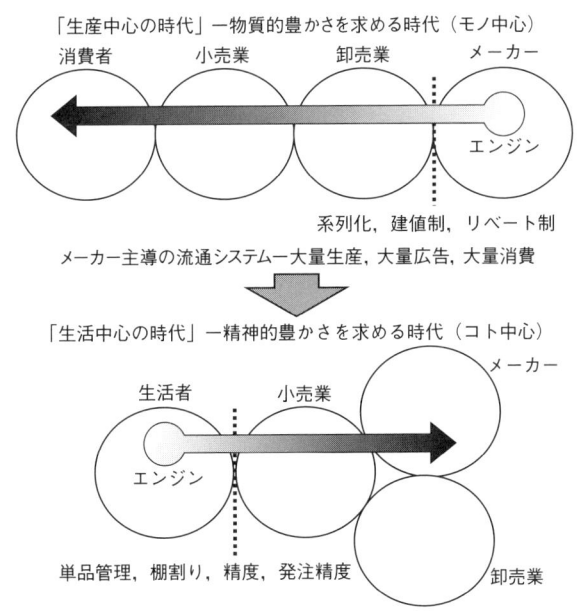

「生産中心の時代」―物質的豊かさを求める時代（モノ中心）

消費者　小売業　卸売業　メーカー

エンジン

系列化，建値制，リベート制

メーカー主導の流通システム―大量生産，大量広告，大量消費

「生活中心の時代」―精神的豊かさを求める時代（コト中心）

生活者　小売業　メーカー

エンジン

単品管理，棚割り，精度，発注精度　卸売業

生活者主導の流通システム―人間・社会・地球環境のサステイナビリティ

図表Ⅰ-1　流通の歯車

大量生産，大量広告，大量販売のしくみが機能し，メーカーによる系列化や建値制，リベート制など流通のしくみがそれを支えた。消費者は規格化，画一化された大量生産品を大量消費する役割を果したといえる。またスーパーやコンビニエンスストアなどのチェーンストアが大量出店し，消費者の生活水準は向上，家電製品などの普及率が高まって，消費者はモノの豊かさを感じるようになっていった。

　しかし，1982年ころから小売業，とくにチェーンストアの既存店売上高が伸びなくなった。卸売物価上昇率が翌年の83年からマイナスに転じ，それまでは3〜10％程度を示していた消費者物価上昇率も1％台に下落したのである。消費者物価上昇率に支えられ発展成長してきたチェーンストアは，82年を境に低迷期に入った。これは日本の消費財の供給構造が「物不足」の状態から「物余り」の状態に大転換したこと意味する。

　この1982年ころから消費者の商品に対する選択眼が厳しくなっていった。「品種から品番へ」という言葉で示されるような商品へのこだわりをもち始めたのである。消費者はより高度なニーズをもち，自らのライフスタイルや感性にしたがって消費活動を行う生活者へと変貌し始めたのだ。「**生活中心の時代**」の幕開けである。小売業は大手チェーンストアを中心にPOSシステムを導入し，売れ筋商品と死に筋商品を把握して，シビアな在庫管理を流通全体の供給システムとして構築し始めた。これが，単品管理である。

　この単品管理を境に流通の歯車のエンジン部分はメーカーから生活者に移った。そしてメーカー，卸売業，小売業の製・配・販の垣根が低くなり，メーカーが通信販売などの小売機能をもったり，卸が小売業態を開発したりするなど，生活者主導の流通の歯車のなかでメーカー，卸売業，小売業の関係は三つ巴のような形で，各々の機能を再編成する段階に至ったのである。これが現在の生活中心の時代の流通の歯車の本質である。

　生産中心時代はメーカー主導による大量生産・大量広告・大量消費であったが，生活中心時代の流通システムは「**人間（生活者）・社会（地域社会）・地球環境のサステイナビリティ**」が一大テーマとなる。

　「2008年NRF（米国小売業大会）で，世界最大の小売業ウォルマートのトップは『サステイナビリティと低コスト経営は共存し得る。当社のミッシ

ョン"Save Money, Live Better"そのものがムダの徹底的削減に根ざすサステイナビリティだ』と強調している。2年前に同社が設定した①再生可能エネルギー100％使用②2025年までに包装などの浪費ゼロ③環境配慮商品を売るなどの目標が着実に進行中で，太陽・風力発電，LED（発光ダイオード）などトップ主導の行動から，洗剤3倍濃縮（小型化で包装材，輸送費，売り物スペース削減）など多くの成果を上げていると述べた」と尾原レポートにある[4]。

　高度成長時代における企業の社会的責任は企業の存在そのものであった。例えば，家電製品や自動車，家庭用品，インテリア，カー用品，園芸用品などのメーカー，卸売業，百貨店やスーパーマーケット，コンビエンスストアなどの小売業，これら企業の多くは消費者に生活の便利さを提供し，豊かさを提供するという社会的役割を果たしてきた。しかし21世紀には多くの問題が残った。それは日本，あるいは世界が今までに経験したことのない「人間」「社会」「地球」というテーマでくくられる多くの社会問題である。企業は利益を追求するだけでなく顧客満足と社会的要請，社会的責任，そして地球環境を含めた社会問題に長期的，継続的に対応していくことがサステイナビリティ時代の企業が果たすべき役割である。

　本書では、地球環境以外に日本に起きているさまざまな社会問題を含めてその解決を目指すことがこれからのマーケティング戦略においてはきわめて重要であるという視座にたって，サステイナビリティの定義を「**人間，社会，地球環境の持続可能性**」とする。

　したがってサステイナビリティ時代のマーケティング戦略とは，わかりやすい言葉で「**人・社会・地球にやさしいマーケティング戦略**」という定義としたい。

第2章
心の豊かさ(モノからコトへ)
～ニーズの源＝TPOS～

1. 物の豊かさ，心の豊かさ

　図表Ⅰ-2は内閣府の「国民生活に関する世論調査」（内閣府）のうち"心の豊かさ，物の豊かさ"についての意識調査を時系列にしたグラフである。2007年7月の調査では"心の豊かさを重視（物質的にはある程度豊かになったので，これからは心の豊かさやゆとりのある生活をすることに重きをおきたい）"という人が62.6％と"物の豊かさを重視（まだまだ物質的な面で生活を豊かにすることに重きをおきたい）"という人の28.6％を大きく上回っている。"心の豊かさ重視"が"物の豊かさ重視"を逆転したのは1980年ころとみられる。それ以降"心の豊かさ重視"という人の割合はどんどん増え続けている。そして現在においては物の豊かさよりもいかに**心の豊かさ**を提

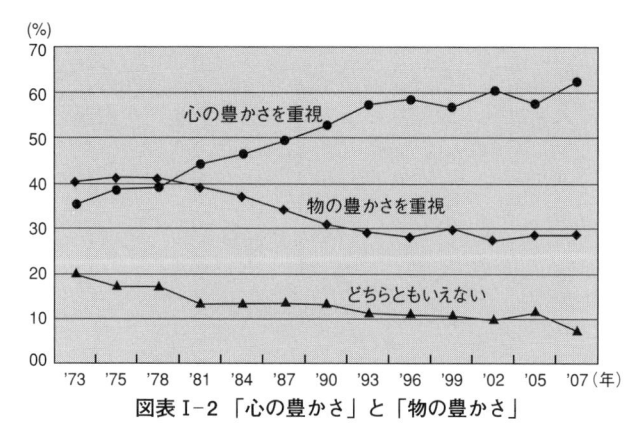

図表Ⅰ-2 「心の豊かさ」と「物の豊かさ」
出典：「国民生活に関する世論調査」（平成17年6月，内閣府）より作成

供していくかが，マーケティング戦略上きわめて重要となっている。

2. ニーズとウォンツ
―ニーズとウォンツの違い―

アメリカの著名なマーケティング学者のフィリップ・コトラー（Philip Kotler）は，「**ニーズ**（Needs）とは欠乏を感じている状態である。基本的なニーズには食べ物や衣服，暖かさ，安全などの生理的なニーズ，帰属や愛情を求める社会的ニーズ，そして知識や自己表現にかかわる個人的ニーズといったものがある。これらのニーズはマーケターによってつくり出されるものではなく，人間性の基礎を成すものである。そして**ウォンツ**（Wants）とは文化や個人の人格を通して具現化されたニーズそのもののことである。米国に住む人が食べ物にニーズを感じているとき，その欲求の対象はハンバーガー，フライドポテト，清涼飲料である。モーリシャスに住む人が食べ物にニーズを感じているときに，その欲求の対象はマンゴー，コメ，レンズ豆などの豆類である。ウォンツはその人が帰属する社会により形成され，ニーズを満足させる対象の名称で表される」[5] としている。

ニーズはコトラーのいうように人間性の基礎をなすものであり，わかりやすくいえば何々をしたい，何々でありたいという「コト」で表現される。例

ニーズ	ウォンツ	製品・サービス
人間の欲求のこと ・生理的ニーズ 　食べ物，衣服，暖かさ， 　安全性など ・社会的ニーズ 　帰属，愛情など ・個人的ニーズ 　知識，自己実現など （例）空腹を満たしたい	ニーズを満足させる 具体化されたもの（名称） （例）空腹を満たすため 米国在住であれば ・ハンバーガー ・フレンチフライ ・清涼飲料水 など	ニーズ・ウォンツを満たす目的で市場に供給されるすべてのもの。 （例） ・ハンバーガー 「チーズバーガー」 ・コカ・コーラ 「コカ・コーラ・ゼロ」

図表Ⅰ-3　ニーズからウォンツへの流れ
出典：フィリップ・コトラー／ゲイリー・アームストロング（和田充夫監訳）
（2003）『マーケティング原理［第9版］』ダイヤモンド社，pp.10-11をもとに作成

えば,「空腹を満たしたい」「野球をしたい」「健康でありたい」「旅行をしたい」「時間を節約したい」などがニーズである。図表Ⅰ-3に示すように, これらのニーズがウォンツという欲求を発生させ,「製品やサービス」に対する購買行動につながるのである。そして消費者はそのニーズとウォンツを満たすために製品やサービスを購入するのである。

コトラーはまた著書『マーケティング原理』のなかで,「多くの販売業者は, 特定の製品ばかりに気をとられ, 製品が生み出す**ベネフィット**（便益）を軽視するという過ちをおかしている。彼らは自分たちの仕事は製品を売ることだととらえ, ニーズを満たす方法を提供することだとは考えていない。ドリルの刃のメーカーは, 顧客のニーズはドリルの刃にあると思っているかもしれない。しかし顧客の本当のニーズは穴なのである。このような販売業者は"**近視眼的マーケティング**"に陥り, 製品を中心に考えるあまり, 目の前のウォンツにばかりに気をとられ, 潜在的な顧客のニーズを見失ってしまう。こうした販売者は, もしほかの新しい製品が売り出され, それが顧客ニーズをさらに満たし, より安い価格である場合に危機に直面する。同じニーズを持つ顧客は, 新しい製品を欲しがるからである」[6]と述べている。

われわれはPOSデータなどを通じて「どの製品が売れているか」というウォンツはある程度把握することができる。しかし「なぜ, その製品が売れているのか, 消費者はどのような理由で, その製品を買っているのか」という, 消費者の真のニーズを探求する努力をしなければならない。ニーズを把握することができれば, ニーズを満たすための新たな製品の開発にも取り組めるからである。

ニーズ 〜をしたい,〜でありたい という願望	ウォンツ ニーズを満足させる 具体化されたもの
板に0.5インチの穴をあけたい	▶ 電動ドリル
年をとっても美しい肌でありたい	▶ 美肌化粧品

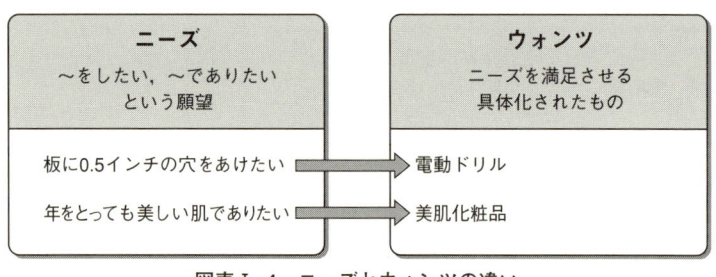

図表Ⅰ-4　ニーズとウォンツの違い

ニーズとウォンツの違いを再度明らかにすれば図表Ⅰ-4のようになる。**ニーズはコトであり，ウォンツはモノに対する欲求**とみることができるのである。

3. ニーズの源＝TPOS

　ニーズはコトであり，ウォンツはモノに対する欲求であると述べたが，事例を上げて説明しよう。例えば，子供の安全をいつも確認できるようにしたいというニーズが，子供の安全を常に確認できる携帯電話が欲しいという製品やサービスに対するウォンツを発生させる。その結果，子供の安全を確認できるという機能をもった携帯電話を購入するという購買行動を起こすのである。したがってニーズやウォンツは人それぞれの **T（time）．P（place）．O（occasion）．S（style）＝TPOS** によって異なる。S（style）とはライフスタイルやファッションスタイル，嗜好のことである。

　社会の発展とともにこのニーズは多様化，個性化が進み，TPOSの個人差が進む。いわば，よりパーソナル化していく。このことは米国の未来社会学者アルビン・トフラー（Alvin Toffler）が「フレックス・タイム制によって目覚めの早い朝型人間は，たとえば朝の8時に出勤し，それと体質の異なる夜型人間は10時ごろの出勤を選ぶことが可能になる。かくて従業員は，家事や買物や，子供を医者に連れて行く時間を作ることができる。早朝または夜遅くボウリングをしたいグループは，全員が労働のスケジュールを都合することによってボウリングが楽しめる。つまり，時間そのものの非マス化（非画一化）である」[7]として工業化社会の象徴である"「9時から5時」時代の終焉"を著書『第三の波』で述べている。

　先に述べた内閣府の国民生活調査でも明らかなように，今日の生活者ニーズは「**心の豊かさ**」である。「心の豊かさ」とはいうまでもなくパーソナルである。そして，そのパーソナルニーズは同じ個人でもTPOSに応じて異なるものである。パーソナル化した消費者はまさにTPOSに応じて自分に合った商品やサービスを求めることになる。

── 4．事例研究

―お散歩バッグのTPOS―

　団塊の世代で定年退職を迎える人が増えているが，そういう人が自宅でごろごろしているよりも健康のために，あるいは気分転換で散歩に出ると想定する。年齢が60歳を越えると脳梗塞の危険を考えておかなければならないので，水分補給が大切になる。そこでペットボトルのお茶をもって散歩に出かけたいが，ペットボトルを手にもって歩くわけには行かない。したがってペットボトルを入れるバッグが欲しい。ペットボトルだけでなく携帯電話も入れたい。雨が降るかもしれないので折りたたみ傘が入ると便利。さらにデジカメももっていきたい。ティッシュも入ればいい。そういったバッグがあれば便利だ。女性なら帰りにスーパーでショッピングするので，折りたたみのエコバッグも入ればいい。そういうニーズを満たすのが「お散歩バッグ」である。「お散歩バッグ」というネーミング自体がTPOSを表しているのである。まさにニーズでありコトである。お散歩というコトを表しているのである。

　心の豊かさを求める生活者ニーズの源になっているコトのキーワード，その切り口は，

① **自分スタイル**

② **ソリューション（問題解決）**

③ **知的感動体験**

の3つである。この3つから具体的な **TPOS** を考えるのである。

項目	ニーズの切り口（主な例）
自分スタイル	価格（値ごろ感），時間，サイズ，容量，地域性（風土，気候，嗜好），帰属集団（職場，学校，プライベート），生活行事・イベント，ライフスタイル（あこがれ含む），こだわり（マニア）度など
ソリューション（問題解決）	健康，美容，ダイエット，安心，安全，快眠，癒し，リラックス，安らぎ，節約，ファイナンス，便利，コミュニケーション，宗教，占い，風水など
知的感動体験	文化・教養，趣味，旅行，スポーツ，音楽，地球環境，ボランティア，社会貢献など

図表Ⅰ-5　生活者ニーズ（コト）のキーワード

製品開発やマーケティングで重要なことは，モノが先にあってそれをいかに売るかを考えるのではなく，生活者のニーズ，すなわちコトやTPOSをまず考えて製品を開発したり売ることを考えたりするのである。「モノ発想」ではなく「コト発想」が重要なのである。

第3章
限界集落を救う
～情報の重要性とマーケティング・リサーチ～

1. インフォメーションとインテリジェンス

　インフォメーション（information：一般情報）とインテリジェンス（intelligence：使える情報）は異なる。われわれはいろいろな情報があふれる社会にいる。現代の情報化社会では圧倒的に情報量が多い。例えば小売業の専門店で初めて売上高1兆円を超えたヤマダ電機は，大型店「LABI（ラビ）」を都心の駅前商圏に進出させているが，その「LABI」の扱い品目数は家電量販店最大級の80万品目である。イトーヨーカ堂などの大型スーパーの扱い品目数が20万～40万品目で，ビックカメラなどのカメラ系家電大型店の扱い品目は60万品目なので，いかに「LABI」の扱い品目数が多いかがわかる。しかし，インターネット書店アマゾンの扱い品目数は，そのヤマダ電機「LABI」の10倍の800万品目である。桁が違う。アマゾンの事例にみるまでもなく情報化社会においては，工業化社会に比べて桁が違うほど圧倒的に情報量が多いのである。

　われわれはいろいろな情報を元に行動している。「あの店のラーメンはおいしい」という情報があればその店にラーメンを食べに行く。「今日16時から会議」という情報があるから会議に出席するのである。

　新製品や新サービスを開発するという行動もいろいろな情報がヒントになっている。ただ情報というのはそのままでは使えない。例えば「パリでエステが流行っている」という情報があるとする。これはただの情報である。そのままでは使えない。「なぜエステが流行っているのか」→「女性は美しく

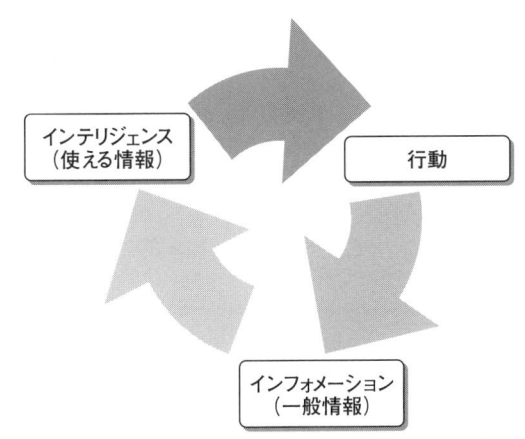

図表Ⅰ-6　インフォメーション，インテリジェンス，行動の流れ

なるためにはお金を惜しまない」→「日本でも必ずエステが流行る」というように，インフォメーション（一般情報）をインテリジェンス（使える情報）に転換することが必要なのである。そのインテリジェンスから「それではパリに行ってエステの技術とビジネスを学ぼう」という行動（action）につなげていくのである。そして次に日本でのエステビジネスにおけるインフォメーション→インテリジェンス→行動というサイクルでまたスパイラルにアクションしていくことになる（図表Ⅰ-6）。

　しかし，この一連のサイクルで重要なのはやはりインテリジェンスである。多くの情報のなかから真に使える情報を感度よく受け止める感受性を普段から磨くことが必要である。行動が起こせないというのはインテリジェンス不足が原因であることが多い。もちろんインテリジェンスにしていくためには，あきらめずにインフォメーションを集める努力が必要である。製品開発やマーケティングにはあきらめないという執念が必要なのだ。

2. 思考の三原則

　インフォメーションをインテリジェンスに転換する場合に基本的な原則を知っておく必要がある。それは東洋思想の研究家で政財界リーダーの指南役として知られる安岡正篤（やすおか・まさひろ：1898－1983）の「**思考の三**

原則」である。

「思考の三原則とはものを考える上に大切な3つの原則であり，
①目先にとらわれないで，できるだけ**長い目**で観察する
②一面にとらわれないで，できるだけ**多面的**，できるならば**全面的**に考察する
③枝葉末節にとらわれないで，できるだけ**根本的**に観察する」[8]
である。

人間学の権威としても知られる安岡は『知命と立命』『運命を創る』『論語の活学』などの著書も多く，政財界のリーダーの指導や「平成」の元号の考案者としても知られている。

── 3．マーケティング・リサーチ

マーケティング・リサーチとは，新製品開発や広告宣伝などのマーケティング活動上の課題を解決するために，顧客の情報，競争他社の動向などについて調査，分析して，その課題の実態を明らかにする手段のことである。

マーケティング・リサーチを行う上で注意しなければならないのは，何を知りたいのかという目的を明確にすることである。リサーチは手段であり，方法である。今ある情報を整理し，何が問題なのか，何をリサーチすれば疑問が明らかになるのかを明確にしてからリサーチを行う手順を踏むことである。その意味では「**仮説先にあり**」である。「こういう製品を開発すれば，生活者のニーズはあるのでは売れるのではないか」という仮説をもつ。そし

```
┌─────────┐
│  仮   説  │
└────┬────┘
     ▼
┌─────────┐
│ 調査・実験 │
│(マーケティング･リサーチ)│
└────┬────┘
     ▼
┌─────────┐
│  検   証  │
└─────────┘
```

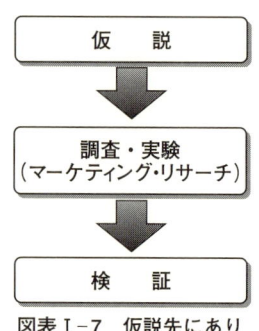

図表 I-7　仮説先にあり

て生活者のニーズがあるかどうかの調査をする。または実験を行う。そしてその仮説を検証する。**仮説→調査・実験→検証**というプロセスを踏むのである（図表Ⅰ-7）。

4．リサーチの方法

次に調査目的や仮説に沿ったマーケティング・リサーチを行う必要がある。リサーチ方法は，1次データ・2次データ，定量調査・定性調査・面接調査・非面接調査などに大別される。

(1) 1次データと2次データ

①1次データ──何らかの手段で新たに収集した（調査した）データ
　1次データの収集は，質問法，観察法，実験法のいずれかによって行われる。
・質問法…面接，電話，郵送，インターネットなどでの調査
・観察法…交通量調査，客動線調査，街頭スタイル調査など
・実験法…テスト販売，特別陳列調査など

②2次データ──すでに発表されていて，誰でも使用可能なデータ
・内部データ…製品販売データ，顧客データなど
・外部データ…官庁統計データ，金融機関・シンクタンクなどの調査データなど

(2) 定量調査と定性調査

①定量調査──主にアンケート調査などを通じて得た「数値情報」を分析する調査方法
　（例）あなたは製品Aの味についてどう思いますか？
　　　　5段階評価（それぞれの評価点を設定して数値化する）

大好き	やや好き	ふつう	やや嫌い	嫌い
5	4	3	2	1

②定性調査──主にグループインタビューなどで，数値以外の「言葉情報」（感想や意見）を分析する調査方法

（例）あなたは製品Ａのどんなところが好きですか
　　　　　また，それはなぜですか
(3) 面接調査と非面接調査
①面接調査──調査対象者と顔を合わせて調査する方法
・グループインタビュー
・個別ヒアリング調査など
②非面接調査──ある通信媒体を経由し対象からデータを収集する方法
・配付回収調査
・電話調査
・インターネット調査

5．事例研究

－「情報と情熱が限界集落を救う」－

　徳島県勝山町，人口の44％を65歳以上の高齢者が占める。その勝山町では，平均年齢76歳の農家のおばあちゃん達が柿，モミジ，ナンテン，笹，栗などの葉っぱを集めている。葉っぱといっても，色が良くて適当な大きさでなければならないので，葉っぱの目利きが重要となる。その目が年商2億5000万円という売上をつくる。おばあちゃん達メンバーのなかで年収トップはなんと1000万円というからスゴイ話だ。おばあちゃん達を指導しているのは株式会社いろどり取締役の横石知二である。横石は勝山町の出身。横石は町の収入源で主力であったみかんが全滅し，若者が都会へ移って人口の半分が高齢者になったこの町を何とか救いたいという一心から，いろいろな新しい事業を企てた。しかし体力が衰え，新しいことへの気力が萎えた高齢者に合った事業はなかなか見つからなかった。

　ある日，横石は気分転換で入った寿司屋で，隣の女性客が料理の飾りのモミジを気に入り，そのモミジをハンカチに包んで持ち帰った光景を目にした。そこで横石はひらめき，「葉っぱなら町にある。これがビジネスになるかもしれない」と思ったのである。しかし葉っぱのビジネスはそう簡単ではなかった。

葉っぱは形や色が悪ければ売れない。また日本料理は季節感が大事で，料理に合わせて色や形，そして使う葉っぱの意味・いわれまでも考えなければならない。そこで横石は自腹で徳島の高級料亭に通い詰め日本料理を研究した。さらに厨房で料理人に直接教えてもらった。そして料亭での取材を基に，葉っぱの選別マニュアルを作った。横石はそれを用いて生産農家を指導したのである。

　葉っぱはJAを通じて日本全国の市場に運ばれる。モミジなら1パック200円くらいだが，売れた値段を横石がインターネットでおばあちゃん達に連絡する。個人別に毎日の売上高と売上順位も連絡する。おばあちゃん達はインターネットで自分の成果と順位を確認できるので，ほとんど毎日みる。自分の成果をみたおばあちゃん達の表情は変わってくるという。

　おばあちゃん達は「幸せ。仕事があることが元気の源」という。80歳を越えて苗木を植える人もいる。このようなおばあちゃん達の幸せを支えることができているのも，横石のこの町を救いたいという熱い思いと，居酒屋で女性客がモミジをハンカチに包んでもち帰った場面に遭遇したからである。この場面に出会ったからこそ横石は葉っぱビジネスをスタートすることでき，おばあちゃん達に幸せを与えることができた。まさに情報はふとしたときに向こうからやってくる。情報は言葉だけでない。モミジをハンカチに包むというちょっとした光景が大きな情報になることをこの事例は教えている。それだけではない。その後，横石が売れる葉っぱとはどんな葉っぱかという情報を収集するために和食の料亭に通い詰めたことも成功のポイントになったのである。

　この事例から，ほんのちょっとした情報によって新しいビジネスの発見につながることを知った。ほんのちょっとした情報とは自分の目前にある生の言葉であり，目前にある生の光景である。もちろん生の情報を得るだけでは成功には至らない。さらに奥深い真の情報を突き止める勇気や果敢な実行力が必要となる。そしてその元になるのは**人間の情熱**である。

　情報はそれを欲する人や情報の**欠乏状態**にある人にしかやってこないというのが，筆者の持論である。まさに情報は情熱をもって五感を研ぎ澄まして得るものといえる。

真の情報を得るには,「ああ,このことについてもっと知りたい!」という**情報欠乏状態**に自らを追い込むことである。そして五感を研ぎ澄ますのだ。そうすれば情報は向こうからやってくる。「ああ,神様,仏様は自分を見捨てていなかった」と思うようなありがたい情報が,時間ぎりぎりのときにやってきてくれるのである。

　この葉っぱビジネスはまさに**限界集落**一歩手前の勝山町を救った,人間(高齢者),社会(過疎化する山村)におけるサステイナビリティの成功事例といえる。限界集落とは,65歳以上の高齢者が半数を超えて独り暮らし老人が滞留し,冠婚葬祭など社会的な共同生活が困難になった集落のことをいうが,国の調査によると,1960年から98年までに1713集落が消え,その後10年で2200集落が消滅すると予測されている。また,高齢者の割合が半数を超え,税収入の激減と老人福祉・高齢者医療の支出増で財政維持が困難な自治体を「**限界自治体**」と呼んで,警鐘を鳴らしている。

第4章
ソリューション
～不満解消の製品開発～

1. Change, Chance, Challenge ＝ 3C

　生活者を取り巻く環境は常に変化している。地球環境の変化やそれにともなう気象の変化，景気や行政，金融の変化，情報技術の進展や新たな技術の開発，人口や世帯数，家族構成の変化，生活者のライフスタイル変化，さらなる生活者ニーズの高度化（よりレベルの高い欲求）はエンドレスに続くことになる。

　これら生活者を取り巻く環境の変化，それに伴う生活者ニーズの変化（**change**）は，生活者に，現状の製品・サービスに対する「不」を常に発生させる。「不」とは生活者の現状の製品，サービスに対する不満のことであり，不便，不安，不健康，不潔，不快，不衛生，不眠，不自由，不親切，不要，不利，不利益などである。この生活者のさまざまな「不」を発見し，解決することが製品開発の目的である。この「不」を解決することを**ソリューション**（solution：問題解決）という。サステイナビリティ時代はこのソリューションが大きなビジネスチャンスや製品開発のチャンスとなる。

　そうした生活者の「不」をチャンス（**chance**）としてとらえ，生活者の「不」の解消にチャレンジ（**challenge**）する製品開発を行わなければならな

図表Ⅰ-8　change, chance, challenge＝3C

い。図表Ⅰ-8はこの**3C**を図で示したもので，3Cは製品開発にかぎったものではなく，あらゆるビジネス，そして人生にも通じるキーワードである。

2. ウォンツ・スリップ

製品開発のためには，生活者の「不」の情報を収集しなければならない。メーカー，卸売業，小売業のなかで，生活者に最も近いといわれる小売業ではどのような方法で「不」の情報を収集しているのであろうか。そのひとつの代表例がウォンツ・スリップといわれるものである。

ウォンツ・スリップとは，顧客が欲しいと思う商品がなかったり，自分に合うサイズの服がなかったり，値段が高いと思うときなどにその場で顧客が従業員に対していう不満やクレームなどを，従業員が「ウォンツ・スリップ」という用紙に記入して品揃えの改善や商品開発などに役立てる方法である。伊勢丹など百貨店の多くが使用し，東急ハンズやスーパーマーケット，ホームセンターなどにも広がっている方法である。ウォンツ・スリップは，企業によって「ニーズ・メモ」「ニーズ・スリップ」「欲品メモ」「販売メモ」などさまざまな呼称で実施されている。

ウォンツ・スリップは一部の生活者の声であるため，一部の意見で製品開発しても売れる製品が開発できるとは限らないと思われがちだが，実はそうではない。生活者のごく一部の人の意見であっても，的確にニーズを表して

図表Ⅰ-9 ウォンツ・スリップ（例）

1	顧客の苦情	顧客の苦情は最も重要な顧客の声。苦情からサービスの改善をはかる。ご意見箱もそのひとつ。
2	顧客との毎日の会話	店の従業員が毎日顧客と接して情報をとる。顧客の要望を聞くウォンツ・スリップもこれにあたる。
3	店の従業員に聞く	顧客の不満は従業員が知っているはず。「顧客の不満解消策」は何かを従業員に質問する。
4	店長による顧客ヒアリング	店長が顧客を数人選んでヒアリングする。「なぜもっと買ってもらえないのか」などを質問する。
5	顧客アドバイザリーボード	顧客を数人選び、テーマを決めてヒアリングや質問票で調査を行う。
6	個別サービス調査	個別のサービスごとに質問票を用意して顧客に記入してもらう。例：クリーニングチェーンの「しかって下さい。アンケート」
7	総合的な時系列調査	自店および競合店について定期的に質問票での顧客アンケート調査を行い時系列に分析する。

図表Ⅰ-10　顧客の声を収集する方法

いる場合が多い。アンケート調査やグループインタビューなどでは，生活者の記憶を呼び起こして不満を収集することが多いが，そういう記憶は概して忘れやすいものである。小売店頭などで生活者が不満を感じたその瞬時の情報を記録として瞬間凍結するからこそ，具体的な製品開発につながりやすいのである。ウォンツ・スリップをもとに，例えば伊勢丹では独自商品である「オンリー・アイ」の開発に役立てている。

ウォンツ・スリップ以外に小売業などサービス業が顧客の声を収集する仕組みはさまざまだが，図表Ⅰ-10に主なものを列記する。

3. メーカーの生活者の声を収集する方法

メーカーは小売業などのサービス業のように毎日店頭で生活者と接することはできない。それではどのような方法で生活者の声を収集しているのであろうか。メーカーの主な生活者の声の収集方法には図表Ⅰ-11に示すようなものがある。

紙オムツ，生理用品のトップメーカーのユニチャームは紙オムツ製品の消費者である赤ちゃんの声を収集するためにマジックミラー越しに赤ちゃんの

1	お客様相談室	製品に表示している「製品のお問い合わせ先」の電話番号から生活者の声を収集。
2	コールセンター	通信販売などでクレームを受け付ける。データベース化して新製品の開発や製品改善につなげている。
3	訪問面談	利用者の家庭に訪問し、使用実態を聞き取る。同時にクレームも受け付ける。
4	CLT（セントラル・ロケーション・テスト）	あらかじめ用意された会場に調査対象者を集めて観察、グループインタビューやアンケートなどを行う調査手法。
5	行動観察	行動観察には街頭観察と個人観察がある。個人観察は言葉を話せない赤ちゃんなどに有効。

図表Ⅰ-11　メーカーの生活者の声を収集する方法

行動を観察している。赤ちゃんは声を出さないため、同社の紙オムツを試着してどのような不具合があるか、ズレやモレがないかなど1日4時間ほど観察して、製品開発に生かしているのである。

また同社は製品利用の自宅に家庭訪問し、紙おむつの他社製品との比較や新製品のキャッチコピーも含めて生の声を収集している。こうした利用者の声から開発されヒットした製品が「はかせるパンツ型オムツ」である。

4．事例研究

―インターネットを使ったクレーム情報の活用―

(1) 苦情・クレーム解決博覧会

福井商工会議所（福井市）は、インターネットを使って全国からクレームを集めるサービスを2003年から実施している。この企画は同会議所の産業技術課職員が「地方の中小企業には最終ユーザーの声が届かない」という弱点を補うため、2003年に郵便でクレームを受け付けたのが始まりという。2004年にインターネットでホームページを立ち上げ、パソコンでの受付をスタートした。名称は「苦情・クレーム解決博覧会」。

このインターネットで収集されたクレーム件数は、2003～2006年の累計で3万件になる。「雨が降ったとき、電車の中など傘で洋服が濡れる」というクレームをヒントに福井洋傘の橋本社長が超撥水傘「ヌレンザ」を開発し

てヒット商品となった。

　福井商工会議所がこの「苦情・クレーム解決博覧会」に取り組んだ理由には次のような背景がある。

　①日本の中小企業は大企業からの下請け業務が多いため，依頼された仕事について，いかに注文通りの製品を生産し，いかに納期通りに納入するかという「How＝技術」については得意といわれてきた。

　②しかし「What＝何をつくるか，どういう製品をつくるか」については中小企業には消費者調査などのノウハウがなく，人材も少ないため，中小企業にとって新たな製品開発は難しい課題であった。

　そこで福井商工会議所では，インターネットによって苦情・クレーム情報を参考に製品開発をすれば，中小企業でも独自商品を開発できるのはないかと考えたのである。

(2) 苦情・クレームを集めるしくみ

　福井商工会議所が全国から苦情クレームを集めるしくみはまず消費者が日常の生活における不満を，自由に，製品やサービスに対する苦情，クレーム（提言）としてインターネットに投稿する（投稿は無料）ことである。

　提言された苦情，クレームは内容審査され，データベース化されてWeb上に匿名で公開される。苦情，クレームを閲覧する企業は入場料1050円（税込み）を支払って会員になる。その入場料のうちの500円（100円×5票）分は投票権となり，会員は参考になった苦情，クレームに投票する。投稿者への謝礼金は，経費（切手代，郵便為替代等）として300円を差し引くため，3票を上回った場合に支払われる（過去には謝礼が1万円に達するクレームもあったという）。

　福井商工会議所では集まった苦情，クレームをわかりやすく分析したり，苦情が解決された場合の新製品をホームページで紹介するサービスも行っている。

　商工会議所や商工会は原則その地域内の事業者であれば，規模の大小にかかわらず，加入することができる。個人事業者（自宅兼事務所のSOHOや農林水産業を営む事業者，収穫物を店舗などで販売している人含む）も加入することができる。商工会議所や商工会には，経済産業大臣の定める資格をも

つ「経営指導員」が常駐しており，経営・金融・税制・労働など経済全般にわたって，さまざまなサポートを行っている。商工会事務所での相談のほか，経営指導員が直接訪問する巡回相談も行い，会社運営全般についての相談にのっている。商工会議所は原則として市の区域，商工会は主として町村の区域に設立されている（商工会議所との商工会の区域は重複しない）。

(3) 中小企業の製品開発の課題

こうした中小企業の支援策としての今後の課題は，

①中小企業は企業それぞれ固有の技術はもっているが，クレーム解消する新たな開発は個々の企業が単独ではできない場合が多い。そのため中小企業同士の連携（コラボレーション）を進め，それを支援していくことが必要になってくる。

②クレームは新製品開発の宝の山といえるが，中小企業自身が自社独自の製品をつくりたいという**強い意志**をもつ必要がある。今までのやり方を続けていてはダメという**危機感**が大事であり，自社製品をつくりたいという強い意志がなければ，クレームも単なる情報として見過ごされることになる。

5. 生活のなかにあるさまざまなソリューション・チャンス

ソリューション視点による不の解消が製品開発の大きなチャンスとなる。ソリューション視点で製品開発を考えると今まで誰もが真剣に取り組んだことがないテーマを発見することができる。ソリューションの発見は何もクレームからの情報だけに限らない。自分が不便に感じることや，家族や知人が不満を漏らしている情報にもソリューションのテーマをみつけることができる。さらに，生活シーン，すなわちTPOS（時，場所，場合，スタイル）からも生活者の不をイメージして，ソリューションテーマを考えてみるとおもしろい。筆者が考えるソリューションによる製品開発テーマ（実現可能かは別にして）の例を述べると以下のようになる。

- 「子供・女性を刃物から守る防刃ウェア」の製品開発
    - 刃物を使った事件が相次いでいる。将来がある女性や子供が被害にあっている。

- 「飲酒運転を撲滅する未来車」の製品開発
  - 飲酒運転によって幼い子供3人が犠牲となった事件はほんとうに残念な心苦しいことだ。
- 「熱射対策の帽子」の製品開発
  - 夏の野球場での熱射病で倒れる子供が増えている。
- 「花粉バリア帽子」
  - 花粉対策関連のグッズや薬は増えているが，帽子をかぶれば花粉とのバリアをつくる，そんな帽子はできないものか。
- 「加齢臭を消臭する飲み薬」の製品開発
  - 高齢者の加齢臭を消す飲み薬は開発できないものか。
- 「足が痛くない，ビジネスシューズ」の製品開発
  - 年をとると足が変形してくるのか，革のビジネスシューズは足が痛くなりやすい。痛くなりにくいビジネスシューズはできないか。

このように社会が大きく変化している今日においては，ソリューションが製品開発の大きなテーマとなる。

第5章
心のバリアフリー
～ユニバーサルデザインの製品開発～

1. 少子高齢化と総人口減少時代

　1970年代には1年間に生まれてくる子供の数はおよそ200万人前後だったが，近年では110万人程度に減少している。合計特殊出生率（1人の女性が一生の間に産む子供の数）が2.07人を下回れば総人口は減少するといわれているが，1995年1.42，2001年は1.33，2003年1.29，2004年1.29，2005年1.26と減少を続け，2006年に1.32と少し回復している。我が国の総人口は2005年には1億2777万人と初めて減少に転じ，「人口減社会」に入ったことが鮮明になった。2006年は2000人増加したが，2007年以降もさらに人口は減少すると予測されている。2046年には1億人を割り，さらにその後も状況が変わらなければ2105年には4459万人とピークの2004年の3分の1近くにまで減少すると見込まれている。

　また国立社会保障・人口問題研究所の推計によると，2055年のわが国の人口ピラミッドは，現在よりもさらに極端な逆ピラミッド型の超少子高齢社会になることが予測されている。

2. 少子高齢化に対する店舗の取り組み

　少子高齢化に対する店舗の取り組みはすでに始まっている。
　イオン，イトーヨーカ堂，ダイエーなど大手小売業の店舗においては，少子化対策として子供連れでも安心して買物ができる店づくりを進めている。

例えば，母親がショッピングしている間に6カ月〜6歳児（未就学児）をあずかる託児サービスである。サービス料金は子供1人1時間無料，500円，1000円など，店舗での買上金額に応じた価格を設定している。また赤ちゃんルームの設置（授乳，オムツ替え，電子レンジ，オムツ自動販売機，流し台，分別ゴミ箱など設置）や子供が喜ぶ動物などの楽しいカートの導入，試着室やトイレなどにベビー用イスの設置などを進めている。

一方，高齢者，身障者，妊産婦にやさしい店づくりとして，例えば店内に休憩スペース，イスを設置する，レジとレジの間を広くして車イスでも通れるようにし，レジ台を低く設置して車イスでも買い物をしやすくする，売り場表示板やプライスカードの文字を大きくするなどの取り組みを進めている。

3. ユニバーサルデザインとバリアフリー

少子高齢化が進む日本は，ユニバーサルデザインによる新製品開発や新サービスの開発において諸外国よりも先駆けて実施しつつある。諸外国製品との価格競争に巻き込まれにくい新製品の開発分野として中小企業にとっても今後の重要な政策となる。

(1) ユニバーサルデザインとバリアフリーとの違い

バリアフリーとは，もともとあった健常者と身障者のバリアを取り除くことである。例えば駅のホームで車イスの人がホームに上り下りするために使用する「階段昇降機」はバリアフリーである。

一方，**ユニバーサルデザイン**は最初から健常者と身障者のバリアを取り除いている万人向け設計のことである。例えば，2方向エレベーターは，車イスの人がエレベーターに乗って前を向いたまま降りることができる。健常者も身障者とまったく同じように利用できる。

(2) ユニバーサルデザインとは

ユニバーサルデザイン（universal design）はUDともいうが，ユニバーサルとは普遍的な，すべての人々の，全世界のという意味である。すなわち「ユニバーサルデザイン」とは，製品，建物，環境をあらゆる人が利用できるように最初から考えてデザインするという概念である。

この概念は，アメリカの建築家であり工業デザイナーであったロナルド・メイス（Ronald L. Mace：1941－1998）によって1990年に提唱された。彼は9歳のときにポリオにかかり，酸素吸入のためのチューブを取り付け，電動車椅子を利用する障害者であった。

　弱者の立場から彼は，すでに展開されていた「バリアフリーデザイン」という概念が，障害者以外には魅力がなく，価格も高い上に美しいデザインのものが少ない，という現実を直視。その現実を変えていくために「すべての人のためのデザイン」という視点の考え方を提案，そして，「ユニバーサルデザイン」と名付けたといわれている。その後彼は，ユニバーサルデザインに関する国や企業とのプロジェクト，啓発活動を展開，建築や工業デザインにおけるユニバーサルデザインの中心的な役割を果たしたといわれる。

(3) ロナルド・メイスのユニバーサルデザイン7つの原則

　ユニバーサルデザインは，すべての人が人生のある時点で何らかの不自由さをもつ，ということを発想の起点としている。ケガをしたときや外国に行って言葉が通じないときなどは不自由である。障害のある人を特別視せずにすべての人が快適に暮らすことができるデザインとして，ユニバーサルデザインを提唱したのである。ロナルド・メイスは，ユニバーサルデザインは次の7つの原則で構成されているとした。

①誰にでも公平に利用できること（公平性）
②使う上で自由度が高いこと（自由度）
③使い方が誰にも簡単にわかること（単純性）
④必要な情報がすぐに理解できること（わかりやすさ）
⑤うっかりミスが危険に至らないこと（安全性）
⑥身体への負担が少ないこと（少負担）
⑦利用しやすいスペースと大きさが確保されていること（スペースの広さ）

4．ユニバーサルデザインの製品開発

(1) 使い手の発想にたつ

　ユニバーサルデザインの製品を開発するには作り手の発想ではなく，**使う**

立場，使う視点，使い手の発想にたつことが重要である。しかしこれは実際には難しいことである。

そのための方法として第1に，高齢者，身障者，妊産婦など実際に使う人からヒアリングしたり，モニタリングしたりして意見を聞くことである。そこに健常者では気づかないポイントがある。第2は，疑似体験からユニバーサル製品開発の視点を発見することである。疑似体験の方法としては，ゴーグルやアイマスクを使用した白内障の疑似体験（色が見分けにくいという体験），疑似老人体験（白内障ゴーグルと手足に重りをはめる），疑似妊婦体験（おなかに重りを下げて，買い物をする）などの方法がある。

(2) ユニバーサルデザインの製品開発例

①長谷川刃物「カスタネットはさみ」

持ち手部分がカスタネットのような形状。握りやすく，机に置いて使うこともできる。

②松下電工「照明スイッチ」

スイッチの部分のスペースが広いので，手全体，指全体を使って押すことができる。

③京セラ「簡単ケータイ」

2.6インチ大型液晶，見やすく読みやすい「でか文字」と「でか時計」仕様。メールの内容や操作方法などを「声」で教えてくれる「音声読み上げ」機能。「0」キーを長押しすると大音量の防犯ブザーが鳴る。

④トヨタ自動車「ポルテ」

傘を開いたまま乗降できるよう室内空間を広くし，地上の段差を30cmに縮め，乗り降りを楽にしている。

⑤松下電器産業「ななめドラム式洗濯乾燥機」

ドラムが30度傾いているので，背が低い人や車イスを使用する人は洗濯物を出し入れしやすい。

⑥TOTOウォッシュレット「ネオレスト」

手のひらで洗浄操作できるフラットリモコン。人が近づいたり離れたりするとふたが自動的に開閉。便器から離れるとスイッチを押さなくても自動洗浄する。

⑦「キユーピーやさしい献立」

噛みやすさの区分（容易にかめる，歯茎でつぶせる，舌でつぶせるなど）を明記している。

※ユニバーサルフードとは，加齢とともに「かむ力」や「飲み込む力」が弱まった高齢者から，歯の治療などで一時的に食事が不自由な一般の人までも食べやすいよう加工された食品の総称である。製品の区分は「容易にかめること」「歯ぐきでつぶせること」「舌でつぶせること」「かまなくてよい」「とろみ調整」の5つの段階に分かれている。

⑧ワコール「ナイトウェア」

自分で脱ぎ着できるように"エッグボタン"や"マジックテープ"を取り付けた。袖ぐりや股上がゆったりしているので動きやすい。

以上，ユニバーサルデザインの製品例を述べたが，まだまだユニバーサルデザインの製品数は少ない。他社との差別化が可能なユニバーサルデザインの製品開発をさらに積極的に進めていく必要がある。同時に高齢者や身障者に対する心のバリアを取り払うことも考えなければならない。

5．事例研究

―独り暮らしのお年寄りと心のバリアフリー―[9]

プップーと昔懐かしいラッパにリヤカーの豆腐行商が東京23区を中心に9万人の顧客をつかんでいる。ターベルモーノ社長の野口博明は「昔ながらの原点に戻って行商をしたらお年寄りのファンができた」という。9万人の顧客の多くが独り暮らしのお年寄りである。野口は築地で豆腐店を2003年創業したが，豆腐が売れ残るので，築地でよく見るリヤカーで行商をやってみたところおばあちゃんたちがすぐに集まってきたという。

東京には20％しかお年寄りはいないが，人口の多い東京での20％はすごい数のお年寄りである。今ではリヤカー100台で年商8億円を売り上げる。朝8時30分から1日9時間リヤカーを引くのは全員アルバイト。アルバイトたちはゆっくりリヤカーを引かなければならない。

1丁320円と高めの豆腐だが，1日30件のお客から声がかかる。とくに常連を逃さないのが商売のポイントとなる。「ゆっくりリヤカーを引いても声

がかかるのは後ろからです。まだまだ歩き方が早いのです」と野口は語る。

　声がかかるとアルバイトたちは足の悪いお年寄りには家の中まで届けに行く。そしておばあちゃんの話に耳を傾ける。お年寄りは若いアルバイトと会話すると生き生きするという。なかには外出できないので話をするのは豆腐屋さんだけというおばあちゃんもいる。豆腐屋が来る時間を心待ちにしているおばあちゃんもいるので，アルバイトのほうもお年寄りが病院や買い物に出かける時間をきちんと把握しておかなければならないそうだ。今ではお年寄りとそのペットのために，ペットフードや玉子など豆腐以外の商品も要望に応じて30品目にまで増やしている。

　やってみて初めてわかる，こんなところに商売のチャンスがあるのか，これが高齢化社会のビジネスだということを考えさせられる事例である。豆腐のラッパの音が懐かしくて好きだというおばあちゃんもいるが，心のふれあいを求めて豆腐を購入する独り暮らしのおばあちゃんの気持ちがなんとなくわかりそうである。まさに**心のバリアフリー**ではないか。

第6章
コンセプトテスト
～製品開発の進め方～

1. 新製品開発の流れ

新製品を開発する場合，図表Ⅰ-12に示す手順が一般的である。大きな流れとしては，「製品コンセプトの開発」→「戦略の検討」→「製品化と市場

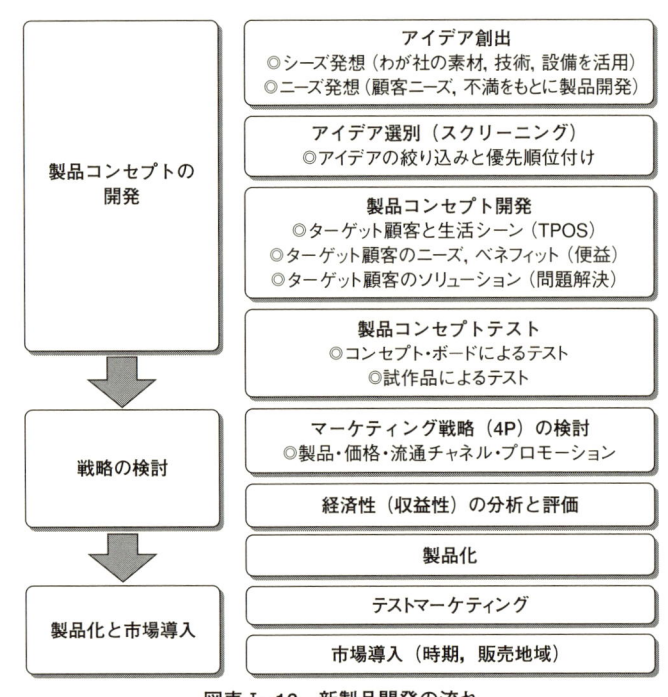

```
製品コンセプトの開発
├─ アイデア創出
│  ◎シーズ発想（わが社の素材，技術，設備を活用）
│  ◎ニーズ発想（顧客ニーズ，不満をもとに製品開発）
├─ アイデア選別（スクリーニング）
│  ◎アイデアの絞り込みと優先順位付け
├─ 製品コンセプト開発
│  ◎ターゲット顧客と生活シーン（TPOS）
│  ◎ターゲット顧客のニーズ，ベネフィット（便益）
│  ◎ターゲット顧客のソリューション（問題解決）
└─ 製品コンセプトテスト
   ◎コンセプト・ボードによるテスト
   ◎試作品によるテスト

戦略の検討
├─ マーケティング戦略（4P）の検討
│  ◎製品・価格・流通チャネル・プロモーション
└─ 経済性（収益性）の分析と評価

製品化と市場導入
├─ 製品化
├─ テストマーケティング
└─ 市場導入（時期，販売地域）
```

図表Ⅰ-12　新製品開発の流れ

導入」である。この章ではとくに「製品コンセプトの開発」について述べていく。

2．シーズ発想とニーズ発想

　新製品開発のアイデアを考える場合，「シーズ発想」と「ニーズ発想」の2つのアプローチ方法がある

　まずシーズ発想だが，わが社の技術，素材，工場などの強みを何か他に利用して新製品開発できないかとアイデアを考えるのがシーズ発想である。

　例えば，シャープは液晶技術を核として，小型液晶電卓を開発，その後モニター付きビデオカメラ，液晶テレビ，ワンセグ携帯電話など液晶技術を駆使した製品開発を行った。とくにテレビは，大画面テレビはもちろん，すべてのテレビをブラウンから液晶に切り替えた。液晶パネルは国内工場にこだわり，三重県亀山に世界最大級の液晶テレビ工場を稼働させたのである。

　味の素は1909年にアミノ酸をベースにした世界初のうまみ調味料「味の素」を発売した。「味の素」で培ったアミノ酸の技術をベースにうまみ調味料，アミノ酸補給飲料などの食品や医薬品に至るまで数多くの製品を開発してきた。味の素はアミノ酸をどこにも負けない事業の核として位置づけて製品開発を行っているが，これはまさにシーズ発想による製品開発ということができる。

　上記に述べたシャープの液晶ディスプレイ技術や味の素のアミノ酸技術のような他社には真似できない企業内部に秘められた独自のスキルや技術の集合体のことを**コア・コンピタンス**（core competence）という。企業間の競争とは本質的に，自社のコア・コンピタンスを用いて市場の主導権を獲得しようとする競争にほかならないと唱えたのは『コア・コンピタンス経営』の著者ゲイリー・ハメル（Gary Hamel）とC・K・プラハラード（C.K.Prahalad）である。

　もう一方のニーズ発想は，生活者の生活シーンにおける要望や不満をベースに製品開発のアイデアを考えるアプローチ法である。例えば，ハインツのトマトケチャップ「逆さボトル」である。トマトケチャップは，ボトルの底

のほうにケチャップが残りやすいので使わないときには冷蔵庫にボトルを逆さに入れておくことが多い。それなら最初から逆さボトルのデザインの製品を開発すれば使うときに便利な製品になるだろうという発想で開発されたのがハインツの「逆さボトル」である。ニーズ発想の製品には第4章で述べた不満解消の製品や第5章で述べたユニバーサルデザインの製品などが該当する。

　シーズ発想の製品とニーズ発想の製品を明確に区別することは難しい場合が多い。企業としては，自社の技術や強みを生かしながら，消費者の潜在的ニーズ満たす製品開発をする必要があり，ニーズ発想とシーズ発想の両方から新製品のアイデアを考えることが望ましいのである。

3．製品コンセプト開発

　できるだけ多くの製品アイデア開発の中から選別（スクリーニングという）して絞り込まれたアイデアは，**製品コンセプト**に落とし込まなければならない。製品コンセプトとは生活者に分かりやすいように表現された言葉のことである。

　製品コンセプトは，①ターゲット顧客，②使用シーン（TPOS），③顧客ベネフィット（顧客の便益，メリット），④製品特徴（素材，製造方法など），⑤製品カテゴリー（部門の名称）の5つで構成される。

　例えば，子供のための安全傘の製品コンセプトを考えるとする。商品名は仮に「車のライトに光る反射傘」としよう。ターゲット顧客は小学生の男子および女子とする（実際の購入者は子供の両親となるだろうが，この場合のターゲット顧客は子供とする）。使用シーンは通学の行き帰りが主となる。顧客ベネフィットは子供が雨で暗い道を歩くときなど，車がライトを照らせば傘が反射するため，車の事故に遭いにくいことである。製品特徴は車のライトに反射するテープを傘に装着しているということ。製品カテゴリーは子供傘である。これが製品コンセプトである。

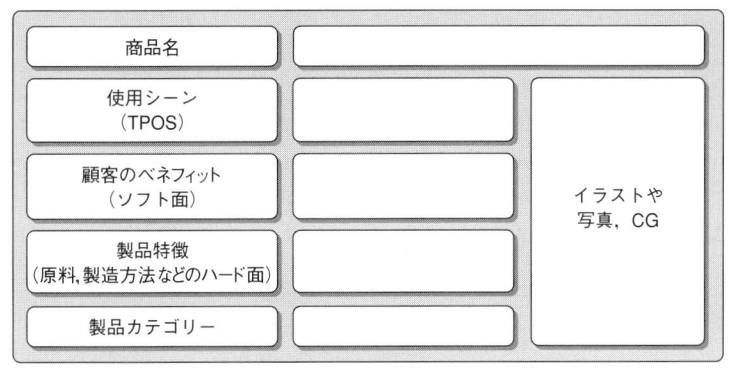

	商品名		
	使用シーン (TPOS)		イラストや 写真, CG
	顧客のベネフィット (ソフト面)		
	製品特徴 (原料,製造方法などのハード面)		
	製品カテゴリー		

図表Ⅰ-13　コンセプトボード

コンセプトボード	製品説明理解度	よくわかった。
		わかりにくかった（どの点か教えて下さい）
	製品の魅力度	5段階評価（非常に魅力を感じる, かなり, どちらともいえない, あまり, 全く魅力を感じない）
試作品を試して	試作品の完成度	5段階評価（コンセプトが試作品に非常に実現されている, かなり, どちらとも, あまり, 全く）
	購入意向	5段階評価（非常に買ってみたい, かなり, どちらとも, あまり, 全く買いたくない）
	競合品比較	5段階評価（非常に違いがある, かなり, どちらとも, あまり, 全く違いがない）

図表Ⅰ-14　コンセプトテスト

4. 製品コンセプトテスト

製品コンセプトテストとは，製品コンセプトについて魅力があるかどうかをターゲット顧客にテストをすることである。

製品コンセプトテストは，図表Ⅰ-13のような**コンセプトボード**にわかりやすい言葉やイラストあるいは写真，CGなどを記載して顧客モニターにテストを行う。

テストする内容は，図表Ⅰ-14に示すように，第1に製品コンセプトの内容が良くわかったかどうか。わかりにくかった場合はどの部分がわかりにくかったかを確認する。わかりにくいという顧客モニターが多い場合には，製品コンセプトを見直し，再設定しなければならない。第2は製品の魅力度で

ある。製品コンセプトが理解できたパネル顧客に対して，その製品コンセプトに魅力を感じるのかどうかを5段階または4段階で評価してもらう。これを点数化して試作品を作るかどうかの判断に役立てるのである。もちろん，このテストの際に，顧客からコンセプトだけでなく，普段聞きたいと思っていることも調査すればよい。このコンセプトボードによる製品コンセプトテストの良い点は，試作品を作らなくても顧客ニーズをある程度調査できるところにある。

　顧客モニターに製品コンセプトを理解してもらい，製品の魅力度についても「非常に魅力を感じる」「かなり魅力を感じる」という意見が過半数を超えるようになると，次の段階である**試作品テスト**へと移る。

　試作品については製品コンセプトが試作品に実現できているかどうかがポイントになる。それを顧客モニターに評価してもらう。製品コンセプトが試作品に実現されていないという評価の場合には，「コンセプトが試作品に非常に実現されている」「かなり実現されている」という評価が過半数を超えるようになるまで試作品を作り直さなければならない。

　試作品がコンセプトを実現しているという評価を得るようになれば，次に顧客モニターに，その試作品をもとに購入意向，つまり買ってみたいと思う製品かどうかについて4〜5段階で評価を受けるのである。

　また同時に競合品と比較して，きわだった製品の違いがあるかどうかの評価を受けなければならない。これが試作品テストである。

第7章
悪魔のサイクル
～先発優位と後発優位～

1. 先発優位とマーケットシェアの関係

先手必勝という言葉がある。『広辞苑』によると「先手必勝とは，ゲームの局面で，先手を取った側が必ず有利になるということ」とある。人生においても，マーケティングにおいてもこの先手必勝の格言は生きていると筆者は考える。人生はさておき，マーケティングにおいては，市場における先発製品が後発製品よりもシェアが高いという**先発優位**の研究がされている。

『競争優位のブランド戦略』（恩蔵直人著）よると，「先発ブランドの平均シェアは49.9％に対して，後発ブランドのシェアは21.9％と圧倒的に先発ブランドのほうが平均シェアは高い。また先発ブランドのうち，市場シェア1位のブランドの構成比は71.6％で，2～3位の構成比は19.8％，4位以下は8.6％と，先発したブランドの実に7割がシェアトップを確保している。これに対して後発ブランドのうち，市場シェア1位のブランドの構成比は12.5％で，2～3位の構成比は31.3％，4位以下は56.3％となっている」[10] としている。このことは後発ブランドであることは，実に9割近い確率でシェアトップにはなれないことを示しているのである。

またあるメーカーの調査でも，市場参入順位1位の企業のうちシェア1位の企業の構成比は68％であり，シェア2位の企業は27％，シェア3位以下は5％と，市場参入が一番手であると7割近い確率でシェアトップになれるという結果であった。一方市場参入順位3位の企業では，シェア1位の企業は9％，シェア2位は9％，シェア3位以下は82％と市場参入が3番手と出

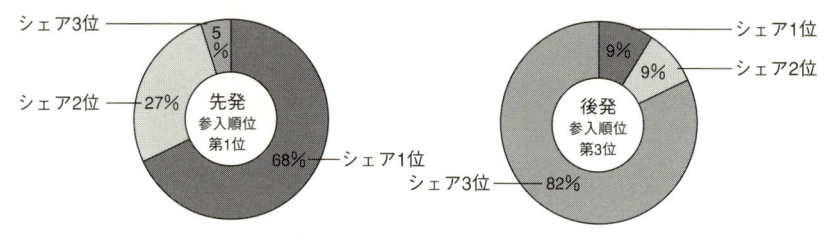

図表Ⅰ-15　先発優位と後発不利

遅れると8割の確率でシェア3位以下となって，明らかに後発は不利という結果であった（図表Ⅰ-15）。

　2つの調査とも市場参入順位が1位のブランドや企業は約7割の確率でシェアトップを確保できることを示している。それではなぜシェアトップでなければならないのか，シェア3位ではなぜダメなのか。それはシェア3位以下では儲からないからである。あるメーカーの調査によると，シェア1位の企業の平均営業利益率は24％，シェア2位企業の平均営業利益率は6％，シェア3位企業の平均営業利益率は−29％の結果であった。利益面から考えるとシェア1位でなければ儲からないのである。

　ある食品メーカー大手の社長も「当社の場合，シェアNo.2，No.3のブランドは利益が出ても少し，あるいはトントン，場合によっては赤字もある。No.3以下はダメ。No.1はより強くする。ストロングNo.1にする」と述べている。シェア1位にこだわる理由は明白なのである。

2．先発優位の理由

　それではなぜ先発製品が約7割の確立でシェア1位になれるのか，その理由を考えてみよう。その理由は大きく3つある。

（1）新製品に敏感な消費者層にアピールできる。

　図表Ⅰ-16は，エベレット・M・ロジャース（Everett M. Rogers）が示した「イノベーションの採用時期と採用者類型」である。この研究から新製品の普及過程がわかる。新製品が発売されると，まず**イノベーター**（革新者）といわれる2.5％の消費者層が購入する。次に13.5％の**アーリー・アドプタ**

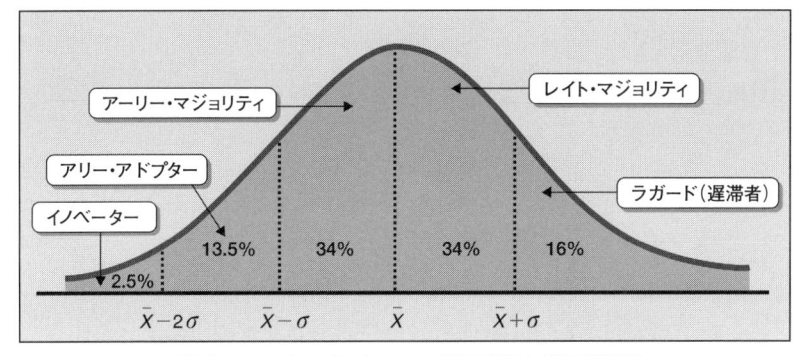

図表Ⅰ-16　イノベーションの採用時期と採用者類型
出典：Philip Kotler and Gary Armstrong（2006）*Principles of Marketing*, 11th ed., Prentice Hall, p.160

ー（早期採用者）が新製品を購入し，**アーリー・マジョリティ**（前期大衆），**レイト・マジョリティ**（後期大衆）へと続き，最も遅れて購入するのが**ラガード**（遅滞者）である。

　先発製品は，このイノベーター層とアーリー・アドプター層という革新的で消費に積極的で，新製品に敏感な生活者層に受け入れられることになる。アーリー・アドプターのことをオピニオンリーダーともいうが，彼らの口コミによって新製品の採用は広がっていくことになる。

　ロジャースはイノベーターとアーリー・アドプターの割合を足した16％のラインを「普及率16％」の論理として，アーリー・アドプターが商品普及の鍵を握るとしたのである。

　このロジャースの理論に一石を投じたのが米国のハイテク企業向けマーケティング・コンサルタントのジェフリー・A・ムーア（Geoffrey A. Moore）である。ムーアはハイテク産業の分析から先端技術においてはアーリー・アドプターとアーリー・マジョリティの間には容易に越えられない深いミゾ，すなわちキャズム（chasm）が広がっているとして，従来のイノベーションの多くが一般市場に広がっていかなかったのは，このキャズムを乗り越えられなかったという**キャズム理論**を提唱した。ムーアはこの溝を越えないと小規模のまま市場から消えていくため，アーリー・アドプターへの普及を考えるだけでなく，アーリー・マジョリティ層に対するマーケティングが必要だとしている。

一方,『ニューヨーカー』（*New Yorker*）などに執筆するライターのマルコム・グラッドウェル（Malcolm Gladwell）は，ハッシュパピーやエアウォークというシューズなどの事例を取り上げ，口コミ情報はある臨界点を超えるとあたかもウィルスが伝染するように爆発的に広がるが，この臨界点のことを**ティッピング・ポイント**（tipping point）と名づけた。近年ではインターネットの進展によって，情報の伝わり方の速度は大幅にアップしているが，グラッドウェルは，ティッピング・ポイントを起こすにはイノベーターが何か新しいことを試みるのをみてそれを伝播する少数の翻訳者の存在が必要であることを指摘している。

(2) 先発企業＝カテゴリーの代名詞

　長年シェアトップを維持している,いわゆる**ロングセラー**製品においては，シェアトップのブランドがその**カテゴリーの代名詞**と認識されることがある。例えば，ニチバンの「セロテープ」はセロハン粘着テープ市場においてシェア60％を占めているが，まさにニチバンの商標であるセロテープがセロハン粘着テープの代名詞となっている。また瞬間接着剤市場においてシェア80％の「アロンアルファ」（東和合成）やゴキブリ捕獲器市場においてシェア90％の「ゴキブリホイホイ」（アース製薬）も同様にそのカテゴリーの代名詞となっている。これらの製品はその先発優位性を生かして，生活者の頭のなかに深くブランド名と製品イメージを浸透させ，製品の日々改良に継続的に取り組むことによってロングセラーとなっているのである。

(3) 競争企業よりも早く経験効果が得られる

　図表Ⅰ-17は**経験曲線**（experience curve）とよばれるもので，製品の累積生産量が増え，生産経験が蓄積されることによって，ユニット当りの生産コストは減少するということである。先発製品は，競争企業よりも先んじることによって効率的な生産方法を研究したり，生産設備を改善したりするなどの経験効果よって生産コストを減少することができ，価格競争力をもつことができるのである。

図表Ⅰ-17　経験曲線

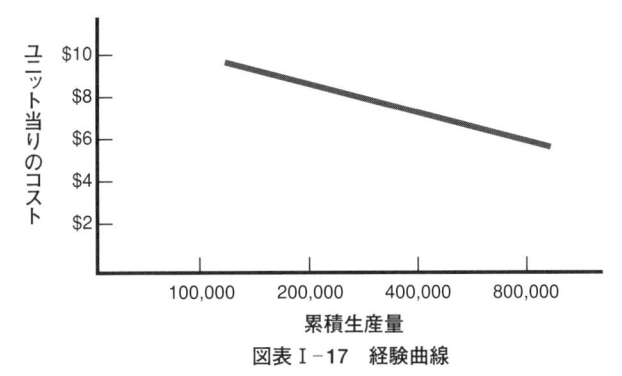

出典：Philip Kotler and Gary Armstrong（2006）*Principles of Marketing*, 11th ed., Prentice Hall, p.314

3. 後発逆転＝新カテゴリーの創造

後発が先発よりも優位と考えられる項目として，
①市場需要が読みにくい場合，先発に比べてリスク回避ができる
②先発の後追い物まねのため製品開発コストが低く抑えられる
③広告宣伝費についても，低く抑えられる。
などのことが一般的にいわれているが，いずれもリスクやコスト面に関することであり，シェア拡大に直接関連することではない。

　後発ブランドが採るべき戦略として大西洋単独横断飛行の話を用いたのはアル・ライズ（Al Ries）とジャック・トラウト（Jack Trout）である。彼らの著書『マーケティング22の法則』（1993）によると，「初めて大西洋の横断飛行に成功したチャールズ・リンドバーグはよく知られている。二番目に成功したバート・ヒンクラーはリンドバーグよりも短時間，少ない燃料で飛行したが彼の名はほとんど知られていない。しかし女性で初めて横断飛行に成功したアメリア・エアハートは良く知られている。このことは自社がカテゴリーのシェア一番手でない場合，『女性で一番になった』エアハートのように，自社が一番になる新しいカテゴリーを創造すべきである」[11]と唱えている。すなわち後発企業は先発企業とは同じ土俵で勝負をするのではなく，異なった新たな土俵を見出してそこに先発すべきということだ。すなわち**「新カテゴリーの創造」**にこそ後発逆転の可能性があるということである。

しかし創造した新カテゴリーにおいても先発が必要ということであり，やはり先発優位の論理はここでも生きていることになる。

そこで新カテゴリーの具体例を考えてみよう。例えば，シャープは従来のブラウン管のテレビというカテゴリーではなく液晶パネルを使用した新たな液晶テレビというカテゴリーを創造して，液晶テレビのシェアトップに君臨した。また松下電器産業は斜めドラム式洗濯乾燥機を開発し，シェア1位であった日立を逆転した。従来型の洗濯乾燥機ではなく，洗濯槽が水平に回転する横型ドラム式洗濯機の回転軸を約30度傾け，節水効果や洗浄力を高め，洗濯物を出し入れしやすいユニバーサルデザインが人気を呼んだ。この斜めドラム式洗濯乾燥機はその後他社も同様の製品を開発して追随したが，松下電器産業は斜めドラム式洗濯乾燥機という新たなカテゴリーを創造したと筆者は考えている。

食品分野においても，例えば森永乳業は，1993年にチルドカップ飲料マウントレーニアカフェラッテを発売しチルドカップコーヒーという新カテゴリーを創造した。チルドカップコーヒーとは，製造から販売まで冷蔵管理され，プラスチック容器のふたにストローを挿して飲むコーヒーのこと。賞味期限は短いが，常温の商品に比べて，鮮度が高く風味を保てるといった特徴が人気につながっている。若者や20～30歳代の女性層を中心ターゲットに市場は伸びており，森永乳業の「マウントレーニア カフェラッテ」シリーズは約5割のシェアを占めるトップブランドになっている。

4．事例研究

―同質化競争という悪魔のサイクル―

今，消費財における製品開発は多くの場合，同質化競争に陥っている。図表Ⅰ-18は同質化競争の悪循環を示したものである。この同質化の悪循環のサイクルを"悪魔のサイクル"と呼ぶ企業もある。

企業では売上対策のために新製品開発を行う場合，先発製品と類似した製品や，先発製品と同じ機能の延長線上で更に優れた機能をもつ製品開発をめざす場合が多い。なぜなら売れ筋のアイテムと同様の製品をスピード開発し

たり，類似製品でもより優れた製品を開発したりすることが売れる製品作りにつながると考えられているからである。しかし，この方法では前述のヒンクラーと同様の二番煎じとなり，悪循環のサイクルにハマってしまうことになる。

　企業が良く似た製品の開発を続ける結果，ブランドの数が増え，企業内の売上上位ブランドの売上構成比が低下する。するとそれらの売上上位ブランドのブランド当りの広告宣伝費は上昇し，広告宣伝効果は低下することになる。そこでまた新たなブランド投入という悪循環を続けることになるのである。資生堂がマキアージュやTSUBAKIなどメガブランド戦略を進めているが，このような悪循環からの脱出が背景になっている。

　資生堂は化粧品の「ピエヌ」と「プラウディア」というブランドを統合し，新たに「マキアージュ」というブランドを発売した。ブランド統合の結果，広告宣伝費の集中化，顧客のアテンションの集中化に成功した。アテンションとは，多くの情報のなかから生活者に注目してもらうために，際立った広告宣伝，ネーミング，パッケージデザインなどを行うことで生活者の注目を集めることである。資生堂のメガブランド戦略の成功の背景には，インターネットの進展がある。マキアージュでは篠原涼子，栗山千明，伊藤美咲，蛯原友里という若い女性にとってきわめて注目度の高いタレント4人を使ってテレビCMなど40億円をかけた広告宣伝を行い，「マキアージュって何？

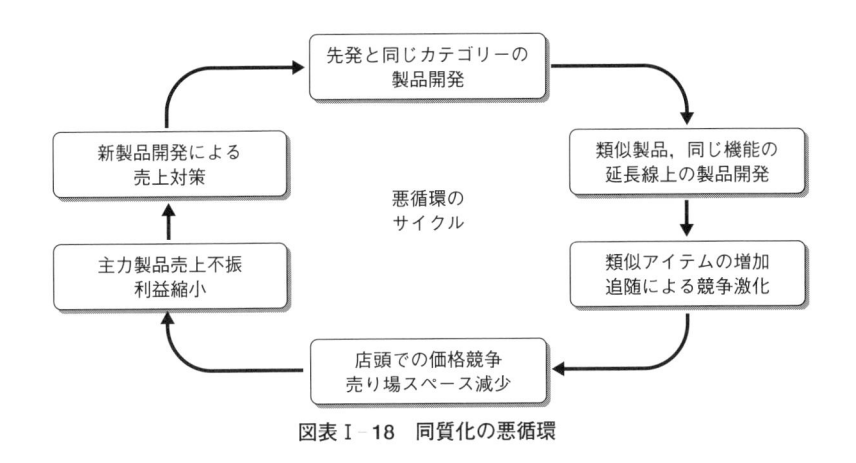

図表Ⅰ-18　同質化の悪循環

調べてみよう」と若い女性のブランド・アテンション戦略を進めた。ブランド名さえ覚えてもらえば，あとはネットのサイトでマキアージュの詳しい製品情報を調べてもらえばよいからである。「マキアージュの発売に合わせてテレビCMを集中放映した日では，1日あたり3万～3万7千人がサイトにアクセスした。発売後，アクセス数はいったん減ったが，屋外広告を集中的に行なった日には，アクセス数が1日2万件程度まで回復したという」[12]。

　資生堂のメガブランド戦略はこのように成功し，同質化の競争という悪循環のサイクルから抜け出すことに成功したのである。

　生活者にとってはいかに優れているかということよりも**いかに新しいか**ということが重要なのである。その生活者のニーズに応えるにはエアハートでの新製品開発，すなわち新カテゴリーの創造が必要なのである。それが先発優位と後発優位の本質であり，**オンリーワンへの道**につながるのである。

第8章
一貫したストーリーの歴史
～ブランド開発～

── 1. ブランドとは何か

　ブランド（brand）という言葉は，英語で「焼き印を押す」という意味のburnedから派生したもので，カーボーイが，一緒に放牧してある他人の牛と自分の牛を区別できるように，牛のわき腹に独特の焼き印を押したことが語源となっている。

　コトラーは「ブランドとは製品やサービスの生産者や販売者を識別する名称，言葉，記号，シンボル，デザインまたはそれらの組み合わせのことである。消費者はブランドを製品構成の重要な要素とみなしているため，ブランド化によって製品に価値を付加することができる」[13]と述べている。つまりブランド化の目的は競合製品と識別し，あるいは差別化した自社製品の価値を顧客に認めてもらうことである。

　著名なマーケティング戦略家ライズは「**ブランディング**とはブランド構築のことであり，見込み客のマインド，つまり頭の中にブランドを築き上げることである。すべての固有名詞がブランドである。あなた自身もブランドである。（あなたが人生でほんとうに成功したいと思うなら，自分自身をブランドと考えてそのように行動すべきである）」[14]と述べている。自分自身をブランドと考え，自分自身の日々の行動が，自分というブランドイメージを高めることになっているか，考えさせられる言葉である。

　「**ブランド**」や「**ブランドネーム**」（ブランドのうち，言葉で言い表せる名称部分），「**ブランドマーク**」（キリンビールの麒麟のマークのようにブラン

ドのうち，言葉で言い表せない部分）は，特許庁において商標登録の申請を行い，審査の上認められれば，商標権者は登録された商品類においてブランドを独占的に使用することができる（商標権の存続期間は10年だが，使用の事実があれば，更新登録が認められる）。

2. ブランド展開の5つのパターン

ブランドにはどのような展開方法があるのだろうか。ブランド展開方法は図表Ⅰ-19に示す5つのパターンに分類される。5つのパターンは，製品間のターゲット顧客の類似性と製品間のイメージや競争地位の類似性の2つの軸によってマトリックスに整理される。

(1) ファミリー・ブランド

コーポレート・ブランドともいう。**ファミリー・ブランドは企業が扱う製品のブランドに共通して企業名や企業名の一部を使用すること。**

例えば食品のキユーピーである。キユーピーマヨネーズ，キユーピーハーフ，キユーピーゼロなどのマヨネーズのほか，キユーピータルタルソース，キユーピーテイスティドレッシング和風，キユーピーサンドイッチスプレッド，キユーピーマスタード，キユーピーベビーフードなど基本的にキユーピーという企業名でのブランド展開を行っている。

またルイ・ヴィトン，シャネル，コーチなどの高級ファッションブランドもファミリー・ブランドである。

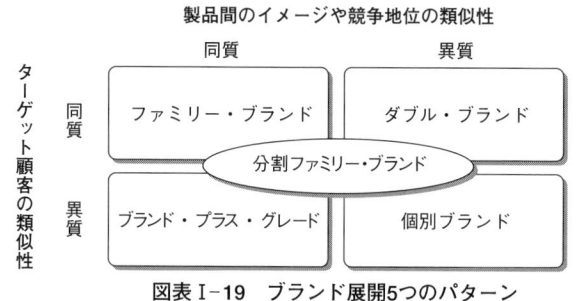

製品間のイメージや競争地位の類似性

	同質	異質
ターゲット顧客の類似性 同質	ファミリー・ブランド	ダブル・ブランド
	分割ファミリー・ブランド	
異質	ブランド・プラス・グレード	個別ブランド

図表Ⅰ-19　ブランド展開5つのパターン
出典：和田充夫・恩蔵直人・三浦俊彦（1996）『マーケティング戦略』
　　　有斐閣アルマ，p.187に一部加筆して作成

ファミリー・ブランドは，扱っている製品間のターゲット顧客が同じで，製品イメージや競争地位が同じような場合，製品のブランドを別々に設定して広告・販促活動するよりも統一されたブランドイメージで訴求する方が有効な場合に採用されるブランドである。

(2) 個別ブランド

製品ごとに異なったブランドで展開すること。

例えば日本コカ・コーラは，炭酸飲料というカテゴリーではコカ・コーラのほかに，スプライト，ファンタなどのブランドを展開しコーヒー飲料ではジョージア，スポーツ飲料ではアクエリアス，緑茶飲料では爽健美茶，一（はじめ），綾鷹，紅茶飲料では紅茶花伝，果実飲料ではQoo（クー），ミニッツメイド，ミネラルウォーターでは森の水だより，アクアセラピー ミナクアなど製品ごとに多彩なブランドを展開している。

またプロクター＆ギャンブル（P＆G）はアリエール（洗濯用洗剤），ボールド（柔軟剤入り洗剤），レノア（洗濯用柔軟仕上剤），ジョイ（台所用洗剤），ファブリーズ（布製品リフレッシャー），ボーナス（洗濯用液体洗剤）のほか，パンパース（乳幼児用紙オムツ），ウィスパー（生理用ナプキン），SK-Ⅱ・マックスファクター（スキンケア・コスメティックス），ミューズ（薬用石鹸），アイムス・ユーカヌバ（ペットフード），ヴィダルサスーン・パンテーン・ハーバルエッセンス（ヘアケア），ウエラ（ヘアカラー），プリングルズ（ポテトチップス）など多数の製品カテゴリーにわたって多くのブランド展開をしている。

これらの**個別ブランド**展開は，扱っている製品間のターゲット顧客や，製品イメージ，競争地位が異なる場合，製品ごとに異なったブランドで展開する。この場合，個別ブランドが重要なため，製造企業のマークは小さく表示されるか，または表示されない場合が多い。

(3) 分割ファミリー・ブランド

ある製品グループごとに共通ブランドで展開する方法で，ファミリー・ブランドと個別ブランドの中間に，何らかの共通性に応じて，いくつかの製品群ごとにグルーピングして，それぞれに異なったブランドを与えること。

例えば，キッコーマンは，キッコーマン（しょうゆ，つゆ，焼肉のたれな

ど），デルモンテ（トマトケチャップ，カットトマト缶詰，クリームコーン缶詰，野菜ジュース，果実ジュース），マンジョウ（本みりん）マンズワイン（ワイン）の4つの**分割ファミリー・ブランド**で展開している。

　また松下電器産業は洗濯機や冷蔵庫などにナショナル，薄型テレビやオーディオ機器などのデジタル家電にはパナソニックを使用する分割ファミリー・ブランドを採用していたが，海外ブランドがパナソニックに統一しているため，ナショナルブランドを2009年中に廃止し，パナソニックに一本化して，社名もパナソニックに変更するとしている。

(4) ダブル・ブランド

　製品間のターゲット顧客が同じで，製品イメージや競争地位が異なる場合，企業名と個々のブランドを同じウェイトで情報伝達する方法として**ダブル・ブランド**が採用される。

　例えば，キリンビールのキリン・ラガー，キリン・一番搾り，キリン・ザ・ゴールド，キリン・氷結などである。またヤクルトもヤクルト・ミルミル，ヤクルト・タフマン，ヤクルト・ビフィア，ヤクルト・ソフィール，ヤクルト・プレティオなどダブル・ブランド展開を行っている。

(5) ブランド・プラス・グレード

　製品イメージや競争地位は同質だが，異なったターゲット顧客にブランドを広げて展開する場合，統一したブランドにグレードを付加することがある。これが**ブランド・プラス・グレード**である。

　例えばファッション衣料のセカンドラインである。セカンドラインとは，オリジナル・ブランドの普及版のことで，高級ファッションブランドがブランドイメージを生かしたワンランク下の低価格の買いやすいブランドを提供することである。ジョルジオ・アルマーニのセカンドラインのエンポリオ・アルマーニ，ドルチェ&ガッバーナのセカンドラインD&Gなどである。

　また野球用品のゼットは，「ZETT」という一般向けのブランドのほかに，プロ野球選手含む上級選手向けの「ZETT　PROSTATUS」というブランドを展開している。

3. ブランド開発戦略

ブランド展開をどのように進めていけばよいのか，和田充夫・恩蔵直人・三浦俊彦は『マーケティング戦略』(1996) のなかでブランドの基本戦略をブランド強化，ブランド変更，ブランド・リポジショニング，ブランド開発の4つに分類して図表Ⅰ-20のようなマトリックスで示している。

(1) ブランド強化

ブランド強化とは，既存のブランドで既存の市場を攻めていくこと。ブランドの認知度を高め，顧客ベースを増やして，消費者のマインド，つまり心の中に徹底的にブランドを築き上げる戦略である。

消費者のマインドのなかでの，ブランド占有率のことをマインド・シェアという。特定の製品カテゴリーについて，「どのブランドを最初に思い浮かぶか」といったアンケートなどによってマインド・シェアの調査を行う。マインド・シェア第1位の製品は，再生知名率1位（最初に思い浮かぶブランド）ということになる。

ブランド強化の重要点は，製品の基本的な部分は変えないが，消費者の変化するニーズに合わせて少しずつ改善，改良を続けることである。例えば，「ゴキブリホイホイ」は1973年発売から35年経つ今でもゴキブリ捕獲器市場の80％のシェアをもつロングセラー製品である。現在の6代目製品は，普段野菜を食べているゴキブリは肉を求め，そうでないゴキブリは野菜を求めるということからシート中央にのせるエサを肉，魚，野菜の配合に工夫をした最新型であるという。また踏み板に足ふきマットを装着し，台所を歩き回っ

	既存ブランド	新規ブランド
既存市場	ブランド強化	ブランド変更
新規市場	ブランド・リポジショニング	ブランド開発

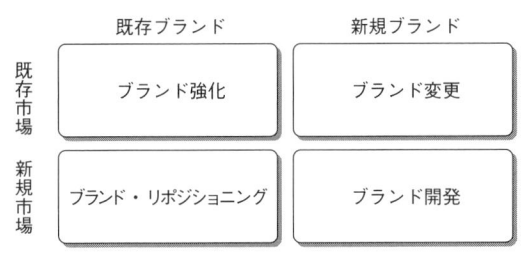

図表Ⅰ-20　ブランド基本戦略

出典：和田充夫・恩蔵直人・三浦俊彦 (1996)『マーケティング戦略』有斐閣アルマ, p.184

て足に油がついたゴキブリもマットが油を吸収するため捕獲しやすいなど製品改善・改良を続けてブランド強化を進めているのである。

(2) ブランド変更

ブランド変更とはターゲット市場は変えずに，既存の市場に従来のブランド名を変えて攻めていく戦略である。この戦略はブランドの統廃合を行う場合に採用されることが多い。前述した資生堂のマキアージュはピエヌとプラウディアというブランドを統合して生まれたブランドである。

松下電器産業はパナソニックに社名変更するとともに冷蔵庫，洗濯機など白物といわれる家電製品のブランドをナショナルからパナソニックに変更する。これもブランド変更の事例として今後の動向に注目していきたい。

(3) ブランド・リポジショニング

ブランド・リポジショニングとは，ブランドはそのままに新市場に攻めていく戦略である。例えば，エスエス製薬のハイチオールCは当初，全身倦怠や二日酔いなど幅広い効能をもつ万能薬であった。しかし，ドラッグストアの多店舗化や美白ブームなどの環境の変化に対応するために，若い女性をターゲットにしみ・そばかす対策に効能を絞ってリニューアルした。つまりブランド・リポジショニングしたのである。

また"傘マーク"のアーノルドパーマー（レナウン）は70年代，80年代に"ワンポイント・ファッション"によってファミリーカジュアルの一大ブランドであったが，時代の変化とともに売上高も下降線をたどっていた。そこで2001年，ターゲットを若い女性に切り替え，「大人のカワイさ」「遊び心」「都会的な小粋さ」を演出するハッピーカジュアルブランドとして，リボーン（再生）したのである。昔を知らない若い女性にとって，カラフルな傘マークの入ったデザインは新鮮に映り，パルコ，ルミネなどのファッションビルで人気ブランドとして支持されている。まさにブランド・リポジショニングである。

(4) ブランド開発

ブランド開発とは新ブランドで新市場を攻める戦略である。この戦略は新市場においては後発ブランドとなるためきわめてリスキーな戦略であり，進出先の競争製品と明確な差別化が必要となる。

例えば，花王は1999年に「健康エコナクッキングオイル」で初めて食品に進出したが，体に脂肪がつきにくい特性によって厚労省から食用油としては初めて特定保健用食品の認可を得た。花王が緑茶飲料に進出したときも特定保健用食品の認可にこだわった。それが競争製品との差別化になるからである。

　自社製品だけで差別化が難しい場合は，強力なブランドをもつ企業とのコラボでブランド開発し，先発企業との差別化を図る方法もある。例えば，サントリーは2005年にスターバックスとのコラボでチルドカップコーヒー「スターバックス　ディスカバリー」を発売した。先発の森永乳業との明確な差別化をはかるためのブランド開発であった。

　ブランド開発でも競争企業がまったくいない新カテゴリー市場であれば，リスクというよりも先発＝カテゴリーの代名詞のチャンスとなる。それを実践しているのが，例えば小林製薬である。

　小林製薬では社員から新製品アイデアを募り，どんどん新製品化していく。新製品開発のアイデアだけにとどまらず，ユニークなネーミングは数多くのヒットを飛ばす要因になっている。

　一例を挙げると，「お部屋の消臭元」「ブルーレットおくだけ」「カユピタクール（虫さされのカユミ）」「熱さまシート」「しみとりーな（原因別シミ抜き）」「タフグリップ（入れ歯をガッチリ安定）」「たばこタフデント（たばこのヤニ・ニオイをとる）」「チン！してふくだけ（電子レンジ掃除シート）」「トイレその後に（銀イオンAgで瞬間消臭）」「ナイシトール（おなかの脂肪の多い方に）」「なめらかかと（ガサガサひび割れをしっとりつるつる）」「のどぬ〜るスプレー」「パーシャルデント（入れ歯のニオイに）」「ひっぱリンクル（目じりのシワをピンとひっぱる）」「びふナイト（眠っている間にニキビケア）」「ヒリピタクール（日焼けの後の痛み・ホテリに）」「フェミニーナ軟膏（デリケートゾーンのかゆみに）」「ブレスケア（息リフレッシュ）」など，まさにあったらいいなと思う製品開発の着眼点とネーミングは一歩ぬきんでていると思われる。

▎――4．事例研究

―150年にわたる一貫したブランドストーリー―

　ルイ・ヴィトン（Louis Vuitton）は，フランスにルーツをもつ統合ファッションブランドである。約150年前，1人の荷造り木箱職人がパリ・オペラ座近くに世界初の旅行かばん専門店を開いたのが始まりである。以来，交通機関の発達に合わせた製品開発を繰り返すことで，大衆旅行時代のバッグ・ブランドとして名声を確立した。

　ルイ・ヴィトンのシンボルといえるのが，1896年から製品に採用されているモノグラム柄（日本の家紋をデザインに取り入れた）である。モノグラムとは企業名やブランド名に由来する文字を組み合わせたデザインのことで，創業者ルイ・ヴィトンのイニシャルLとVを重ね合わせた幾何学文様をキャンバスに使用している。当時の導入意図は偽造対策だったが，生地に総柄のモノグラクは，他のブランドにはない特徴あるデザインで，"ブランド"の原点といわれている。

　ルイ・ヴィトンといえばファッション感度の高い製品開発と思いがちだが，そのルーツは「旅」という **TPOS**（time, place, occasion, style）を基本においた，地道に機能性を重視した製品開発の歴史であった。

　馬車旅行の時代には，雨に打たれても大丈夫なように丸いフタ付のトランクを開発した。また交通が発達して，汽車や自動車で旅行をするようになると，汽車や自動車のなかでトランクを積み上げられるようにフタを平らにしたトランクを開発。トランクは軽い素材にし，防水加工を施した。内側にはトレーや仕切りをつけて使いやすいく工夫したのである。また大型のトランクのなかに入る小さく折り畳みができる補助バッグ「スティーマーバッグ」や，自動車の助手席に置くバッグも開発した。このようにルイ・ヴィトンは使う側の立場にたってきめ細かくTPOSに応じた製品開発を行ってきたのである。

　さらにルイ・ヴィトンは，お茶を運ぶためのティーケースバッグやシャンパンを入れるための巾着型のバッグを開発した。巾着型のバッグは日本でも大変な人気となったが，ルーツをたどればシャンパンを6本入れるためにデ

ザインされた製品だったのである。また「旅」をテーマに顧客からの特別注文も受け付けている。船旅用トランクやテニスラケットケース，自転車収納トランク，デスクトランクなどである。

　ルイ・ヴィトンの歴史は150年と古い。そして一貫して「旅」をテーマに，モノグラム柄のデザインでその時代，時代にあった製品開発を行ってきた。ライズは「ブランドは一夜では築かれない。成功は何年単位ではなく，何十年単位で測定される。ブランドはそれが何かをあらわすものでない限り人々の頭の中に入っていかない。しかしブランドが頭の中で一定のポジションを占めた途端にメーカーはしばしばそれを変更する理由を思いつく。市場は変化しているかもしれないが，ブランドは変えるべきでない。絶対にだ。その本質的な特徴は（それが人々の頭の中にしっかり根を下ろしている以上）断じて変更してはならない」[15]と，ブランドの**一貫性**の重要さを述べている。また「ブランドの最も重要な側面は1つのものを追い求めるひたむきさである。特異性を喪失するとブランドは弱体化する」[16]と**特異性**の重要性も述べている。

　ルイ・ヴィトンはまさに一貫性と特異性で成功したブランドのお手本といえるだろう。

第9章 人・社会・環境への責任 ～CSR～

1. CSRとは

　CSR（corporate social responsibility）とは，企業の社会的責任という意味である。企業の社会的責任という言葉は，1960年代から70年代にかけておきた公害問題で盛んにマスコミに登場するようになった。被害の大きい4大公害病といわれているのが，水俣病（熊本県水俣湾で発生したメチル水銀による水質汚染），新潟水俣病（新潟県阿賀野川流域で発生したメチル水銀による水質汚染），四日市ぜんそく（三重県四日市市で発生した主に硫黄酸化物による大気汚染），イタイイタイ病（富山県神通川流域で発生したカドミウムによる水質汚染）である。また80年代には，メセナ（文化・芸術活動に対する支援）やフィランソロピー（寄付などの慈善活動）などの企業の社会貢献活動を通して企業の社会的責任という言葉は一般化してきた。

　そして90年代になってグローバル化という新しい波によってCSRは再びクローズアップされてきた。CSRが注目された背景にはグローバリゼーション，つまり国境を超えての企業経営活動の活発化がある。グローバリゼーションとは，先進国の立場からみれば法規制の緩い国，地域へ進出していくことを意味する。多くの途上国にとっても，自国の経済発展のために外資を招き入れたいという一心から，自国の労働，安全，衛生，環境面における諸基準を緩めていく。しかし，企業の国際化が進むなかで途上国の労働者の人権が侵害されたり，環境が破壊されたりすれば，途上国だけの被害にとどまらない。地球環境全体を脅かす問題にもつながりかねないのである。

そのため多国籍企業は，国際的な場面で，
- 「人に対する責任」（人権，労働，雇用）
- 「社会に対する責任」（顧客，取引先，地域住民）」
- 「環境に対する責任」（温暖化対策，環境汚染対策）

が強く求められるのである。

2. 日本のCSRの現状

(1) コンプライアンス経営

　CSRが日本で広く認知されるようになったのは2003年ころからといわれている。この2003年を「CSR元年」と呼ぶ専門家もいる。わが国は相次ぐ企業の不祥事で，企業のトップが頭を下げる姿に見慣れてしまった昨今である。マスコミによる視聴率の不正操作，ネット系企業による個人情報の大量流出，大手企業による総会屋への利益供与など，消費者と市場の信頼を裏切る大きな事故や事件が相次いでいたが，2007年は食品偽装に明け暮れた。菓子メーカーの期限切れ商品の販売や賞味期限の改ざん，食肉メーカーの豚肉を混ぜたひき肉を「牛ミンチ」として販売した牛肉偽装，偽ブランド地鶏，伊勢の名産品の製造日・消費期限不正表示，老舗高級料亭の消費期限不正表示や牛肉偽装など，「偽」という漢字がはびこった年であった。

　企業の不祥事が相次いで発生しているが，その背景は何なのか。これらの不祥事発覚の多くは企業内部からの告発によるものといわれている。背景には2006年4月に施行された公益通報者保護法がある。この法律は企業の**コンプライアンス**（compliance：法令遵守のこと。つまり企業が経営活動を行う上で，法令や各種規則などのルール，さらには社会的規範などを守ること）経営を強化することを目的に企業の内部告発者が解雇などの不当な扱いを受けることを禁止した法律である。そしてこの法律が広く普及し始めたことで，次々と不正が明るみに出てきたといわれている。

(2) コーポレートガバナンス

　コーポレートガバナンス（corporate governance）とは企業統治のことである。企業経営者の独走による違法行為，組織ぐるみの違法行為をチェック

し，阻止することがコーポレートガバナンスの目的である。食品偽装の不祥事を起こした前述のような企業は，老舗の名店が多い。歴史があるが，創業者の同族経営で，しかも社長はワンマンという企業が多いのではないか。会社は誰のものか。日本では，会社は経営者と従業員のものという意識が強く，創業者の中には会社は自分のものと思っている経営者も多いのではないか。

企業は法律上株主のものであり，コーポレートガバナンスの本来的な目的は企業価値の増大でなければならない。経営者は株主の利益の最大化を目的に企業経営にあたる責務がある。このような経営者の責務を果たしているか，経営者に目標を与え，業績評価を行い，経営者が株主の利益を生み出すように監視することがコーポレートガバナンスである。このようなコーポレートガバナンスの機能強化のため，2003年3月の証券取引法の改正により，2004年の有価証券報告書から「コーポレートガバナンスの状況」の項目を新設し，会社の機関の内容，内部統制システムの整備の状況，リスク管理体制の整備の状況などを記載することとなっている。

また企業の内部統制強化を目的とした法律である日本版SOX法が導入される。SOX法とは，米国のSarbanes-Oxley（サーベンス・オクスリー）法という，エンロン事件をはじめとする米国企業の会計不祥事の続出に対して，米国政府が制定し2002年7月に成立した企業改革のための法律のことを指している。同様の制度が日本でも導入されるため，「日本版SOX法」といわれている。

(3) ステークホルダー

ステークホルダー（stakeholder）とは，企業の利害関係者のことである。利害関係者とは，企業活動を行う上で関わるすべての人，つまり株主，顧客，従業員，取引先，地域住民，官公庁，研究機関，金融機関などである。企業は株主だけでなく，ステークホルダーのいろいろな人々の支えによって成り立っている。企業トップはそれをよく認識して経営にあたらなければならない。企業の利己的な違法行為による利益追求経営に不審の目が向けられつつある今日，企業経営者は各ステークホルダーとコミュニケーションをとって信頼関係を高め，ステークホルダーの意見を取り入れた企業経営を行わなければならないのである。

3. 効果主義と効率主義

　企業が不祥事を起こす背景には**効率主義**がある。企業は創業時には**右脳型経営**である。つまり**効果主義**である。創業者はどんなビジネスが消費者に受け入れられるかを一心不乱に考え、儲けよりもむしろ売上が増える、顧客が増えることに喜びを見出し、さらに事業拡大の展望をもつ。

　しかし事業がある程度成功し企業の成長がひと段落すると、ある段階から**左脳型経営**に切り替わる。経営計画と資金計画、利益計画などのマネジメントが必要になるからだ。このマネジメントがやがて企業内に効率主義の発想を生み出す。顧客志向タイプのビジネスマンやクリエイティブな製品開発者よりも企業内官僚がトップに密着して彼らが根を張り、組織内にはびこるようになる。企業内官僚の多くは顧客創造よりもコスト削減を主たる仕事とし、事務的に業務を処理するスタイルで社内にネットワークを築く。

　この効率主義が行き過ぎると前述した偽装問題などに発展する。このような不正は表に出ない限り組織は成功体験として学習する。企業は、この時点ですでに世間の常識とは大きくかけ離れていることになる。

　組織学習したことを一切棄てることをアンラーニング（unlearning）というが、経営者が交代しない限りこのアンラーニングを実行することは難しい。不正偽装などは外部からみれば異様な状態だが、内部の人間にはそれが日常的な行動になっていて続けられることになる。そして勇気ある内部通報者によって創業時から積み重ねてきた顧客の信用は一夜にして崩壊することに

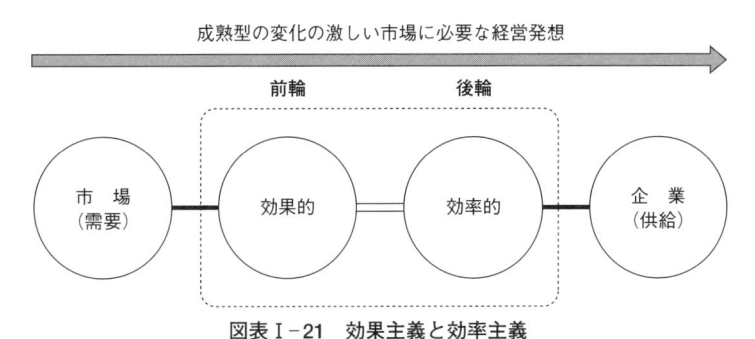

図表Ⅰ-21　効果主義と効率主義

出典：嶋口充輝（1986）『統合マーケティング』日本経済新聞社、p.26に一部加筆して作成

なる。

　企業は市場，すなわち顧客によって生かされていることを認識し直すべきである。嶋口充輝（『統合マーケティング』1986）は図表Ⅰ-21に示したように，企業経営は効率と効果の車の両輪にたとえられるが，並列的両輪ではなく自転車のような前後的両輪とみなし，成熟型の変化の激しい現代市場に身をおく企業まず市場に生かされる必要条件として「効果的」の前輪でカジ取りしながら，十分条件としての「効率的」運営を追求していくことが重要であると「効果前輪型経営」を唱えている。

◎―注・参考文献
1) 尾原蓉子「2008NRF（米国小売業大会）報告」繊研新聞社，2008年2月5日付
2) 深井慈子（2005）『持続可能な世界論』ナカニシヤ出版，p.19
3) 池田香代子＆マガジンハウス編（2002）『世界がもし100人の村だったら②』マガジンハウス，p.49
4) 尾原蓉子，前掲
5) フィリップ・コトラー／ゲイリー・アームストロング（和田充夫監訳）（2003）『マーケティング原理［第9版］』ダイヤモンド社，p.10-11
6) 同上，p.14
7) A・トフラー（徳岡孝夫監訳）（1982）『第三の波』中公文庫，pp.327-328
8) 安岡正篤（1985）『運命を創る』プレジデント社，p.20
9) 「経済羅針盤」NHK，2008年2月10日放映を参考に作成
10) 恩蔵直人（1995）『競争優位のブランド戦略』日本経済新聞社，p.23
11) アル・ライズ／ジャック・トラウト，新井喜美夫（訳）（1994）『マーケティング22の法則』東急エージェンシー，p.13・p.24
12) 『日経ビジネス』2006年3月27日号，p.37
13) フィリップ・コトラー／ゲイリー・アームストロング，前掲，p.358
14) アル・ライズ／ローラ・ライズ（片平秀貴監訳）（1999）『ブランディング22の法則』東急エージェンシー，p.8，p.14
15) 同上，p.235，p.237
16) 同上，p.263，p.265

第 II 部

製品マーケティング戦略

第10章

目的志向とKFS
〜戦略と戦術〜

▌1. 戦略とは何か

戦略（strategy）とは何か。**戦術**（tactics）とは何か。『広辞苑』によると，戦略とは「戦術より広範な作戦計画」とある。また戦術とは「戦闘実行上の方策。一般に戦略に従属」としている。

田内幸一（1991）は，織田信長，ジンギスカン，クラウゼウィッツの戦略発想について述べ，「戦略とは，どういう敵と戦おうとするのかであり，戦術とは，敵と出会ったときどう戦うのかを考えることである」[1]としている。

戦略に関しては，古今東西の最良の書は『孫子』といわれている。『孫子』は中国，呉の兵法書で1巻13編にわたって戦略，戦術を総合的に説いている（『広辞苑』より）。孫子はまた孫武の敬称とされ，孫武は中国の春秋時代末期に栄えた呉国の王（紀元前514－496）に仕えた将軍，と司馬遷の『史記』に記されている。

「**孫子の兵法**」を学び，それを活用した歴史上の有名人には，武田信玄（1521－1573）やナポレオン（1808－1873）がいる。米国もベトナム戦争での反省から孫子を研究したといわれている。孫子の兵法はビジネスにも通じるという観点から，いくつかの本も出版されており，2500年以上の時空を超えて今も読み告がれている兵法書である。

孫子の兵法のポイントは列挙すると以下のようになる。
① 彼を知り己を知れば百戦して殆（あや）うからず
② 戦いの主導権を握るべし

③兵站(へいたん)（食料，武器，弾薬などの補給）こそ生命線
④戦わずして勝つ（百戦百勝はベストではない）
⑤兵力を集中せよ
⑥変幻自在の進撃（風林火山）
⑦敵国深く進入せよ
⑧10倍なら包囲，5倍なら正面，2倍ならはさみうち
⑨互角なら懸命に劣勢なら逃げよ

以上のように孫子は必ず勝つ戦略，戦術というものを体系化している。すなわち，

```
・相手（敵）を知り己を知る→分析する
・己の得意な土俵（方法）で戦う
・相手（敵）よっては戦い方を変える
・戦わずして勝つ―最上の戦略
```

の大切さを述べているのである。

戦略と戦術の関係を図表Ⅱ-1および図表Ⅱ-2に示す。

戦略と戦術はツリーで表現される。これを戦略ツリーという。図表Ⅱ-2は，織田信長が武田勝頼率いる武田騎馬軍団と戦った長篠の戦いについて**戦略ツリー**を簡略に表現したものである。

武田軍に勝つことが織田軍の目的である。目的と戦略との違いは，戦略には**戦いに勝つ根源**，すなわち成功の鍵（**KFS** = key factor to success）が表現されていることである。武田騎馬軍団に勝つKFSはこの場合は鉄砲である。鉄砲なら，あの強い武田の騎馬軍団に勝てる。それが戦略だ。

それでは鉄砲3000挺をどのように集めるか。戦略ツリーではⓑと表現している資金調達戦略が重要となる。集めた3000挺の鉄砲をどのように使うか。それが戦略ツリーではⓐと表現している軍事戦略である。「武田騎馬軍団には鉄砲で勝つ」という戦略（KFS）は戦略ツリーではⓐ鉄砲3000挺を使って戦う（軍事戦略）とⓑ鉄砲3000挺の資金調達（財務戦略）の2つの個別戦略に分かれるのである。

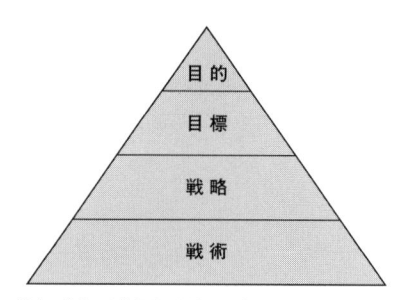

- 戦略は戦術の上位概念。戦術は戦略があってこそ活かされる。
- 戦略は目的に近いもので、戦術は目的を達成するための手段である。
- 戦略は組織の目的、目標達成のためにリーダーが考えるもので、戦術は部下が実行するもの。

図表Ⅱ-1　戦略と戦術の関係

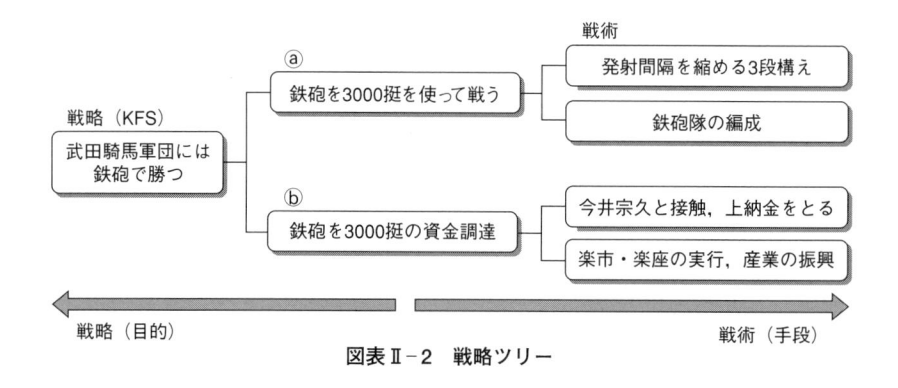

図表Ⅱ-2　戦略ツリー

　ⓐとⓑの個別戦略はそれぞれ具体的な実行手段の戦術へと分化する。したがって図表Ⅱ-2の右側は戦術、左側は戦略という関係になる。左側について「何のために？」という目的の追求を頭のなかで考えていけば、もっと大きな戦略発想をもつことができる。「何のために武田の騎馬軍団に鉄砲で勝つのか？」を考えれば、例えば「天下統一のためには先ず武田軍を叩きのめす」というように、さらにより大きな戦略への発想ができるのである。

　われわれは手段としての実務を行うことが多く、時には目的と手段を取り違えたりすることもあるが、常に目的は何か、を自問することで目的思考、戦略思考を身につけなければならない。なぜなら企業の係長や課長であれば、少なくとも5人以上の部下をもつ**リーダー**であり、組織のリーダーとしてメンバーを効率よく動かし、目標を達成しなければならない。そのためには戦

略思考が必要となるからである。

リーダーになってもすぐに戦略思考は身につくものではない。若いうちから常に戦略的に物事を考える訓練をしておく必要があるのだ。

2. 戦略に必要な視点・発想

2004年に開催されたアテネオリンピックで、金メダルを期待された日本の野球チーム（松坂などプロ選手構成によるドリームチーム）は銅メダルに終わった。その理由は、最強といわれるキューバには勝ったが格下のオーストラリアに二度も負けたことである。なぜ日本が格下のオーストラリアに負けたか。オーストラリアは国民的に野球に関心の少ない国で、野球放送はほとんどない国である。しかしアテネ大会ではオーストラリアチームは徹底的に日本の野球チームを調査していた。これが戦略である。すなわち戦略とは準備段階から始まるもので、この準備段階でほぼ勝負は90％決まるのである。

そこで戦略とは何か、もう一度わかりやすく図表Ⅱ-3に図示してみよう。

企業の係長や課長以上、少なくとも5人以上の部下をもつリーダーは戦略発想をもたなければならないと前述したが、サービス現場の店長や支配人も戦略発想が必要である。部下を1つの方向にベクトルを合わせて、目的、目標の実現に向けた戦略を考えなければならないのだ。

野球の監督も同様だ。日本のプロ野球の監督は140試合、アメリカのメジ

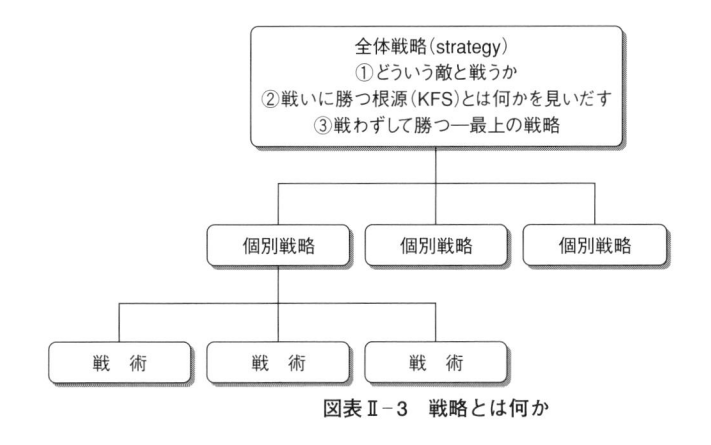

```
全体戦略（strategy）
①どういう敵と戦うか
②戦いに勝つ根源（KFS）とは何かを見いだす
③戦わずして勝つ―最上の戦略

    ┌────────┼────────┐
  個別戦略   個別戦略   個別戦略
  ┌──┼──┐
 戦術 戦術 戦術
```

図表Ⅱ-3　戦略とは何か

ャーなら162試合の長いペナントレースの期間をどのように戦うか，選手の気力，体力のピークをどこにもっていくかという戦略を考える。当然選手の補強計画の段階から勝負は始まっており，相手チームの戦力分析などペナントレースが始まる準備段階ですでに勝負の90％は決まっているであろう。

　戦略に必要な視点や発想にはどういうものがあるか，下記に列記する。
・長期的な視点
・全体的な視点
・客観的な視点
・目的志向（「何の為に」を繰り返す～目的の明確化）
・読みの深さ（「なぜなのか」を繰り返す）
・柔軟な思考（戦略オプション）と変化対応力
・組織学習（失敗を学習して，その経験を組織として生かす）
・情報収集力，予測力
・計画性と周到な準備
・兵站（補給，ロジスティクス）
・集中－絞込み，捨てる発想，二正面作戦は取らない
・他力の活用

以上が，戦略に必要な視点，発想である。
　逆に戦略的でない視点，発想にはどういうものがあるだろうか，それを以下に示す。
　×総花主義　×経験主義　×平均主義　×積み上げ発想
　×横並び主義　×精神主義　×その場の空気

第11章
社会的マーケティング志向
～マーケティング・コンセプト～

1. マーケティングとは何か

　マーケティングとは何か，コトラーとアームストロングは「ごく簡明な定義をすれば，マーケティングとは顧客を満足させて利益を得ることである。今日，マーケティングは宣伝して販売するという古い意味ではなく，顧客のニーズを満足させるという新しい意味によってとらえられるべきである」[2]と述べている。また和田・恩蔵・三浦（1996）は「マーケティング戦略とは，市場需要の創造・開拓・拡大を目的としてターゲットを設定し，それに対応したマーケティング・ミックス要素を計画することによって構造化される」[3]としている。

　マーケティング・ミックスとは，図表Ⅱ-4に示すジェローム・マッカーシー（E. Jerome McCarthy）が唱えたマーケティングの4つの要素，いわゆる**4P**の組み合わせのことをいう。4Pとは，①製品（product），②価格（price），③流通チャネル（place），④プロモーション（promotion）の頭文字をとったものである。

　図表Ⅱ-4のマッカーシーの図は，マーケティングを「コントロールできる要因」（ターゲット顧客や4P）と「コントロールできない要因」（政治的，法律的環境や文化的，社会的環境などの環境変化）に分け，コントロールできる要因としてマーケティング・ミックスを位置づけている。

　いくら良い製品を開発したとしても売れるとは限らない。製品という1つのPだけが良くても売れるとは限らないのである。マッカーシーの4Pそれ

第Ⅱ部　製品マーケティング戦略

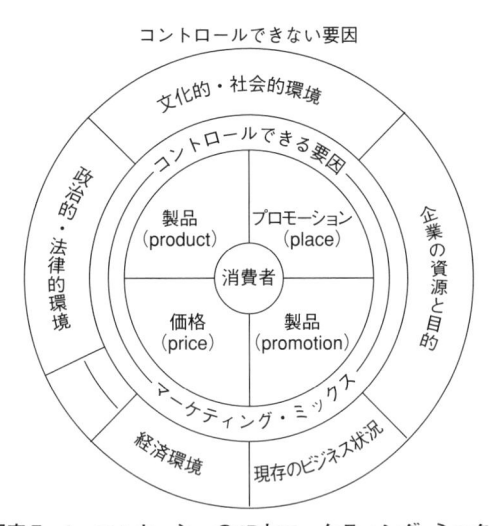

図表Ⅱ-4　マッカーシーの4Pとマーケティング・ミックス
出典：E. Jerome McCarthy (1968) *Basic Marketing; A Managerial Approach*, 3rd ed., Irwin

それぞれがターゲット顧客にフィット（fit＝適合）し，また4Pそれぞれが相互にフィットしたマーケティング計画を組むことによって製品は売れるのである。これがマーケティング・ミックスである。ここにマーケティングの意味があり，価値があるのだ。したがって売れている製品は，単に製品だけが良いのではなく，マーケティング・ミックスという4Pの組み合わせが成功しているとみなければならない。

マーケティングとは何か，筆者はそれを理解するには図で覚えることを薦めている。それは図表Ⅱ-5に示すコントロールできる要因としてのマーケティング・ミックスの図である。

マーケティングとは何か，一言でいえばこのマーケティング・ミックスの図のことである。この図こそが「市場需要の創造・拡大をはかることを目的としてターゲット顧客を設定し，マーケティング・ミックスを計画，実行すること」というマーケティングの定義を表しているといえる。

このマーケティング・ミックス図の具体的な記入方法は以下の通りである。
・**ターゲット顧客**―ターゲット顧客を具体的に記入する
・**製品（product）**―顧客にとってのベネフィット（便益＝メリット，効

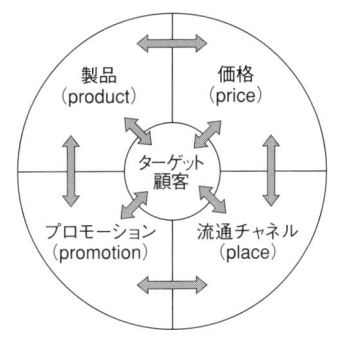

図表Ⅱ-5　マーケティング・ミックス図

　果，効能），品質水準，ブランド，パッケージなど
・**価格**（price）―販売価格（メーカー希望小売価格，実売価格）
・**流通チャネル**（place）―販売する小売店，直販，通販など
　（例；百貨店，コンビニエンスストア，スーパーマーケットなど）
・**プロモーション**（promotion）―広告，販促活動，卸売業や小売業への営業活動もプロモーションに含まれる。

2. 市場とは

　市場とは，販売者が集まって市（いち）をたてる市場（いちば）という意味に使われたり，株式市場や穀物市場のように特定の分野での取引の集合体を表す意味に使われたりするが，マーケティングでは「潜在購買者も含めた**買い手の集合**」のことを意味する。
　コトラーは「市場とは，ある製品の顕在購買者ならびに潜在購買者の集合である」[4]としている。
　そのためマーケティングでは潜在需要に着目して，新規需要を見込んだ市場を想定する。市場は創造し拡大するものという考え方に基づいているのである。

3. マーケティングの4つのコンセプト

企業がマーケティング活動を行う際に、企業、顧客、社会それぞれの利益をどのように考えればよいのか、互いに相反することがある。マーケティング活動をどのような軸足において進めていくのかという考え方（concept：コンセプト）には大きく次の4つがある。

①製品志向（product concept）

販売活動を低く見下し、製品開発や生産こそ事業の中核であるとする考え方。その場合、消費者の需要やニーズとは関係なく、先ず「製品ありき」の発想で、製品開発や技術開発、工場拡充、生産設備拡充などに重点がおかれる。職人技術を重視するヨーロッパの一部や日本の「士農工商」「鉄は国家なり」という言葉にそのコンセプトがみられる。**生産志向**（production concept）もこのなかに含む。

②販売志向（selling concept）

製品が開発され、順調に販売が行われても、ある段階で需要が頭打ちになる。在庫が増え始めると売込みが必要になる。大規模な広告宣伝活動や営業マンによる販売チャネル（小売店など）に対するセールス活動を積極的に行って在庫を売り切ることが必要になる。顧客が要求するものを販売するのではなく、工場が製造したものを売るという考え方、これが**販売志向**である。

③マーケティング志向（marketing concept）

企業はターゲット顧客のニーズやウォンツを知り、顧客が要求するものを

出発点	焦点	手段	目標
工場	既存製品	販売とプロモーション	売上増加による利益

販売志向

出発点	焦点	手段	目標
市場	顧客ニーズ	統合的マーケティング	顧客満足から得られる利益

マーケティング志向

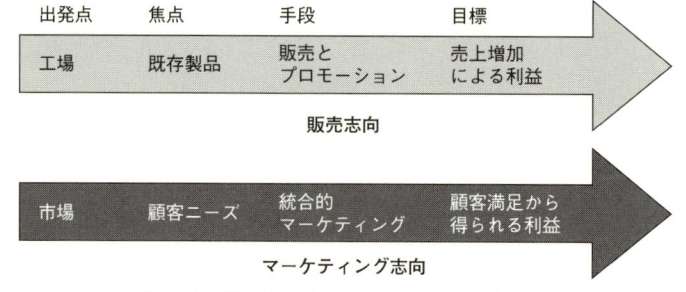

図表Ⅱ-6　販売志向とマーケティング志向の対比

出典：Philip Kotler and Gary Armstrong（2006）*Principles of Marketing*, 11th ed., Prentice Hall, p.11

製造，販売して，より高い顧客満足を提供しなければならないという考え方である。ドラッカーは「マーケティングはその分析機能にもとづいて技術者やデザイナーや工場関係者といった人々に対し，特定の製品について顧客が（イ）何を求め，（ロ）どの程度の値段を喜び，（ハ）いつ，どこでそれを求めているか，といったような知識を与えることによって，商品生産のよりどころを示さねばならない。マーケティングは販売やサービスの諸部門のみならず，製品計画，生産計画，在庫品管理等の諸分野における活動を指導する機能を有するものである」[5] と述べている。

コトラーは販売志向とマーケティング志向の考え方の違いについて図表Ⅱ-6のように，わかりやすく対比している。

図で重要なことは販売志向が工場を出発点とし，工場で生産された製品をいかに販売するかという考え方であるのに対して，マーケティング志向は市場，すなわちターゲット**顧客ニーズ**に焦点を当て，いかに顧客満足を提供するかという考え方であることだ。これがマーケティングの本質である。

マーケティング志向のことを**顧客志向**ともいう。

④社会的マーケティング志向（societal marketing concept）

社会的マーケティング志向とは企業が利益を追求するだけでなく，顧客満足と社会的要請，社会的責任に長期的，継続的に応えていくことが企業の達成すべき目標とする考え方である。

```
製品志向
   ↓
販売志向
   ↓
マーケティング志向
   ↓
(社会的マーケティング志向)
```

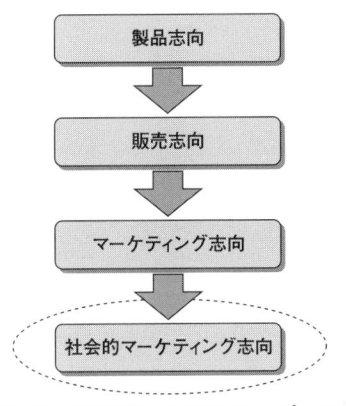

図表Ⅱ-7　企業経営ー4つのコンセプトの変遷

上記のマーケティングの4つのコンセプトは，日本の経済発展とともに変遷してきた考え方でもある。**図表Ⅱ-7**はそのマーケティング・コンセプトの変遷を図で表現したものである。

　現在日本では，産地の偽装，原材料の偽装，賞味期限の改ざんなど企業が生活者の信頼を裏切る行為が多発している。現在の日本ではもはや企業は売上げや利益が上がればよいとする生産志向，製品志向，販売志向は通用しない。いかに顧客満足を提供するかというマーケティング志向だけでなく，いかに企業の社会的責任を果たしていくかという，社会的マーケティング志向の理念と実践が企業に求められている。

第12章
敵を知り，己を知る
～SWOT 分析～

1. SWOT分析

　戦略策定の最も基本的で重要なことは前述のとおり「彼を知り己を知れば百戦して殆うからず」，すなわち敵と己をできるだけ客観的に分析することである。

　筆者は，マーケティングは現代における兵法と考えている。孫子の兵法と同様に，マーケティングにおいても敵を知り，己を知る方法は理論化されている。それが**SWOT（スウォット）分析**である。

　SWOT分析とは，図表Ⅱ-8に示すようなものである。

内的環境	外的環境
強み（S＝strength）	機会（O＝opportunity）
弱み（W＝weakness）	脅威（T＝threat）

戦略
↓

どんな顧客（who）	顧客のどんなニーズ（what）	どのように（how）

「機会」こそが戦略策定の根本になる

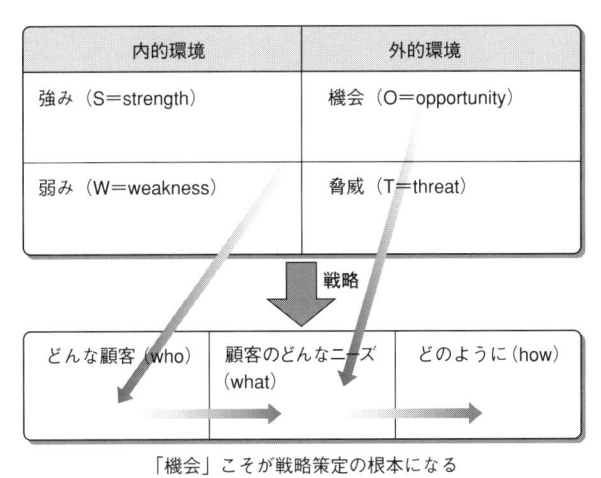

図表Ⅱ-8　SWOT分析

先ず内部環境の分析として，自社の**強み**（strength）と**弱み**（weakness）を分析する。次に外部環境としての**機会**（opportunity）と**脅威**（threat）を分析し，その分析結果から自社の戦略を策定するというフロー（流れ）である。「強み」「弱み」「機会」「脅威」の4つの英文字の頭文字をとってSWOT分析という。SWOT分析とは，すなわち外部環境（市場，競争相手）を知り，内部環境（自社）を客観的に深く分析を行うことである。SWOT分析によって自社の「強み」を強みとして再発見し，その「強み」をもっと生かすことはできないか，また「弱み」については他の企業と連携することなどでカバーできないかを考える。次に自社の「強み」を生かしながら外的環境の「機会」を生かして「どんな顧客（who）」の「どんなニーズ（what）」に，「どのように（how）」対応していくかという戦略を考えるのである。とくに，

> ①自社の「強み」をより多く見出すこと
> ②外部環境の「機会」をより多く見い出すこと

が重要となる。「機会」を発見できなければ戦略を策定できないことを銘記しておかなければならない。「機会」こそが，わが社はどんな顧客に，その顧客のどのようなニーズに，そしてそのニーズを実現するにはどのように対応すべきかという戦略の根本になるのだ。
　また「強み」と「弱み」は客観的に切り分けられなければならない。弱みなのに希望的観測で強みに見立てないことだ。アンケート調査で調べたり，社内メンバーによる討議を行ったりして客観的に強み，弱みを切り分ける。切り分けられない場合，それは強みでもなく弱みでもないのである。

2. 戦略と企業ドメイン

　SWOT分析ができたら，次に戦略を考える。
　まずwhoである。どういう顧客をターゲットとするかはSWOT分析の「機会」で見出したビジネスチャンスからwhoを設定するのである。その意

味では「機会」とwhoはつながっていなければならない。そしてwhoはできるだけ絞り込んだ表現でなければならない。

次はwhatである。これはwhoで絞り込んだ顧客のどのようなニーズに応えていこうとするのか，である。これも「機会」とつながってなければならない。

最後はhowである。絞り込んだ顧客のニーズにどのように対応し，実現していくかという方法論である。この場合，自社の強みを生かすことが重要である。しかし，それが自社の弱みになっている場合であれば，弱みをカバーする方法，例えば他力を活用したり，他社とのコラボレーションを考えるなどの方法が必要となる。

このwho，what，howの3つが戦略の要となる。このwho，what，howの3つは**戦略ドメイン**を示す。戦略ドメインとは，企業の**事業領域**を短い言葉で表現したもので，企業の現在から近い未来における戦略を表現し，従業員をひとつの方向に導くものである。武田信玄の「風林火山」(疾きこと風の如く，徐なること林の如く，侵掠すること火の如く，動かざること山の如し)の旗印はまさに戦国時代の武田軍の変幻自在な戦い方を示すドメインといえるのだ。

戦略ドメインの例として，有名なのがNECの"C&C"である。"C&C"とはComputing & Communicatingを意味する。NECはパソコンが普及する前からコンピュータとコミュニケーションの時代の到来を見越し，将来の戦略として"C&C"という戦略ドメインを定めたのである。

また花王は"清潔な国民は栄える"という戦略ドメインである。最近では食品分野での進出を果たして"清潔・美・健康"を戦略ドメインともしている。日本人は清潔好きであり，洗剤，シャンプー・リンス，クイックルワイパー，歯磨き，フェイスケアなど清潔に関連する数多くの製品を花王は開発してきた。まさに"清潔な国民は栄える"は花王の戦略ドメインだったのだ。

企業の社是や経営理念と戦略ドメインとは異なる。社是や経営理念は，"お客様第一主義"や"創造と挑戦""1つ1つに魂を込める"などの言葉で表現されているが，これらはどちらかというと時代が変わっても不変の心構え，不変の行動規範を表すものが多い。一方戦略ドメインは事業領域を表現

するものであり，現在および近い将来の戦略を示すものである。時代が変化すれば戦略も変わる。戦略ドメインは変化するものなのである。

3. 3C分析とMECE（ミッシー）

SWOT分析のほかに，「彼を知り己を知れば百戦して殆うからず」を実践する方法として，**3C分析**がある。3C分析とは，**customer**（市場・顧客），**company**（自社），**competitor**（競争他社）の3つをそれぞれ分析して自社の戦略を策定することである。

① Customer―市場の成長性，顧客ニーズの変化など
② Company―自社の技術力，ブランド力，営業力など
③ Competitor―競争企業の技術力，ブランド力，営業力など

この3C分析もSWOT分析と同様，客観的に外部環境である市場・顧客，および競合企業と自社を分析しなければならない。

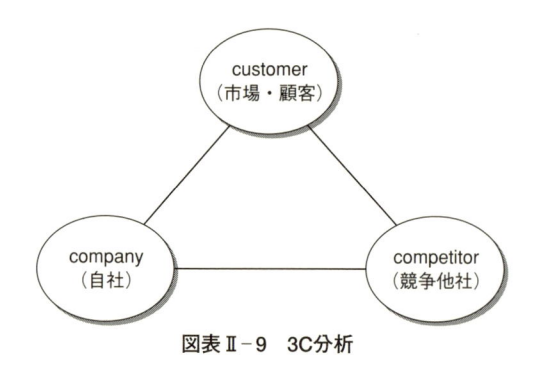

図表Ⅱ-9　3C分析

3C分析は，3つのCを使うことによってモレなくダブリなく分析することができる。これを**MECE（ミッシー）**という。MECEとはmutually exclusive and collectively exhaustiveの略で，相互に重なりなくモレがない状態のことをいう。論理的思考（ロジカルシンキング）を行う上でMECEは重要な概念である。自己流ではどうしても考え方にモレやダブリが出てしまうからだ。

MECEのわかりやすい例としては，じゃんけんのグー，チョキ，パーであ

る。これにはモレやダブりはない。すべてを網羅している。実はマーケティングの理論の多くはMECEの構造になっている。SWOT分析も内部環境と外部環境のそれぞれプラス面とマイナス面についてマトリックスで表現したもので，モレなくダブりなしの論理構造になっている。マーケティング・ミックスの考え方もターゲット顧客と4Pの組み合わせでモレなくダブりなしの構造になっている。このようなMECEのマーケティング理論を活用して思考力を高めることを**フレームワーク思考**という。自分で考えをまとめるのは大変だが，既存の理論を活用するフレームワーク思考はモレなくダブりなく論理を整理することができるのである。

4．事例研究

—敵を知り己を知る—

　am/pmは現在，焼肉チェーンの牛角やスーパー成城石井などを傘下にもつレックス・ホールディングスの子会社である。1990年当時am/pmは共同石油（現ジャパンエナジー）がガソリンスタンドの差別化や集客などを目的に，米国の大手石油会社アルコ社のCVS部門am/pmインターナショナル社と提携して展開するコンビニエンスストアであった。

　同社がコンビニチェーンの展開を始めようとした1990年時点で業界トップのセブン－イレブンの店舗数はすでに4000店舗を超えていた。言わばam/pmはきわめて後発であった。

　am/pmはスタート当初，ガソリンスタンドとの複合店，それとコンビニ単独店の展開に2回失敗している。複合店ではガソリンスタンドにコンビニを併設れば簡単に売上が上がると見込んでいた。しかしガソリンスタンドのオーナーに食料品を売るという経験がなかったことや弁当などの鮮度管理が必要な商品，小さなアイテムの商品管理などはガソリンスタンド側にとっては苦手なものであった。そのためガソリンスタンドとコンビニの複合店は時期尚早と判断した。次のコンビニ単独店では，先発大手チェーンとの競合の問題があった。大手チェーンのコピーによる出店では隣に競合店が出店すると売上が半減したのである。

1992年に入ってam/pmは従来とっていた政策が誤りであったことに気がついた。セブン－イレブンなどの先発チェーンと同じような独身男性をターゲットとした郊外出店をしていては，ターゲット市場が同じなため，競合店が隣に出店すればお客が半減するだけでなく，コンビニエンスストアのブランド力に差があって売上の差がそれ以上に広がった。弁当，おにぎり，調理パンなどコンビニの重要な商品は，セブン－イレブンは鮮度，ローソンはボリューム感で勝負しているのに対し，am/pmは先発チェーンとの差をつける商品をもっていなかった。am/pmのコンビニエンスチェーンとしての企業存亡の危機がこのときであった。

　1992年当時，都心のレストランは午前11時30分ころよりランチタイムのかき入れ時になった。しかし，お昼の喫食時間は男性は15分，女性45分と女性の昼食時間が長いために女性客の入店を断る店が多くあった。女性客は話をしながらゆっくり時間をかけて食事をしたいというニーズがあるのだ。しかし先発のコンビニは都心の出店には消極的であった。am/pmはそこにチャンスがあると考えた。丁度バブルがはじけて家賃も安くなっていた。そこでam/pmはセブン－イレブン，ローソンなどの先発大手のように郊外立地で20～30代の独身男性を主なターゲット客とするのではなく，都心の女性や中高年を中心客層とした新たなコンビニの確立を目指したのである。

　am/pmの商品の特徴は「フローズンとれたて弁当」に代表される。他のコンビニの多くが1日3回の配送便で弁当などの商品の補給を行うシステムをとっているのに対し，am/pmの場合は，店頭の販売時点でレンジ加熱するフローズン商品である。フローズン化することで，弁当など消費期限切れの廃棄量が従来の5分の1に削減でき，保存用添加物や合成着色料を使わないで，必要なときに必要な量だけ加熱調理して，いつも作りたてを提供できる。am/pmはもともとエネルギー会社であり，エネルギーを大事に使おう，あるいは環境を考えていこうという企業文化があった。

　「フローズンとれたて弁当」のほか，食品添加物の使用を極力控えゴミ処理しやすい新素材のパッケージを使った「あんしん二重丸」というオリジナル商品を1995年から展開した。am/pmの取扱商品3000アイテムのうち約1割が身体や地球環境を考えた商品コンセプトの「あんしん二重丸」であった。

第12章　敵を知り，己を知る　～SWOT分析～

　am/pmの企業コンセプトは"Lifeline on Demand"，すなわち「生活者が必要とするとき，必要とする場所で，必要とする商品を提供していく」ことである。「フローズンとれたて弁当」もそのひとつだが，他にもデリバリーサービスがある。デリバリーサービスは，体の具合が悪い人や小さな子供がいる世帯など何らかの理由で来店できない顧客に，am/pmの「デリス便カタログ」の商品から選び電話で注文してもらい配達する。利用料は1回200円（当時）であった。

　am/pmは働く女性や中高年の方が朝起きてから夜寝るまでの生活を丹念に見直し続け，そこから新商品への発見をする。先発コンビニのような流通集団ではなく素人集団として，売れるものを追うというより，本当に必要なものを一生懸命に考え，お客にとって真に必要か必要でないかを素人の目で

内的環境	外的環境
強み（S=strength） ・親会社が共同石油という大企業 ・元エネルギー会社で環境を考える企業風土 ・二度の失敗の経験（複合店，単独店）	機会（O=opprtunity） ・都心で働く女性に昼食のニーズあり ・先発のコンビニは都心の出店に消極的 ・バブルはじけて家賃が安い
弱み（W=weakness） ・素人のサラリーマン経営 ・コンビニでは後発でブランド力がない ・先発チェーンと差をつける商品がない	脅威（T=threat） ・先発コンビニのブランド力 ・競争に弱い 　（隣に競争店が出店すればお客が半減）

戦略

どんな顧客（who）	顧客のどんなニーズ（what）	どのように（how）
・都心で働く女性 ・中高年	・働く女性の昼食 　―ゆっくり時間をかけて食事をしたい ・本当に必要で安全なもの，環境によいもの	・都心への出店 ・独自の商品開発 「フローズン弁当」 「あんしん二重丸」 ・デリス便の開発

ドメイン

Lifeline on Demand

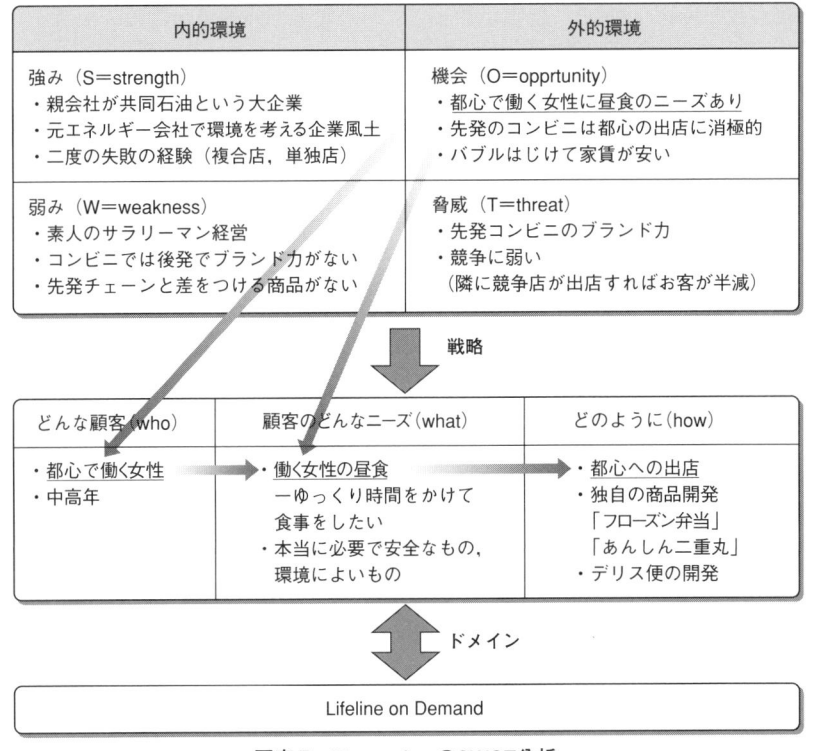

図表Ⅱ-10　am/pmのSWOT分析

発見し納得づくで販売していくというwillの経営を実践しているのである。

　am/pmは当初の2回の失敗を認め，すばやく"彼を知り己を知り""戦わずして勝つ"というすぐれた戦略を実践した事例といえる。

　このam/pmの事例をSWOT分析にまとめると図表Ⅱ-10のようになる。

　am/pmは当初，安易にガソリンスタンドとの併設のコンビニエンスストアを考え失敗した。単独店でも先発コンビニに負かされた。まさに敵を知り己を知ることなく事業を進めた戦略性のなさが失敗の原因となった。しかしその失敗から2年という短期間に「どういう敵と戦うか」，後発であるam/pmが勝つためのKFSはいったい何かを考えた。それは先発の大手コンビニとは戦いを避け，都心で働く女性をターゲットにしたLifeline on Demand（企業ドメイン）の従来のコンビニを超えた新しい業態であった。まさに"戦わずして勝つ"最上の戦略をとったのである。企業の成功物語はほとんどの場合，SWOTを使うことで成功の要因を分析できるのである。

第13章
心理特性・行動特性
～セグメンテーションとターゲティング～

1. 市場細分化とターゲット顧客の選定

(1) マス・マーケティング

マス・マーケティング（mass marketing）とは，ターゲット顧客を限定せず，不特定多数の顧客（全市場）を対象とするマーケティングである。

マス・マーケティングは，日本においては高度成長時代の1960年代，70年代に中心となったマーケティング手法で，工業化社会の特徴であった大量生産・大量広告・大量販売によって大量消費社会をもたらした。製品の規格化，均質化が進み，テレビ，新聞，雑誌などのマス媒体を利用した大量広告によってブランド化が進んだ。大手メーカーの製品は知名度を高めてNB（ナショナル・ブランド）と呼ばれ，大手メーカー主導のNB中心のマス・マーケティングが進んだ。例えば炭酸飲料「コカ・コーラ」や花王のシャンプー「メリット」，松下電器の「ナショナルカラーテレビ」，トヨタ自動車の「カローラ」などである。

しかし1980年代に入ると消費者は規格化された一様な製品だけには満足しないようになってきた。いわゆる「品種から品番へ」「十人一色から十人十色，一人十色へ」という時代に変化していった。消費の多様化，個性化の時代を迎え，消費者は自分のライフスタイルに合わせて購買活動を行う生活者へと変化していった。そして**ターゲット・マーケティング**が主流の時代へと移っていったのである。

(2) ターゲット・マーケティング

ターゲット・マーケティング（target marketing）とは，市場空間を**セグメンテーション**（segmentation：細分化）し，細分化した市場からターゲット顧客を選択し（これを**ターゲティング**という），そのターゲット顧客に集中してマーケティング活動を行うことである。成熟化した日本市場においてはこのターゲット・マーケティングと第24章で述べるワン・トゥ・ワン・マーケティング（one-to-one marketing）が主流となる。

2．セグメンテーションの方法

市場空間の細分化のことをセグメンテーションという。セグメンテーションの方法には大きく次の2つがある。

(1) 地理特性・人口動態による細分化（デモグラフィック）

市場の細分化の最も基本的な方法は地域（北米，ヨーロッパ，中国，アフリカなど），国内の都道府県，都市などの**地理による細分化**と**人口動態による細分化**である。どちらも既存の統計調査データ（2次データ）を活用できる。

人口動態による細分化は，年齢，性別，世帯構成人数，学歴，所得，職業，ライフステージ，世代などによるものである（図表Ⅱ-11）。

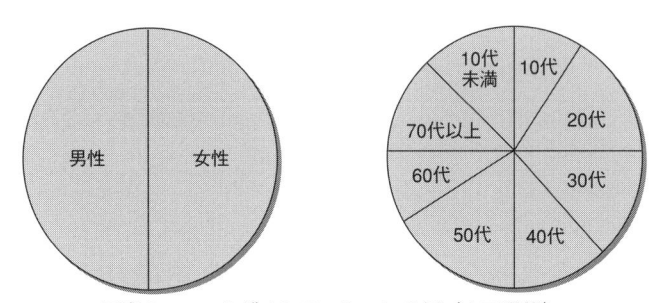

図表Ⅱ-11　セグメンテーションの例（人口動態）

ファッション衣料分野では，セグメンテーションのひとつの方法として，価値観が共通していることから**世代**という概念で市場細分化を行い，マーケティング活動を行っている（図表Ⅱ-12）。

第13章　心理特性・行動特性　〜セグメンテーションとターゲティング〜

団塊世代	（1946〜51年生まれ）
DC洗礼世代	（1952〜58年生まれ）
ハナコ世代	（1959〜64年生まれ）
ポストハナコ世代	（1965〜70年生まれ）
団塊ジュニア世代	（1971〜76年生まれ）
プリクラ世代	（1977〜83年生まれ）

図表Ⅱ-12　世代による市場細分化の例

　また30代前後の男女については比較的独身貴族で可処分所得が多いことから**アラサー**（アラウンドサーティの略）と呼んで，とくに力を入れるターゲットとして注目している。

（2）心理特性，行動特性による細分化（サイコグラフィック）

　第2の市場細分化の方法は，生活者をライフスタイル，生活価値観，興味・関心，ブランドの好みなどの生活者調査を行い，市場を共通した心理特性，行動特性をもっているグループごとに分けることである。この場合は新たな調査が必要なので，1次データを収集することになる。

　例えば，ライフスタイル調査では，
　・「自分がすることに対しては何事も用意周到に計画を立てるタイプだ」
　・「テレビでスポーツ番組を観るのが好きである」
　・「衣服については通常，着心地よりはファッション性を重視する」
などの質問をしてデータ分析を行い，生活者をライフスタイルグループに分けて，特定のライフスタイルグループをセグメントして，その顧客に集中したマーケティング活動を展開するのである。

　サイコグラフィックのなかでも，とくに重視しなければならないのが**ソリューションによる市場細分化**である。高齢化社会においては，いうまでもなく身体，容貌，精神力などの低下が進む。アンチエイジングをはじめ，中高年にとっては日常生活における細かいケアが重要になってくる。日々の生活におけるいろいろな問題が心理や行動に影響を与えるのだ。例えば美容に関していえば，保湿対策，しわ対策，シミ対策，毛染め対策，紫外線対策，歯の健康維持対策，などである。こうしたソリューションは今後も重要なマー

ケティングのテーマとなる。

花王はヘルシア緑茶で初めて男性をターゲットにした新製品開発を行って成功した。肥満の中高年男性が20年前に比べて1.5倍増えているという国民栄養調査のデータから，ターゲット顧客を「体脂肪が気になる30～50代の中高年男性」にセグメントしたターゲット・マーケティングを展開した。年齢が30～50歳代の中高年男性というのはデモグラフィックによるセグメンテーションだが，花王は体脂肪というソリューションによるセグメンテーションを行って成功したのである。

3．事例研究

―マス・マーケティングからターゲット・マーケティングへの大転換―

エスエス製薬のハイチオールCは1972年の発売以来，店頭価格ベースで年間30億円から40億円レベルの売上高で順調に推移してきた製品であったが，98年の7月にリニューアルした。リニューアルのきっかけは"流通と消費者の変化"であった。

最も大きいのはドラッグストアの台頭という流通の変化であった。ドラッグストアが出てくるまでは，街の薬局，薬店の薬剤師が消費者の症状にあった薬を選んで販売するという対面販売であった。ドラッグストアはセルフ販売方式の入りやすいレイアウトなので，多くの若い女性が化粧品や薬を気軽に購入していた。

もうひとつの変化は消費者の美に対するニーズであった。当時は美白ブーム全盛期でもあった。

ハイチオールCは，アミノ酸の一種である「システイン」を主成分としたビタミン含有保健剤で，全身倦怠や二日酔い，じんましん，しみやそばかすなど，幅広い効能をもつ万能薬であった。

こうした万能薬は対面販売が中心の薬局や薬店では消費者に勧めやすい薬であったが，セルフ販売中心のドラッグストアでは何に効くのかはっきりしない薬となる。「ドラッグストアでは単に店頭に置いてあるだけの製品になりつつあった」という危機感から，エスエス製薬はハイチオールCをリニュ

第13章 心理特性・行動特性 〜セグメンテーションとターゲティング〜

ーアルすること決定したのである。

25年以上の歴史があるハイチオールCのリニューアルは、「ドラッグストアの明るいイメージに合う製品づくり」が至上命題だったという。そこで女性をターゲットにして、ハイチオールCの幅広い効能のひとつである"しみ、そばかすの改善"を前面に打ち出す方針を決めた。ここにハイチオールCは市場のダイナミックな変化に対応して、従来の万能薬というマス・マーケティングからしみ、そばかすに悩む若い女性をターゲット顧客としたターゲット・マーケティングへと大きく戦略転換したのである。

リニューアルでは、女性が好むように明るいパッケージに変更したのをはじめ、広告を大量投入してドラッグストアへの積極的な営業活動を展開した。

また価格も引き下げた。しみ、そばかす対策の効果を高めるには3カ月以上の継続服用が必要となる。そこでターゲット顧客である若い女性の経済的負担感を減らすため、1回当りの使用量を従来の4錠から2錠に減らし、同

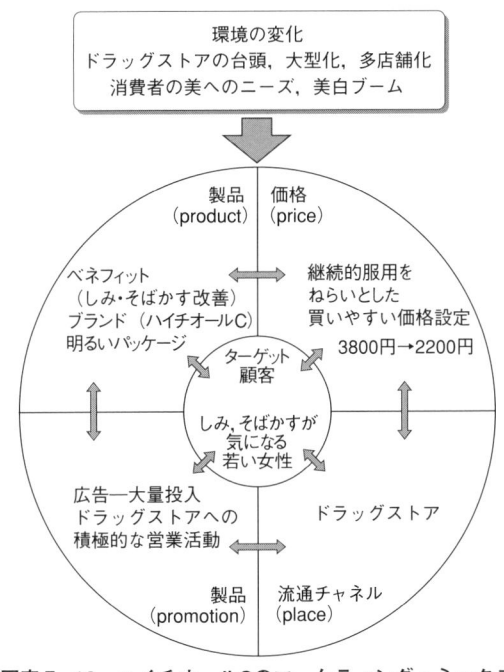

図表Ⅱ-13　ハイチオールCのマーケティング・ミックス

時にメーカー希望小売価格を3800円から2200円に引き下げたのである。

　ハイチオールCは今や，しみ，そばかす向けのビタミン含有保健剤の代名詞となっているが，その成功のポイントは市場の変化に機敏に対応してマス・マーケティングからターゲット・マーケティングへと大胆に戦略転換し，若い女性のしみ，そばかすというソリューションのセグメンテーションによって新カテゴリーを創造して，そこに先発したことであった。

　成功のポイントポイントはもうひとつある。それは図表Ⅱ-13に示すマーケティング・ミックスである。ハイチオールCのマーケティング・ミックスは4Pをきわめて巧妙に組み合わせたもので，ターゲット顧客にジャストフィットしたものであったからだ。

第14章
戦わずして勝つ
～製品ポジショニング戦略～

1. ポジショニングとは

　ポジショニング（positioning）とは，顧客の頭のなかで，競争製品と比較して自社の製品・サービスを相対的にどのように位置づけてもらうかということである。このポジショニングの考え方を1970年代末ごろに提唱したのはライズとトラウトである

　ポジショニング戦略とは，競争製品との比較において顧客の意識のなかで自社の製品・サービスがどのようなポジションを占めるかを戦略的に策定することである。すなわち，競争相手とは異なる土俵を見出して陣地取りをする，いわば"戦わずして勝つこと"を目的とする。またポジショニングは自社が複数の製品をもっている場合，自社製品内での位置づけを行って，**カニバリ**（cannibalization：市場の共食い）を防ぐことにも使われる。

　製品戦略において競争相手との差別化が必要なのはいつの時代でも同じだが，情報化社会においては競争製品と明確に差別化するためのポジショニング戦略がきわめて重要になる。

　ポジショニング戦略は図表Ⅱ-14のような**2つの軸**を考えて，自社製品と競争製品を位置づける方法が一般的であろう。このポジショニング図は2つの軸によって競争製品との棲み分けを考え，自社の製品をポジショニングする方法である。大量生産の工業化社会時代では，消費者のニーズがある程度画一化したこともあって，このようなポジショニング図でも競争製品と棲み分けることが可能であったかもしれない。しかし多くの企業が同じような

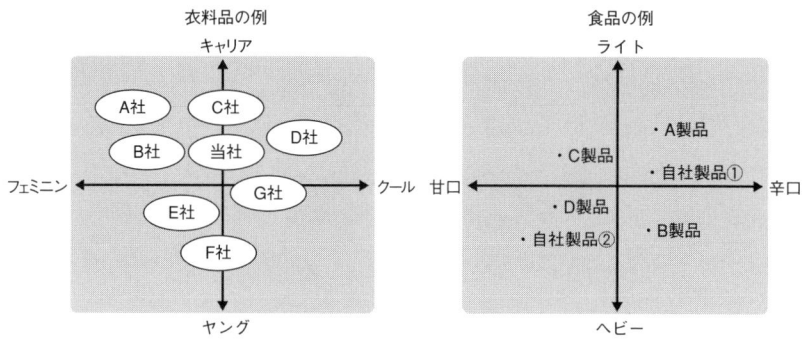

第Ⅱ部　製品マーケティング戦略

図表Ⅱ-14　一般的なポジショニング図

[衣料品の例：縦軸 キャリア-ヤング、横軸 フェミニン-クール。A社、C社、B社、当社、D社、E社、G社、F社がプロットされている]

[食品の例：縦軸 ライト-ヘビー、横軸 甘口-辛口。A製品、C製品、自社製品①、D製品、B製品、自社製品②がプロットされている]

製品ポジショニング図を使用することによって製品の棲み分けよりもむしろ製品の同質化が促されてきたのではないかと筆者は考えている。なぜなら，このようなポジショニング図の表現方法では自社製品と競合製品との違いの度合いがわかりにくく，また違いがあったとしても，その境界は感覚的なもので客観的には理解しにくいことが多いからである。また自社製品と競争製品とを同じ土俵のなかでいかに重複を避けるかという視点でしか差別化の工夫が行われないという問題もある。

2．新カテゴリーの創造

　ポジショニングの目的は今までにない**新しい製品カテゴリー**を創造することである。既存の製品カテゴリーとは異なる土俵を見出して，既存製品とは**戦わずして勝つ**という戦略を実践することである。そのためには既存製品のカテゴリーと新カテゴリーとはどのように異なるのかという2つのコンセプトをクリエイティブに創出しなければならない。

　新カテゴリーの創出をわかりやすい事例で考えてみよう。

　図表Ⅱ-15は，サマンサタバサとルイ・ヴィトンのファッションバッグの製品ポジショニングを表現したものである。サマンサタバサジャパンリミテッド（1994年会社設立，2005年東証マザーズ上場）のバッグはこれまでのバッグの概念を大きく変えたものである。20歳代女性を中心ターゲットに，洋服を着替えるようにバッグも着替えるというコンセプトで，毎月のように

第14章 戦わずして勝つ ～製品ポジショニング戦略～

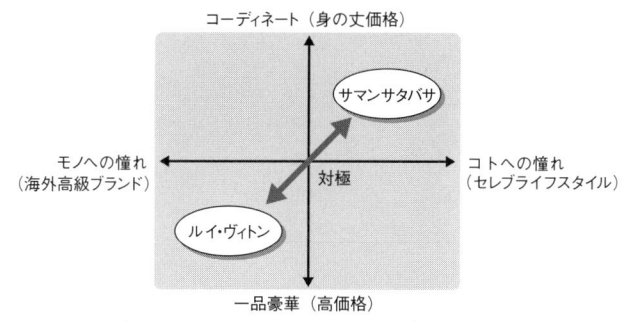

図表Ⅱ-15 サマンサタバサのポジショニング

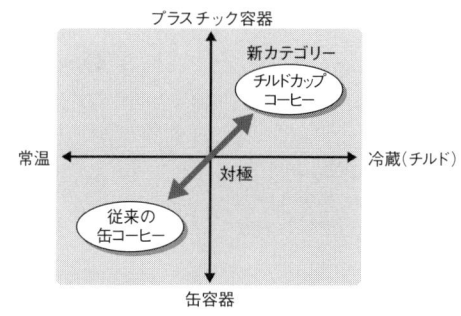

図表Ⅱ-16 チルドカップコーヒーのポジショニング

新商品を開発。価格についてもバッグを着替えることができる価格帯というコンセプトで成長してきた。ルイ・ヴィトンなどの海外高級ブランドが10万円以上するのに対して，サマンサタバサのバッグは2万5000円が平均価格である。日本女性が洋服とは釣り合わない海外ブランドバッグをもつ1品豪華スタイルとは対極の，洋服と釣り合った価格帯のコーディネートスタイルを提案したのである。若い女性にとってルイ・ヴィトンなどの海外ブランドへの憧れは，モノ（ブランド）に対する憧れであった。しかしサマンサタバサは海外セレブのライフスタイル，ファッションスタイルというコト（スタイル）を提案したのである。サマンサタバサはルイ・ヴィトンとは明確に差別化された，まさに**対極**の位置にポジショニングされる新カテゴリーを創造したとみることができる。

　図表Ⅱ-16はチルドカップコーヒーのポジショニングである。
　森永乳業は"マウントレーニア　カフェラッテ"というチルドカップ飲料

を製品開発し，チルドカップコーヒーという新カテゴリーを創造した。チルドカップコーヒーは従来の缶コーヒーと違いを，

①容器（プラスチックと缶）の違い
②流通温度帯の違い（冷蔵と常温）

で切り分けることができる。

森永乳業は強力なメーカーがひしめく缶コーヒーというカテゴリーで勝負するのではなく，チルドカップコーヒーという新カテゴリーを創造し，そこで**先発**することで約50％というシェアを確保しているのである。

3．ポジショニングが製品デザインを決める

ポジショニングのポイントを整理すると次のようになる。

①ポジショニングの目的は新カテゴリーの創造である。競争を避けて，既存のカテゴリーとは異なる土俵を見つけて戦わずして勝つ戦略を展開することである。

②既存の製品カテゴリーとはどこが異なるのか，差別化の優先順位の上位2つは何か，軸は2つしかない。いわば剣豪が2太刀でバッサリ切り分けるように軸を考えること。

③2つの軸でバッサリ切り分けられたポジショニング図では，既存のカテゴリーと新カテゴリーはそれぞれ対極に位置することになる。それが新カテゴリーの創造である。

このようにポジショニングが成功して新カテゴリーの創造ができたとしても，新製品のベネフィットが顧客にきちんと伝わり，顧客の共感を得ることが必要となる。そのキーポイントとなるのが製品の**デザイン**である。ポジショニングやベネフィットは製品デザインを通して顧客に伝達するものである。ポジショニングが既存のカテゴリーと明解に切り分けられて独創的であれば，当然新カテゴリーの製品デザインは独創的で既存製品とは差別化されたものになる。

逆にポジショニングが明解でなければ，デザインだけで既存製品との差別化を図ろうとしても表層的なものになり顧客には製品のベネフィットが伝わ

りにくいものになってしまう。したがって企業では製品開発部門とデザイン部門の密接な連携が必要なのだ。

4. マーケティングの基本プロセス

　SWOT分析，3C分析，セグメンテーション，ターゲティング，ポジショニング，マーケティング・ミックスについて述べてきたが，ここで**マーケティングの基本プロセス**について整理しておきたい。それを図表Ⅱ-17に示す。
　マーケティングのプロセスは図のようにまず，敵を知り，己を知るというSWOT分析や3C分析から始める。次にその分析結果から自社の戦略を考えるが，どういう顧客をターゲットにするかを決めるための前段階として，セグメンテーション（市場細分化）が必要となる。細分化した市場のなかからターゲット顧客を選ぶターゲティングを行う。ターゲティングの次には競争他社とどのように戦うか，差別化するかというポジショニング戦略を考える。そして4Pのすべてについて戦略を考えるマーケティング・ミックスの計画を策定するのである。この流れはあくまでも基本的なもので，企業や製品によってはポジショニングとターゲティングを同時並行的に考える場合もある。

```
┌──────────┐    ┌──────────┐
│ SWOT分析 │    │  3C分析  │
└────┬─────┘    └────┬─────┘
     ▼               ▼
   ┌─────────────────────────┐
   │ セグメンテーション（市場細分化）│
   └────────────┬────────────┘
                ▼
   ┌─────────────────────────┐
   │ターゲティング（ターゲット顧客の設定）│
   └────────────┬────────────┘
                ▼
   ┌─────────────────────────┐
   │ポジショニング（競合他社との差別化）│
   └────────────┬────────────┘
                ▼
   ┌─────────────────────────┐
   │   マーケティング・ミックス   │
   └─────────────────────────┘
```

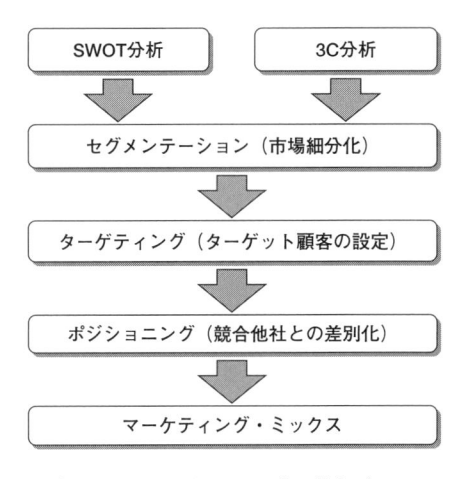

図表Ⅱ-17　マーケティングの基本プロセス

第15章

好感度認知
～製品ライフサイクル戦略～

1. 製品の3つのレベル

　コトラーとアームストロングは，製品開発者は製品やサービスを開発する場合，図表Ⅱ-18に示す製品の3つのレベルを考えなければならないとしている。

　製品の最も重要な第1のレベルは「**製品の核**」に位置づけされるベネフィットである。つまり製品の中核となるベネフィット（顧客が求める便益＝メリットや価値，効果，効能）である。このベネフィットが顧客ニーズに合致していないと製品は売れないことになる。製品開発者はまず核となるベネフィットを決めなければならないのである。

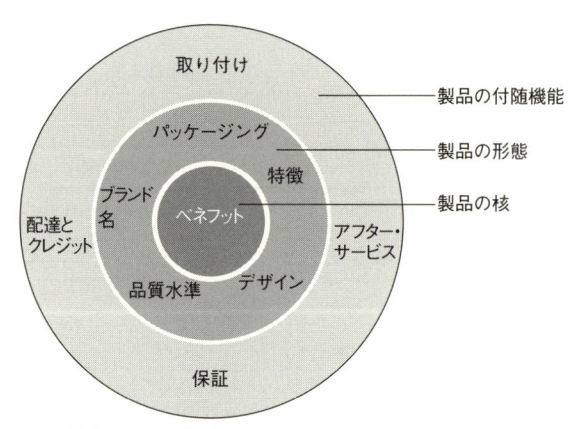

図表Ⅱ-18　製品の3つのレベル

出典；Philip Kotler and Gary Armstrong（2006）*Principles of Marketing*, 11th ed., Prentice Hall, p.234

次に製品のベネフィットを実現する「**製品の形態**」，すなわち，特徴，デザイン，品質水準，ブランド名，パッケージングの5つの属性を構築しなければならない。

最後のレベルとして，「**製品の付随機能**」である取り付け，配達とクレジット，保障，アフターサービスを決める必要がある。

コトラーとアームストロングは図Ⅱ-18のように製品を輪切りにし，製品を3層の束とみなして顧客の満足を得るように組み立てなければならないとしている。

2. 製品ライフサイクル

製品は，図表Ⅱ-19に示すように，人の一生と同じように，**導入期，成長期，成熟期，衰退期**の4期からなる**製品ライフサイクル**（product life-cycle）を経るのが通常であり，この製品ライフサイクルをよく理解して製品や市場の発展段階ごとに対応したマーケティングを行うことが必要である。

製品ライフサイクルは製品カテゴリー（製品が所属する部類，部門の名称）で考えなければならない。4つの段階を製品カテゴリーで考えてみよう。

(1) 導入期

世の中に初めて現れた製品カテゴリーなので，売上高は少なく製品開発の

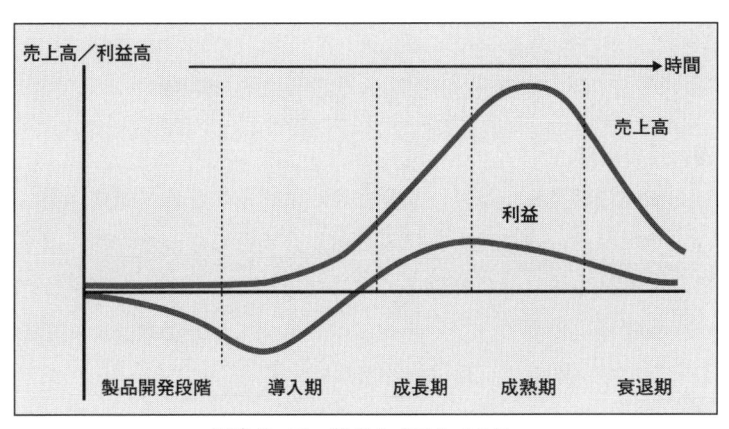

図表Ⅱ-19　製品ライフサイクル

出典：Philip Kotler and Gary Armstrong（2006）*Principles of Marketing*, 11th ed., Prentice Hall, p.290

ための投資や固定費などが必要なため利益は赤字である。この先，成長するカテゴリーなのかどうか見極めが必要な段階であり，競争企業は少ない。

(2) 成長期
製品カテゴリーが生活者に認知されて売上高が伸び，利益も伸びる。そのため競争企業が参入して製品カテゴリー全体の売上も伸びる。

(3) 成熟期
製品カテゴリー全体の売上高の伸びが低くなり，さらには低下を始める段階。競争が激しくなり，価格競争などによって利益も低下を始める。先発企業と後発企業の格差が広がり，とくに後発企業は前章で述べた「新カテゴリーの創造」が必要になる。

(4) 衰退期
製品カテゴリー全体の売上高が低下を続け，利益も低下する。新しい別の成長カテゴリーにとって代わられることもあり，市場からの撤退を検討する段階である。

企業は新規に市場参入する場合，参入する製品カテゴリーのライフサイクルが導入期，あるいは成長期であることが基本である。

また自社製品が属する製品カテゴリーが製品ライフサイクルのどの段階にあるかを把握し，今後の成長性を見極めることは製品開発戦略やマーケティング戦略を策定するうえできわめて重要なことである。

3．ライフサイクル別のマーケティング戦略

(1) 導入期の戦略
導入期の戦略は製品カテゴリーが認知されていないため，先発企業にとっては製品カテゴリーの**認知度**を上げることが必要となる。ただし，認知度を高めたとしても顧客に対して**好感度**に欠けた認知であれば，広告宣伝コストに見合った売上高は確保できない。製品のベネフィットがあいまいで顧客に十分伝わらなければ顧客の支持は得られないのである。

導入期においては，すべての生活者に認知をしてもらうことは難しく効率的ではない。ターゲット顧客をセグメントのうえ，さらに販売エリアなどを

絞りこむことが必要である。とくに好感度イメージを与えるように注力しなければならない。

　導入期の戦略をマーケティング・ミックスで表現すると図表Ⅱ-20になる。

　この導入期の戦略を人生にたとえるなら、自分のオリジナリティについてどのようにすれば周囲の人に好感をもってもらえ、自分のイメージを高めることができるかを考え、自分の得意分野や特徴を絞ってアピールして、自分の名前を覚えてもらうように努力することである。

　導入期の戦略の事例として、たかの友梨ビューティクリニックを取り上げたい。たかの友梨は理容師、美容師などパリで女性向けのエステティックサロンが大流行していると知って、単身フランスへ渡り、8カ月間、フェイシャルエステやボディマッサージなどの技術を身につけた。そして1978年たかの友梨ビューティクリニック1号店を東京新大久保に開設した。しかし日本ではエステは誰も聞いたことがないため店には客はほとんど入らなかった。ここから社長たかの友梨の導入期の戦略が始まった。

　先ず第1に店の靴箱は靴で埋め、店内のハンガーはコートで埋めた。予約

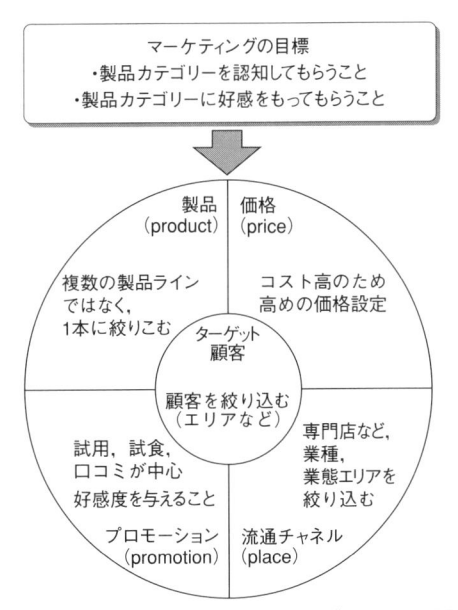

図表Ⅱ-20　導入期のマーケティング・ミックス図

を受ける際には同じ時間に2人，3人がダブるようにスケジュールを決め，誰も知らないエステというサービスに顧客が不安をもたないように考えたのである。さらに「ニキビの方，集まれ！　タダで治してさしあげます」と広告を行い，来客した顧客にエステの実感を知ってもらおうと考えたのであった。エステという新製品カテゴリーのベネフィットがあいまいでは顧客に認知してもらえないからだ。

　これが，客が客を呼んで店内は大混雑になった。また1カ月エステし放題で3万円というエステ定期券の発行や，エステやダイエット効果を競うビューティ・コンテストを日本で初めて開催した。今ではエステ業界を代表するリーディングカンパニーになるまで成功している。

　たかの友梨はエステという新製品カテゴリーの導入期において，まさに好感度イメージの認知とベネフィットの共感を得ることに努力したといえよう。たかの友梨が行ったエステビジネス導入期のマーケティング・ミックスを図示すると図表Ⅱ-21のようになる。

　サマンサタバサジャパンリミテッドも好感度イメージの認知に積極的に取り組んだ企業である。2002年春夏コレクションでは，女性があこがれる海外セレブとして有名なヒルトン姉妹を同社のプロモーションモデルとして起用。姉のパリスはジュエリー，妹ニッキーはバッグのデザイナーとして用い，サマンサタバサブランドのイメージを高めることに成功した。2003年にはプ

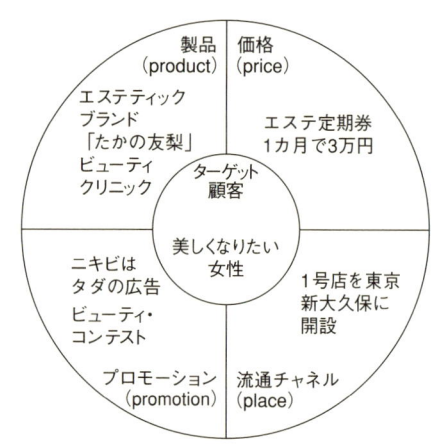

図表Ⅱ-21　エステ導入期のマーケティング・ミックス（たかの友梨）

製品（product）：エステティックブランド「たかの友梨」ビューティクリニック

価格（price）：エステ定期券1カ月で3万円

流通チャネル（place）：1号店を東京新大久保に開設

プロモーション（promotion）：ニキビはタダの広告　ビューティ・コンテスト

ターゲット顧客：美しくなりたい女性

ロモーションモデルとして，日本で大人気のサッカー選手ベッカムの夫人ヴィクトリア・ベッカムを起用。さらに2004年にはプロモーションモデルとしてグラミー賞5冠の世界的ディーバ（歌姫）として話題になったビヨンセを起用。さらに2005年にはプロテニスプレーヤーのマリア・シャラポワをプロモーションモデル＆デザイナーとして起用した。同年，女優ペネロペクルス＆モニカクルス姉妹をプロモーションモデル＆デザイナーとして起用。日本の人気モデル"エビちゃん"蛯原友里とのコラボも行った。2007年にはファッション雑誌モデルの有村実樹や道端ジェシカをプロモーションモデル＆コラボレートデザイナーに起用するというように，若い女性があこがれるセレブやスポーツプレーヤーをプロモーションモデルだけでなくデザイナーとして起用して好感度ブランドイメージの確立を企ててきたのである。

　導入期の戦略はターゲットを絞り込み，好感度イメージの認知とともにベネフィットの共感を得ることがポイントなのである。

（2）**成長期の戦略**

　導入期はマーケティング・ミックスのすべてにおいて絞り組む戦略であったが，成長期においては，製品カテゴリーは顧客に認知されており，カテゴリーの成長率が高い。そのため競争企業の参入が増えることもあって，シェア拡大のため，マーケティング・ミックスのあらゆる面において拡大戦略をとる必要がある。

　成長期のマーケティング・ミックスを図示すると図表Ⅱ-22になる。

（3）**成熟期，衰退期の戦略**

　製品カテゴリーの普及率が60％を超えると，成長期から成熟期に突入する。成熟期では競争企業との差別化を常に意識し，顧客ニーズの探求によりブランドの差別化，デザインの差別化，用途の差別化，価格の差別化などを行う。成熟期，衰退期には，低シェアの製品は撤退し，新カテゴリーへ移行しなければならない。

　成熟期，衰退期のマーケティング・ミックス図は図表Ⅱ-23になる。

第Ⅱ部　製品マーケティング戦略

```
┌─────────────────────────┐
│ マーケティングの目標              │
│ ・製品カテゴリーにおける自社製品のシェア最大化 │
└─────────────────────────┘
              ↓
```

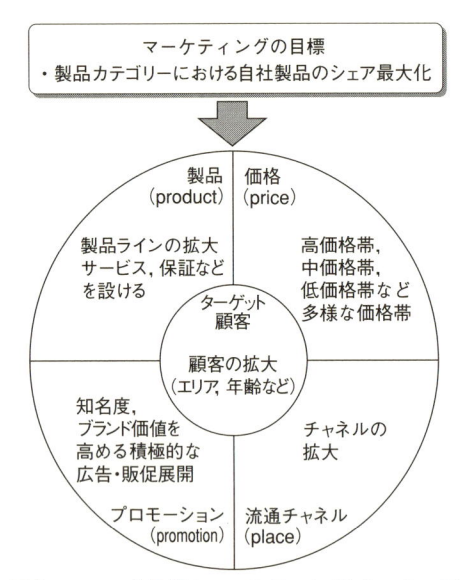

製品（product）
- 製品ラインの拡大
- サービス、保証などを設ける

価格（price）
- 高価格帯、中価格帯、低価格帯など多様な価格帯

プロモーション（promotion）
- 知名度、ブランド価値を高める積極的な広告・販促展開

流通チャネル（place）
- チャネルの拡大

中央：ターゲット顧客　顧客の拡大（エリア、年齢など）

図表Ⅱ-22　成長期のマーケティング・ミックス図

```
┌─────────────────────────┐
│ マーケティングの目標              │
│ ・製品カテゴリーにおける他社製品との差別化   │
│ ・コスト削減、利益の確保            │
└─────────────────────────┘
              ↓
```

製品（product）
- ブランドの差別化、デザインの差別化、用途の差別化
- 低シェア製品は撤退 新カテゴリーへ移行

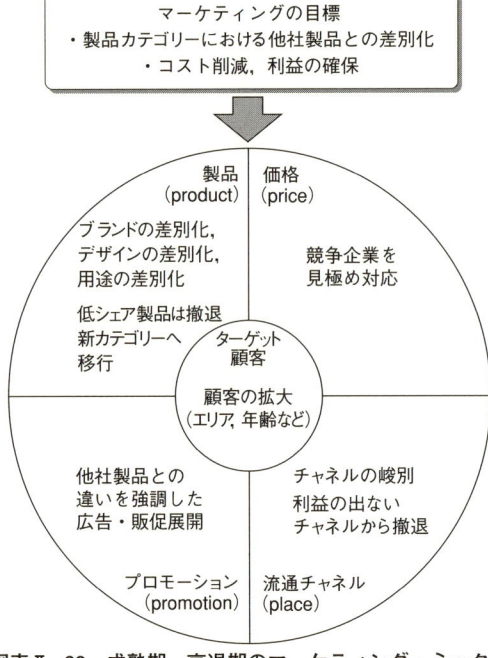

価格（price）
- 競争企業を見極め対応

プロモーション（promotion）
- 他社製品との違いを強調した広告・販促展開

流通チャネル（place）
- チャネルの峻別 利益の出ないチャネルから撤退

中央：ターゲット顧客　顧客の拡大（エリア、年齢など）

図表Ⅱ-23　成熟期、衰退期のマーケティング・ミックス

第16章
スターを育てる
～製品ポートフォリオ・マネジメント～

1. 製品ポートフォリオ・マネジメントとは

　製品ライフサイクルに示されるように，どのような製品カテゴリーも時代とともに成長率が鈍化する。企業は，成長率の高い製品カテゴリーの自社製品には資金を多く投入して広告宣伝や販売促進などを行ってシェアの拡大をはかろうとし，また新製品開発を積極的に行おうとする。一方，成長が見込めない製品カテゴリーには資金の投入を見合わせ，自社製品の市場からの撤退を検討する。このように自社製品が属する製品カテゴリーの成長性と自社製品のシェアの状況を客観的に分析して，限られた資金をバランスよく投資するための分析方法を，**製品ポートフォリオ・マネジメント**（PPM ＝ product portfolio management）という。

	高	低
製品カテゴリーの市場成長率 高	スター (star)	問題児 (problem child)
製品カテゴリーの市場成長率 低	金のなる木 (cash cow)	負け犬 (dog)

自社製品の相対マーケットシェア（1.0）

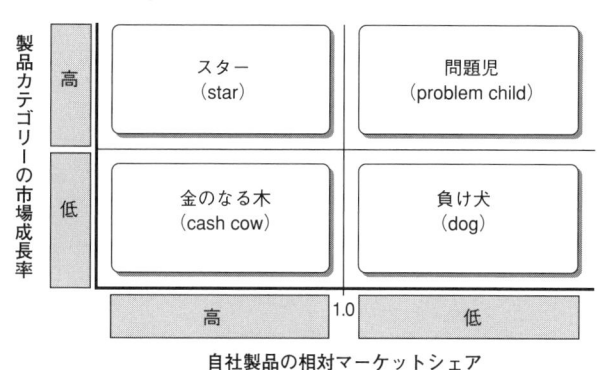

図表Ⅱ-24　製品ポートフォリオ・マトリックス
出典：和田充夫・恩藏直人・三浦俊彦（1996）『マーケティング戦略』有斐閣アルマ，p.34を一部加筆

第Ⅱ部　製品マーケティング戦略

　製品ポートフォリオ・マネジメントは，図表Ⅱ-24に示すような**製品カテゴリーの市場成長率**と**自社の製品の相対マーケットシェア**という2つの軸で区分けされた製品ポートフォリオ・マトリックスに自社製品をポジショニングし，**資金の効果的な投資方法**を検討し，意思決定することである。

2．製品ポートフォリオの例

　実際に製品ポートフォリオを作成してみよう。

　図表Ⅱ-25は事例として架空の数値を設定して自社製品の相対マーケットシェアを算出する方法を示したものである。相対マーケットシェアとは自社製品のマーケットシェアと1位企業のシェアの相対比のことである。自社製品がシェアトップの場合は，2位のシェアとの相対比を算出する。図表Ⅱ-25の場合で考えてみよう。

- 製品カテゴリーⅠのシェアトップはA社で，シェアは50.5％である。シェア2位の当社は19.7％なので，当社の相対マーケットシェアは19.7÷50.5＝0.39となる。
- 製品カテゴリーⅡのシェアトップは31.0％のA社で，当社はシェア19.3％の3位である。したがって当社の相対マーケットシェアは19.3÷

製品カテゴリー名称	市場成長率	マーケットシェア			当社の相対マーケットシェア	当社の売上高（億円）
		1位	2位	3位		
Ⅰ	95	A社 50.5	当社 19.7	B社 10.6	19.7÷50.5＝0.39	4.000
Ⅱ	101	A社 31.0	D社 25.0	当社 19.3	19.3÷31.0＝0.62	3.200
Ⅲ	103	C社 54.3	当社 15.3	E社 11.9	15.3÷54.3＝0.28	1.300
Ⅳ	128	F社 27.9	当社 20.7	C社 17.6	20.7÷27.9＝0.74	6.200
Ⅴ	90	当社 60.4	A社 10.7	B社 5.1	60.4÷10.7＝5.64	3.000
Ⅵ	98	当社 35.4	C社 16.5	B社 14.4	35.4÷16.5＝2.15	2.500

図表Ⅱ-25　事例―製品カテゴリー成長率と自社製品シェア

31.0＝0.62となる。以下同様にカテゴリーごとに当社の相対マーケットシェアを算出する。

製品ポートフォリオはExcelの**バブルチャート**を使って作成できる。手順を大まかに示すと以下のようになる。

①Excelに以下の表を入力し，バブルチャートを選んでグラフを作成する（図Ⅱ-26）。

製品 カテゴリー名称	市場 成長率	当社の相対 マーケットシェア	当社の 売上高
Ⅰ	95	0.39	4,000
Ⅱ	101	0.62	3,200
Ⅲ	103	0.28	1,300
Ⅳ	128	0.74	6,200
Ⅴ	90	5.64	3,000
Ⅵ	98	2.15	2,500

注：当社売上高はバブルチャートでは円の大きさを表す

図Ⅱ-26　Excelへの入力

②注意が必要なのは，いったんグラフができた後，X軸の書式設定をしなおすこと。「対数目盛表示にする」「軸を反転する」「最大値でY/数値軸と交差する」という項目にチェックを入れること。そしてX数値軸の目盛を最小値0.1，最大値10，目盛間隔10を入力する。以上の手順で図表Ⅱ-27の製品ポートフォリオ図ができ上がる。

3. 製品ポートフォリオから戦略を考える

でき上がった当社の製品ポートフォリオ図から実際に戦略を考えてみよう。

(1) 問題児領域─シェア拡大か，撤退か

問題児領域とは，製品カテゴリーの市場成長率は高いがそのカテゴリーに属する当社製品のマーケットシェアが低い領域のこと。今後その製品カテゴリー市場が成長するかどうかを見極めるとともに当社製品のシェアを拡大するために投資を集中させるか，撤退するかの判断が必要となる。

101

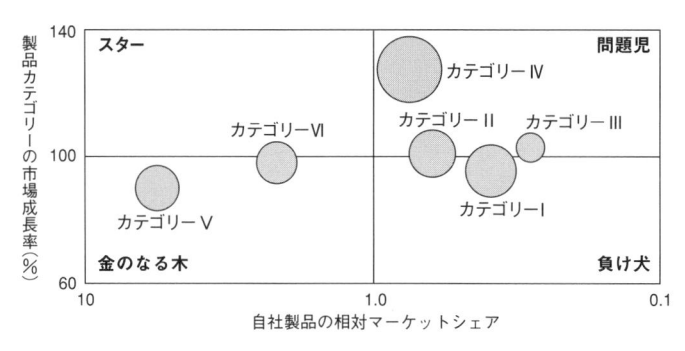

第Ⅱ部　製品マーケティング戦略

図表Ⅱ-27　当社の製品ポートフォリオ図

　図Ⅱ-27のポートフォリオ図ではこの領域に，カテゴリーⅡ，カテゴリーⅢ，カテゴリーⅣの3つの当社製品が存在している。3つの製品のうち相対マーケットシェアが高いカテゴリーⅡとカテゴリーⅣの2つの製品はスター領域に育成すべく積極的投資を行い，相対マーケットシェアの低いカテゴリーⅢの製品については撤退を検討すべきである。

(2) スター領域―積極的な資金投資

　スター領域とは製品カテゴリーの市場成長率が高く，そのカテゴリーに属する当社製品がトップシェアの領域。今後成長が見込まれるので，シェア拡大のために最も積極的に資金を投入すべき領域である。

　ポートフォリオ図ではこの領域に当社の製品がまったく存在しないことが問題である。問題児領域にあるカテゴリーⅡおよびカテゴリーⅣの製品をスター領域に早急に成長させるべく積極的投資を行う必要がある。

(3) 金のなる木領域―利益を稼ぐ

　金のなる木領域とは製品カテゴリーの市場成長率は低いが，そのカテゴリーに属する当社製品がシェアトップの領域。最も収益性が高い領域で，カテゴリー全体が成熟期に入っているため新規投資はあまり必要がないため，ここで得た資金を他の領域に振り向けることができる。シェアを維持し，守ることが重要な領域である。

　ポートフォリオ図ではこの領域にシェアトップのカテゴリーⅤとカテゴリーⅥの当社製品が2つあり，利益の柱となっている。ここで得た資金をカテゴリーⅡおよびカテゴリーⅣの製品をスター領域にするために振り向けるべ

きである。

(4) 負け犬領域──撤退か，すき間市場か

負け犬領域とは製品カテゴリーの市場成長率が低く，そのカテゴリーに属する当社製品のマーケットシェアも低い領域。資金投入を止め，その資金をもっと有望な他の製品に投入することが必要な領域である。

ポートフォリオ図ではこの領域にカテゴリーⅠの当社製品があり，撤退を検討すべきである。

以上製品ポートフォリオの事例から今後の戦略を考えてきた。製品ポートフォリオの横軸を相対マーケットシェアではなく自社のマーケットシェアとする場合もあるが，横軸を相対マーケットシェアにすることの意味について触れておきたい。

相対マーケットシェアはトップ企業のシェアとの比率であり，自社の製品シェアがトップでないかぎりスター領域や金のなる木領域に自社の製品をポジショニングできない。シェアがトップであれば儲かるが，2番手3番手であれば儲からないという現実を踏まえ，相対マーケットシェア「1.0」を境界とした横軸のほうが自社製品をいかにスター領域や金のなる木領域のポジションにもっていくか，そのためにいかに資金を戦略的に投資していくかというPPMの目的に沿うと考えるのである。

第17章 差別化と集中化
～競争地位別戦略の定石～

1. ポーターの3つの基本戦略

　競争戦略論で著名なマイケル・E・ポーター（Michael E. Porter）は史上最年少でハーバード大学教授になり，1980年に「競争の戦略」を発表した。その「競争の戦略」の重要な理論の1つが図表Ⅱ-28に示す**"3つの基本戦略"**である。ポーターは競争が優位となる基本戦略として，コストによって価格競争に勝つ「**コストリーダーシップ戦略**」，独自性を打ち出して他社との差別化を図る「**差別化戦略**」，市場を細分化しそこに特定のターゲットを定めて経営資源を集中させる「**集中戦略**」の3つを示した。

戦略の優位性

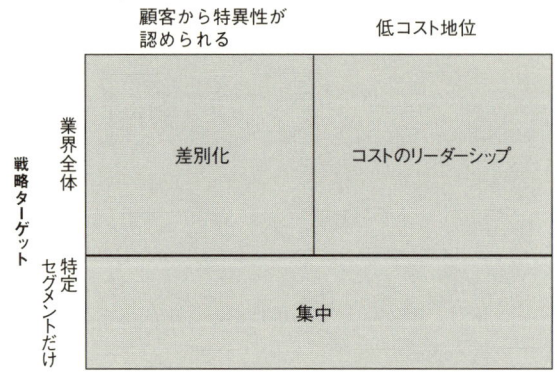

	顧客から特異性が認められる	低コスト地位
業界全体	差別化	コストのリーダーシップ
特定セグメントだけ	集中	

図表Ⅱ-28　ポーターの3つの競争戦略

出典：マイケル・E・ポーター（土岐坤・中辻萬治・服部照夫訳）(1982)『競争の戦略』ダイヤモンド社, p.61

(1)「コストリーダーシップ戦略」

ポーターの3つの基本戦略の第1番目の戦略。同業他社よりも低コストを実現して，コストのリーダーシップをとろうとする戦略である。優秀な生産設備への巨額の投資や攻撃的な価格政策，それを実現するための大量生産や安価な原材料の使用，生産の海外への移転，本社機能のリストラなどによって競争企業に対してコスト面で優位に立とうとする戦略である。

(2)「差別化戦略」

第2の基本戦略は競争企業と自社製品やサービスを差別化する戦略である。特徴のある製品開発やブランドイメージ，デザイン，使い勝手の良さ，顧客サービスなどで他社と差別化しようとする戦略。コストよりも差別化を第1優先に考える戦略である。

(3)「集中戦略」

第3の集中戦略は市場のなかでも比較的狭い範囲，つまり特定の買い手グループや特定の地域などを絞り込んで企業の資源を集中する戦略である。ターゲットを広くした同業他社よりも狭いターゲットに絞ることでより効果的で効率的な成果を求める戦略である。

2. 競争地位別戦略

企業が競争戦略を策定する場合，その製品カテゴリーにおける自社の競争上のポジションに基づいて戦略をたてることが必要となる。それを理論化したのがコトラーの競争地位別戦略である。競争のポジションとは，製品カテゴリーのマーケットシェアに対応したリーダー，チャレンジャー，フォロワー，ニッチャーの4つのポジションである。それらの競争上のポジションに応じて企業の戦い方は当然異なるが，それらの戦い方を定石化したところに競争地位別戦略の価値がある。

日本での競争地位別戦略の研究は慶應義塾大学の嶋口が進めている。嶋口が『統合マーケティング』(1986)において示した競争地位別戦略をもとに加筆したのが図表Ⅱ-29である。

競争地位	市場目標	基本方針	市場ターゲット	戦略定石	マーケティング・ミックス
リーダー （シェア1位）	最大シェア 最大利潤 名声, イメージ	全方位化	フルカバレージ ・新製品開発 ・サービス改善 ・コスト削減 などのイノベーション	総市場規模の拡大 非価格競争 同質化競争 （コスト優位）	製品：中～高品質のフルライン化 価格：中～高価格帯 チャネル：開放型チャネル プロモーション：中～高水準, 全体訴求型
チャレンジャー （シェア2～3位）	リーダーを超える市場シェア	リーダーとの差別化	セミフルカバレージ	リーダーとの差別化	製品 価格　　｝リーダーとの チャネル　　差別化 プロモーション
フォロワー （シェア4位以下）	生存利潤	模倣化	経済性セグメント （模倣による節約でコストを抑える）	低価格対応 利益性は低い ↓ チャレンジャーかニッチャーへの移行も	製品：低～中品質 価格：低価格帯 チャネル：価格訴求 プロモーション：低水準
ニッチャー （シェア4位以下）	名声, イメージの獲得（隙間戦略）	集中化	特定市場セグメント（製品・顧客層の特化）	特定市場でのミニリーダー政策少量生産でも利益が取れる	製品：限定ライン 　　　中～高品質 価格：中～高価格帯 チャネル：限定型チャネル プロモーション：特殊訴求

図表Ⅱ-29　競争地位別戦略

出典：嶋口充輝（1986）『統合マーケティング』日本経済新聞社, p.124、p.147より一部加筆して作成

競争地位別戦略の定石について以下に補足説明する。

(1) リーダー

　製品カテゴリーのシェアトップの戦略定石は，先ず総需要の拡大である。製品カテゴリー全体の売上高が拡大すればシェアトップの製品の売上高は当然伸張する。総需要拡大の方法としては，市場を細分化してフルカバレージの製品ラインの拡大を図ることである。食品メーカーであれば容器のサイズの種類の拡大であり，味のバリエーションの拡大である。季節限定製品や地域限定製品を開発し，他社の新製品についても追随してトップのブランド力を生かすことである。ただし価格競争には巻き込まれないことが重要であり，ブランドイメージを低下させないためには低価格帯ブランドを新規設定するなどの対応が必要となる。

(2) チャレンジャー

　製品カテゴリーのシェア2～3位の戦略定石はシェアトップ製品との差別

化である。差別化の方法は次の2つである。

　第1はシェアトップ製品とは明確に異なる製品ポジショニングで差別化すること。例えば松下電器の斜めドラム式洗濯乾燥機であり，シャープのウォーターオーブンレンジなどは従来製品とはまったく異なる新しい製品ポジショニングで成功した例である。

　第2は他企業とのコラボレーションによるトップシェア製品との差別化である。例えば，サントリーの伊右衛門はサントリーと京都のお茶の老舗とのコラボレーションで成功し，トップの伊藤園のシェアに迫っている。サントリーはまたスターバックスとのコラボレーションでチルドカップコーヒーを開発し，シェアトップの森永乳業カフェラッテとの差別化を図っている。

(3) フォロワー

　製品カテゴリーのシェア4位以下であるフォロワーの戦略定石は低価格対応である。フォロワーは模倣戦略なので，自社で特別な研究開発を行うわけではない。したがって低コスト，低リスクなだけに収益性が低い。日本の中小企業の多くはこのフォロワーのポジションにある。下請け的製品開発の面もあって，OEM（相手先ブランドによる生産）やPB（小売業のプライベートブランド）による受託生産も行う場合もある。

　フォロワーの弱点は収益性の低さである。この収益性の低さは市場が大きく変化したときに影響を強く受けることがある。収益性の低さから脱却するにはニッチャーあるいはチャレンジャーへの移行を考えなければならない。豆腐業界では，「男前豆腐」「風に吹かれて豆腐屋ジョニー」などのユニークなネーミングとパッケージングでヒット製品を連発した男前豆腐店はフォロワーからチャレンジャーに転換した事例といえよう。

(4) ニッチャー

　製品カテゴリーのシェア4位以下であるニッチャーの戦略定石は特定顧客，特定製品への集中戦略である。大企業ももとは中小企業である。中小企業でも成り立つビジネス，それは前述のフォロワーのほかにニッチャーという戦略である。シェアが低くても独自性のある製品やサービスであれば高価格で販売でき利益率が高いビジネスができる。したがってニッチャーは必然的に少量生産で高品質製品を高価格帯で販売する戦略が基本となる。ニッチ

ャー戦略では製品の希少性によってブランドイメージを高めることが重要となる。新潟の朝日酒造は1985年に清酒久保田を発売したが，それまでは朝日山というどこにでもある地方ブランドの日本酒しかもっていなかった。すなわちフォロワーの位置にあったが，精米歩合35％の久保田ブランドを発売してフォロワーからニッチャーの戦略に転換して成功したのである。

　また花王は2003年，カテキンを多く含んで体脂肪を減らす効果がある緑茶飲料「ヘルシア緑茶」をコンビニエンスストアに限定して発売した。価格は一般の緑茶飲料（350ml）が147円のところ189円という高めの価格で発売した。これもニッチャー戦略である。

第18章 儲け度外視 〜価格設定戦略〜

1. 建値制とオープン価格制

(1) 建値制

建値制は第2章の「流通の歯車」でも述べたが大量生産，大量消費時代に「**系列化**」「**リベート制**」と並んでメーカー主導の流通システムを支えたしくみのひとつであった。

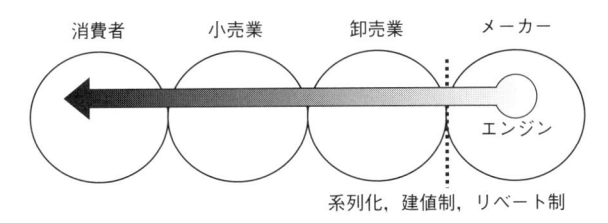

図表Ⅱ-30 大量生産，大量消費時代の流通システム

戦後の日本の大手メーカーは，建値制を採用し，価格コントロールを行ってきた。流通の各段階でメーカーが設定する建値を守れば，価格が安定し，安定した収益を確保できるという考えであった。

例えば小売店の消費者への販売価格は100円，卸から小売への卸売価格は70円，メーカーから卸への出荷価格は60円，というようにメーカーは流通の各段階での価格を設定してきた。これが建値制である。

しかしこのような建値制は，現在では独占禁止法上の違反行為となる。メーカー希望小売価格はあくまでもメーカーが希望する小売価格であり，参考

価格である。もしメーカーが，小売店などの流通業者の販売価格を拘束した場合には，**再販売価格維持行為**（小売価格や卸売価格を指定して守らせたという行為）に該当し，独占禁止法違反となるのである。

(2) 再販売価格維持制度

書籍・雑誌・新聞・音楽CD・音楽テープ・レコードの6品目は，著作権保護の観点から独占禁止法の適用除外として再販売価格維持制度に指定されており，定価販売が義務付けられている。再販売価格維持制度はメーカーが小売価格（定価）を指定して，小売店などの販売業者が指定価格通りに販売することを義務付ける制度である。

再販売価格維持制度には期限が設けられている。古本や中古CDなどが安売りされているのは，価格保持期限が過ぎた商品だからである（なお，DVDは，再販制度商品ではない）。

(3) リベート制

大量生産，大量消費時代に建値制と並んでそのシステムの中核をなしてきた**リベート制**について考えてみよう。

小売店や卸売店は数量を多く販売しても商品の納入価格は決まっている。そこでメーカーは卸売店，小売店の販売意欲を高めるために，一定期間に販売数量が基準を超えた場合に支払う販売奨励金などのリベート制度を長年，商慣行として運用してきた。

メーカーは建値を維持しながら競争企業よりも多くの販売数量を確保するために，リベート料率を上げたり，リベートの種類を増やしたりしてきた。その結果，リベートや販促費が膨張，しかもそれらが小売店の販売価格の値引き原資となって，メーカーの希望小売価格と小売実売価格とに大きな乖離が生じた。とくに，大手のGMS，SM，家電量販店，ドラッグストアなどはチェーン展開での強大な販売力を背景に，価格競争力を高めてきた。

メーカー希望小売価格と小売実売価格の乖離は生活者のメーカー希望小売価格に対する信頼を低下させるようになった。またリベートはチェーンストアにとって決算対策用にも予定されるようになり，販促費が膨張して，メーカーの利益を圧迫したのであった。

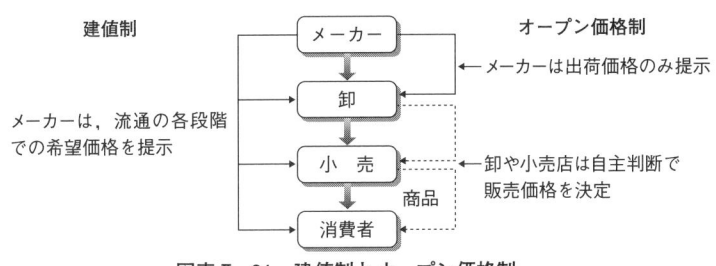

図表Ⅱ-31　建値制とオープン価格制

（4）オープン価格制

　建値制とリベート制は，メーカー希望小売価格に対する信頼の低下やメーカーの販促費などのコスト上昇につながるという考えから，建値制を放棄し**オープン価格制**に移行するメーカーが増えていった。

　1993年には松下電器産業，日立製作所などの大手家電メーカー8社が364機種をオープン価格にした。その後化粧品メーカーや食品メーカーもオープン価格に移行する広がりをみせていった。

　オープン価格とは図表Ⅱ-31に示すように，
　・メーカーは出荷価格のみ提示する
　・メーカー希望小売価格は提示しない（オープン価格）
　・卸売店や小売店は自主判断で価格を決定する
というものである。

　オープン価格制への移行は，メーカーが長年行っていた建値制の崩壊を意味するが，同時にリベート制の放棄も意味する。実際にオープン価格へ移行したメーカーのケースを見ると，各種リベートを廃止し，廃止するリベートの分，出荷価格を引き下げ，これを新出荷価格として提示するという方法が採られている。

2. 価格設定戦略

　新製品の価格を設定する場合の考え方には，**コスト志向型価格設定，需要志向型価格設定，競争志向型価格設定**の3つがある。

(1) コスト志向型価格設定

コスト志向型価格設定とは一般的に行われている価格設定の方法で，売り手のコストに基づいて販売価格を設定する考え方だ。例えば，ある小売店が70円の商品を仕入れて販売する場合，仕入原価70円に必要な荒利益高30円をプラスして100円という販売価格を設定する場合である。

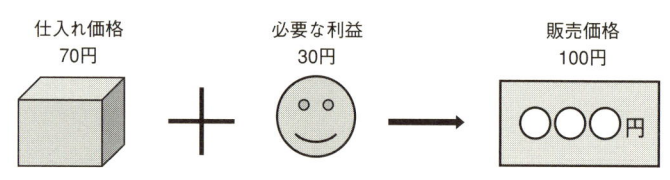

図表Ⅱ-32　コスト志向型価格設定

このコスト志向型価格設定の方法は，コストプラス法といわれるもので，多くのメーカーや小売店，卸売店で行われている方法である。

(2) 需要志向型価格設定

売り手のコストではなく，買い手の価値の認識に基づいた価格設定の方法が**需要志向型価格設定**である。すなわち，価格を先に設定してその価格を実現するための製品仕様や生産地域，製造工場，物流システムなどを変革していく方法だ。この方法は，従来にない価格帯にチャレンジする場合や，大量販売を行うことで製造原価のコストダウンをあらかじめ見込んで戦略的に低価格を設定して発売する場合などに行われることが多い。

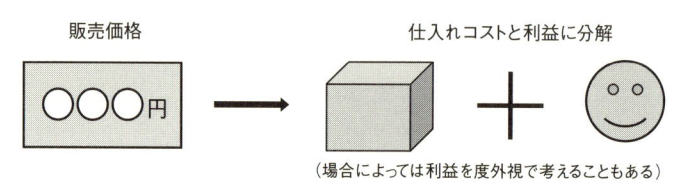

図表Ⅱ-33　需要志向型価格設定
（場合によっては利益を度外視で考えることもある）

例えば，ユニクロは1998年に高品質のフリースジャケットを1900円という破格の低価格で発売したが，従来にない価格帯にチャレンジした需要志向型価格設定の例といえる。フリースジャケットは，当時デパートでは1万円以上，総合スーパーでも5000円から1万円の価格で販売されていた。1900

円の高級フリースは話題を呼び，ユニクロはこのフリースをきっかけに大きく成長を遂げたのである。

ソニーコンピューターエンタテイメント（SCE）は2000年にゲーム機のプレイステーションⅡを3万9800円という価格で発売した。当時DVD-Videoの再生も可能なゲーム機で3万9800円は魅力的な価格設定であり，計画数量を達成するための戦略的価格設定であった。

(3) 競争志向型価格設定

競争志向型価格設定とは，競争企業の価格をもとに自社製品の価格を設定する方法である。その方法には，
　①競争企業の価格を下回る
　②競争企業の価格に合わせる
　③競争企業の価格を上回る
という3つある。

まず「競争企業の価格を下回る」という価格政策は多くの企業，とくに家電量販店やスーパーマーケットなどのチェーンストアにみられる。またメーカーでは，先発製品に類似した製品を開発する後発製品の価格設定に多くみられる。

二番目の「競争企業の価格に合わせる」方法は，食品の飲料メーカーやビールメーカーなどの希望小売価格の設定にみられる。例えば，発泡酒が発売されたときの先発製品の350ml缶の希望小売価格は145円であった。後発製品の希望小売価格も同じ145円であり，先発製品の希望小売価格に合わせた価格を設定している。

三番目の「競争企業の価格を上回る」方法は，マーケットシェアを高めたい企業というよりもブランドイメージを維持，向上したい企業にみられる政策である。高級品を好む顧客にターゲットを絞りこみ，他社製品と差別化した高品質の製品を高価格で販売する政策である。もちろん販売チャネルも高級品を販売するにふさわしい雰囲気のある店舗，商品知識に詳しい販売員と丁寧な接客サービスなどが可能なチャネルに限定される。まさに高価格政策こそが差別化戦略の基本となる企業に適している方法である。企業でいえば，シャネルやルイ・ヴィトン，ブルガリなどのファッションブランド，ベンツ，

ジャガーなどの車のブランドであり，ビールでいえばエビスビール，日本酒では久保田などである。

3．内的参照価格

生活者が価格を「高い」とか「安い」と判断する基準に**内的参照価格，外的参照価格**がある。内的参照価格とは，消費者が過去の買い物経験を通じて「この製品ならこのくらいの価格」と記憶として形成してきた価格のことであり，製品やサービスを購入する際に記憶から想起する，いわゆる**"値ごろ価格"**のことである。

外的参照価格とは，メーカー希望小売価格，店頭販売価格，チラシ掲載価格などの外部情報からの価格をいう。外的参照価格が内的参照価格を上回るときは割高感が生じ，外的参照価格が内的参照価格を下回るときは割安感を感じることになる。

内的参照価格は生活者の収入事情や生活環境，ライフスタイル，価値観などによって異なる。団塊の世代の大量退職が2007年から始まったが，当初は退職金が支給されるので内的参照価格は高いが，数年もすれば年金だけのやり繰りとなって内的参照価格はかなり低くなることが予想される。したがって内的参照価格は同一の消費者でも状況に応じて変化し，また外的参照価格の影響を受けて変化するものである。

4．PSM分析

生活者が製品の価格に対してどのような認識をもっているかを調査する方法に**PSM**（price sensitivity measurement）**分析**がある。PSMの調査方法は，次の4つの質問を質問表や面接によって調査する簡単な方法である。

① どのくらいの価格から，あなたは「高い」と感じはじめるか。
② どのくらいの価格から，あなたは「安い」と感じはじめるか。
③ どのくらいの価格から，あなたは「高すぎて買わない」と思いはじめるか。
④ どのくらいの価格から，あなたは「安すぎて品質に問題あり」と思いは

図表Ⅱ-34　PSM分析

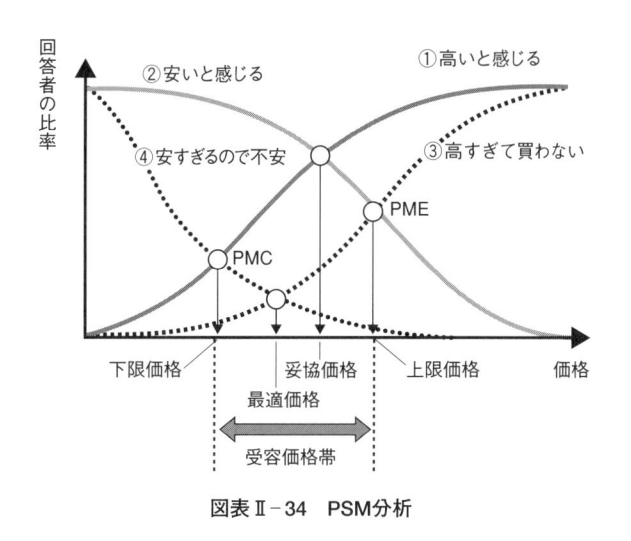

　じめるか。

　これら4つの質問の回答をグラフ上にプロットすると図表Ⅱ-34のように示される。

　この図でPMC（point of marginal cheapness：下限価格）は価格の安さの限界点を示し，PME（point of marginal expensiveness：上限価格）は価格の高さの限界点を示す。PMCとPMEで挟まれる範囲が受容価格帯，すなわち内的参照価格とみることができる。

　内的参照価格は性別や年齢，収入状況，ライフスタイルなどによって個人差がある。したがってターゲット顧客のデモグラフィック特性やサイコグラフィック特性によってターゲット顧客に合わせた価格設定を行わなければならない。

　図表Ⅱ-35にPSM分析の事例を示す。この事例からいえることは，全体平均と比較して20代の消費者がこの製品に関して高い価値を感じているので20代をターゲットにするなら252円が最適である。30代，40代をターゲットにするなら220円前後の価格設定が必要である。またライトユーザーの最適価格277円に比べてヘビーユーザーの最適価格が223円と低いため，ライトユーザーをターゲットとするなら価格を高くしても受け入れられるということになる。

	最適価格	上限価格	下限価格
全体	240円	338円	197円
20代	252円	353円	205円
30代	223円	335円	193円
40代	219円	326円	190円
ライトユーザー	277円	355円	241円
ヘビーユーザー	223円	320円	192円

図表Ⅱ-35　PSM分析の事例

5．事例研究

―コスト志向型から需要志向型価格への大転換―

　100円ショップは当初100円均一店というスーパーの店頭などを借りて短期間営業する移動販売であった。1972年，夫婦で雑貨の移動販売をスタートしたダイソー創業者の矢野博丈は小さな子供がいたため，1つ1つの商品に付ける値札付けの作業が不要な100円均一店にを始めた。しかし，仕入値には限度があり，それなりの商品しか品揃えできず売上はなかなか増えなかった。現に73年の石油ショックの後はインフレで商品の仕入値が上がり，販売価格の値上げができない100円ショップは割に合わないと転廃業する同業者が増えていた。

　そんなとき，矢野が小さなスーパーの店先で販売していると，ある主婦が砂糖入れなどを手にとって眺めては思案している。矢野が"はよう買うてくれ"と見ていると，知り合いの女性が来て「やめときなさい。100円均一商品なんて安物買いの銭失いよ」と言った。そしてその主婦は何も買わずに帰ってしまったのである。

　それを見ていた矢野は「よーし，もう安物買いと言わせない」と，それまで70円と決めていた仕入値の上限を取り払った。「95円，いや100円で仕入れて100円で売ってやろう。それで売れなきゃ，つぶれりゃいい」と開き直った。半ばやけになって魅力的な商品を探してきては店頭に並べて100円で売った。それを境に矢野の店頭にはお客が群がり始めたのだ。お客は「これ

が100円？」と驚き，売上はぐんと伸びた。量が売れるようになって仕入原価が下がるようになった。そしてまた売れるというように，今までの悪循環が一気に好循環に転換したのである。その後，移動販売から今日の常設店の商売スタイルに切り替えてどんどん店舗数を増やして売上を拡大していった。

　このダイソーの事例は，価格設定の考え方を大きく変更したことが成功の鍵であることを教えている。価格設定は100円ショップであることから常に100円だが，その考え方は大きく変わった。売れなかったときは，仕入原価の上限を70円と決め，それに30円のマージンをのせるコスト志向型の商売であった。この方法ではお客が喜ぶ商品を仕入れるには限度がある。競合の100円均一店も同じようなコスト志向だ。開き直った矢野はこの70円という仕入原価の上限を取り払って"これが本当に100円なの？"と思われるような，儲け度外視ともいえる商売に切り替えた。つまり価格は同じ100円均一店だが，価格以上の価値を提供する需要志向型の価格設定の考え方に大転換したのだ。その結果，他の100円均一店とも差別化が起こって商品は売れ始めたのである。

　主婦の言葉から開き直り，半ばヤケクソになって仕入原価の上限を取っ払った。そのことでコスト志向型から需要志向型へ大きく転換し，悪循環から好循環へと自らの事業を成功に導いた。その発端となったのは「100円均一商品なんて安物買いの銭失いよ」という主婦のキツイ一言であった。

第Ⅱ部　製品マーケティング戦略

第19章
モノづくりの想いを伝える
〜流通チャネル政策〜

1．4つのチャネル政策

4Pのうちの1つ，流通チャネル政策には，大きく4つの方法がある。**開放的チャネル政策，選択的チャネル政策，専売的チャネル政策，直接チャネル政策**の4つである。

（1）開放的チャネル政策

とくにチャネルを限定せずに，コンビニエンスストア，スーパーマーケット，ディスカウントストア，百貨店などすべての小売店を流通チャネルとして自社製品を販売する政策。マヨネーズや飲料製品など，最寄品で大量広告，大量販売を展開するNBメーカーに多い（図表Ⅱ-36）。

```
                                   小売業(流通チャネル)
                               ┌─────────────────────┐
                               │ ○コンビニエンスストア │
                               │ ○スーパーマーケット   │
┌──────┐   ┌─────────────────┐│ ○ディスカウントストア │   ┌──────┐
│メーカー│ → │卸売業(1次卸，2次卸)│→│ ○ドラッグストア     │ → │生活者│
└──────┘   └─────────────────┘│ ○ホームセンター     │   └──────┘
                               │ ○百貨店             │
                               └─────────────────────┘
```

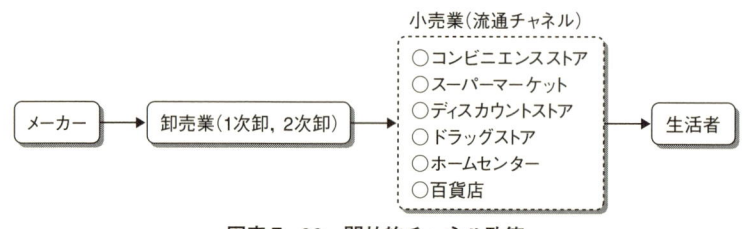

図表Ⅱ-36　開放的チャネル政策

（2）選択的チャネル政策

経営者の考え方や条件（販売力，支払条件，競合品の扱いなど）によって流通チャネルの小売店を選択（限定）する政策。ブランド力があり，販売店の店舗イメージや接客力，販売価格政策などを重視するメーカー，例えばイ

ンテリア製品などの買回り品では流通チャネルの小売店を選択する場合が多い。食品では希少性のブランド清酒，焼酎などにみられる（図表Ⅱ-37）。

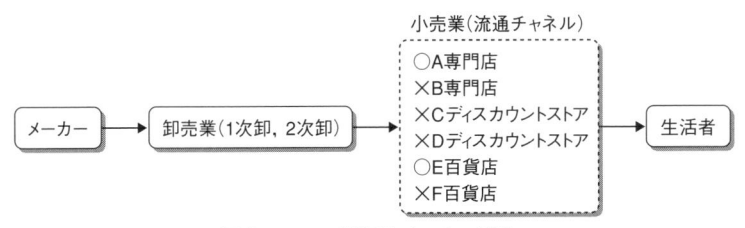

```
┌─────┐   ┌──────────────┐   ┌─────────────────────┐   ┌─────┐
│メーカー│→ │卸売業(1次卸,2次卸)│→ │小売業(流通チャネル)      │→ │生活者 │
└─────┘   └──────────────┘   │ ○A専門店             │   └─────┘
                              │ ×B専門店             │
                              │ ×Cディスカウントストア│
                              │ ×Dディスカウントストア│
                              │ ○E百貨店             │
                              │ ×F百貨店             │
                              └─────────────────────┘
```

図表Ⅱ-37　選択的チャネル政策

(3) 専売的チャネル政策

競合製品の扱いを認めず，自社製品しか扱わないチャネルに流す政策。ルイ・ヴィトン，シャネルなどの高級ファッションブランドや自動車などにみられる（図表Ⅱ-38）。

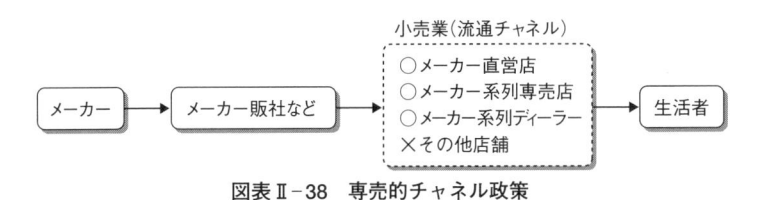

```
┌─────┐   ┌──────────┐   ┌──────────────────┐   ┌─────┐
│メーカー│→ │メーカー販社など│→ │小売業(流通チャネル)│→ │生活者 │
└─────┘   └──────────┘   │ ○メーカー直営店   │   └─────┘
                          │ ○メーカー系列専売店│
                          │ ○メーカー系列ディーラー│
                          │ ×その他店舗       │
                          └──────────────────┘
```

図表Ⅱ-38　専売的チャネル政策

(4) 直接チャネル政策（ダイレクト・マーケティング）

メーカーがインターネット通販やテレビ通販，カタログ通販などにより直接販売する政策。最近ではインターネット専用ブランドなど，直接チャネル政策を取るメーカーが増えている。パソコンメーカーのデルコンピューターの直接チャネル政策が有名である（最近では小売店頭での販売も始めた）（図表Ⅱ-39）。

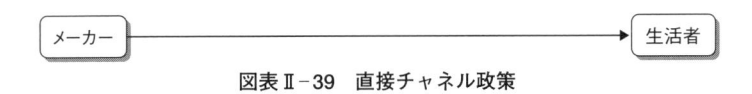

```
┌─────┐                          ┌─────┐
│メーカー│ ────────────────────→ │生活者 │
└─────┘                          └─────┘
```

図表Ⅱ-39　直接チャネル政策

2. 事例研究

―開放的チャネル政策から選択的チャネル政策への大転換―

「久保田」は1985年に新潟の朝日酒造によって発売された。その当時の清酒市場には現在のような酒類ディスカウントストア（DS）はなく，農協，スーパー，生協，一部酒販店などがマージンを削りながら値引き競争を行っていた。

朝日酒造は創業以来，品質本位ということで値引き競争には入らないという姿勢を貫いていた。朝日酒造は，1985年当時全出荷量の93％ぐらいを県内に出していた地方メーカーだった。新潟県以外に関東中心に7％くらい出していたが，新潟における「朝日山」という地方ブランドをもっており，値引き競争は商品イメージが下がるとして危機感をもっていた。

また，当時JRのディスカバージャパン・キャンペーンが流行っており，それに乗る形で全国に地酒ブームが起きていた。新潟では「越の寒梅」「〆張り鶴」「八海山」などのブランドが全国的に有名になっていた。

一部の酒販店においても，安売り競争はもうイヤだということで，きちっと利益がとれる商材を自分たちで育てたいという機運もでてきた時代であった。

朝日酒造は，「何も戦略を組まずにこのままでいけば本当に長期低落になっていく，何とかメーカーの技術を生かした強い商品をつくらなければならない」という危機感から，当時の酒造業界のリーダーで地酒の仕掛人でもあった人物をスカウトし，その人物を中心に社内で人材を集めプロジェクトチームを組んだ。

いい製品をつくるだけでは売れる時代ではなかった。そこでプロジェクトチームは朝日酒造という企業の総合的なイメージアップをまず考え，企業がどうしたら社会貢献できるのか，どうしたら地域に貢献できるのか，社員教育はどうすればいいのかなど，総合的なイメージアップ作戦を1年間かけて考えたのである。

製品については，1ランク上のモノ，精米度合いを高めて淡麗にしてまろやか，飲みあきないスッキリ型の酒をつくろうと設計をした。

当時,日本は高度経済成長後で,肉体労働から頭脳労働へ移ってきたころであった。肉体労働は汗が出る。疲れれば甘いモノや塩っぱいモノ,味の濃いモノ,油っぽいモノが欲しくなる。しかし,肉体労働から頭脳労働へ移行すれば,必ず淡麗な味の方向に行くだろうということで,都会型の頭脳労働者のための製品ととらえて,「久保田」は当時としては一番スッキリタイプのところにポジショニングして製品設計をしたのである。

「久保田」は当初,百寿,千寿の2種類でスタートしたが,酒販店のなかから製品ラインのアップを図って欲しいという要望があり,次々と新しい種類を出していった。「久保田」ブランド最高級の万寿は,他メーカーの大吟醸酒の精米歩合が50％あるのに対し,35％とよりぜいたくに米の芯部分だけを使用して独特のまろやかな味を出した。「久保田」は製品にこだわりを求める分,他メーカー品よりもやや高めの価格設定とした。

「久保田」を展開するときに最も苦労したのが,朝日酒造の流通チャネルである酒販店を限定することであった。どこの店にもある製品というのは価格競争に巻き込まれやすいことから,競争店と差別化し専門店化を目指そうとする酒販店に限定して絞り込む,選択的チャネル政策を採用したのであった。

「久保田」のメーカーとしての思想・考え方,品質,酒の作り手の心をきっちり消費者まで伝えてくれる酒販店を選定した。それまでの朝日酒造の営業は,問屋に同行しながら酒販店を回って注文をとったり,1店1店酒販店を回って注文品を店に置いたりしていた。それがある日突然「お宅には売れません」と180度転換した営業戦略で新たな得意先を創造していくという大胆な作戦であった。

また朝日酒造から直接酒販店に製品を配送するメーカー直送方式とした。普通の製品の場合はメーカーから卸に配送し,卸から酒販店に配送する。そして酒販店から消費者,業務店(居酒屋など)へと販売するが,「久保田」の場合は卸には在庫しないメーカー直送方式のシステムをつくりあげた。

また朝日酒造はラジオ,テレビ,新聞などで広告宣伝するのではなく,口コミやパブリシティとしての記事広告に力を入れた。

第Ⅱ部　製品マーケティング戦略

　朝日酒造がこれらの大転換を成しえた背景には，当時利益率が良く企業体質も強かったこともあって，ある程度売上が落ちても会社を維持できるという自信があったこと，またその当時から良い酒をつくって消費者から認められてきたという誇りや社風があったからである。

　清酒「久保田」開発するまでの朝日酒造のSWOT分析と「久保田」戦略を図示すると図表Ⅱ-40のようになる。

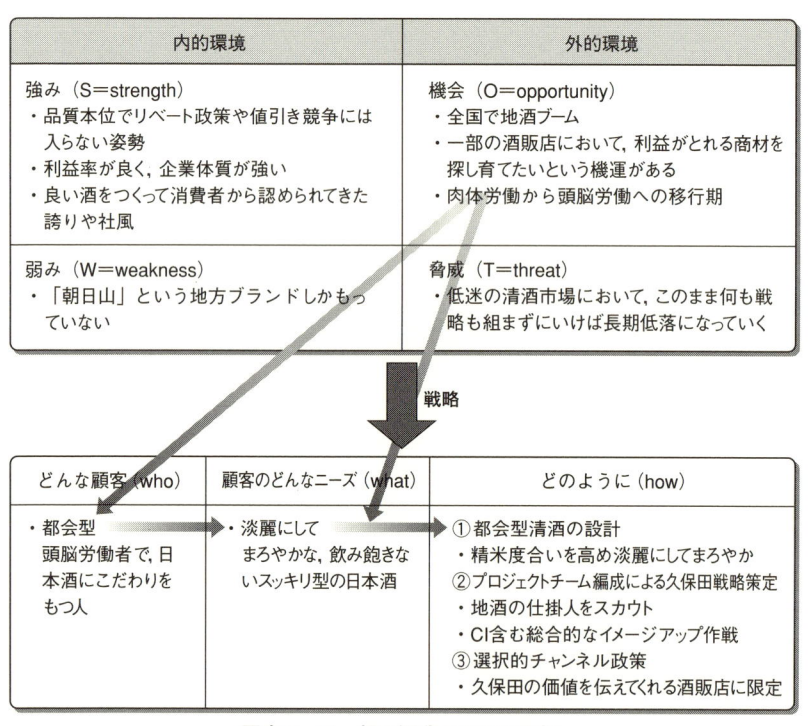

内的環境	外的環境
強み（S＝strength） ・品質本位でリベート政策や値引き競争には入らない姿勢 ・利益率が良く，企業体質が強い ・良い酒をつくって消費者から認められてきた誇りや社風	機会（O＝opportunity） ・全国で地酒ブーム ・一部の酒販店において，利益がとれる商材を探し育てたいという機運がある ・肉体労働から頭脳労働への移行期
弱み（W＝weakness） ・「朝日山」という地方ブランドしかもっていない	脅威（T＝threat） ・低迷の清酒市場において，このまま何も戦略も組まずにいけば長期低落になっていく

戦略 ↓

どんな顧客（who）	顧客のどんなニーズ（what）	どのように（how）
・都会型 頭脳労働者で，日本酒にこだわりをもつ人	・淡麗にしてまろやかな，飲み飽きないスッキリ型の日本酒	①都会型清酒の設計 ・精米歩合いを高め淡麗にしてまろやか ②プロジェクトチーム編成による久保田戦略策定 ・地酒の仕掛人をスカウト ・CI含む総合的なイメージアップ作戦 ③選択的チャンネル政策 ・久保田の価値を伝えてくれる酒販店に限定

図表Ⅱ-40　朝日酒造のSWOT分析

第20章 清く正しい社会人 ～プロモーション戦略～

1. プロモーション・ミックス

プロモーション活動には大きく次の5つがあり，これらを選択し組み合せることを**プロモーション・ミックス**という（プロモーション活動のことを，コミュニケーション活動ともいう）（図表Ⅱ-41）。

①広告	**企業名，製品名の認知促進を目的とする活動** テレビ，ラジオ，新聞，雑誌などの広告，屋外広告，ダイレクトメール，中吊り広告，チラシ広告，ノベルティ広告（企業名の入った景品），インターネット広告など
②パブリシティ （広報活動）	**マスコミ（テレビ，ラジオ，雑誌など）に対する広報活動** 自社の企業・製品情報を取り上げてもらえるようにマスコミへ積極的に情報提供していく活動であり，PR活動の一環でもある。 マスコミ情報は第3者的立場なので，消費者には客観的情報と受けとめてもらえ，無料で効果的な宣伝が期待できる。
③販売促進 （セールス・プロモーション）	**個々の製品の販売促進を目的とする活動**（略して販促） サンプリング（試供品を無料で配布） クーポン，プレミアム（おまけ），増量パック，特売，景品，懸賞 リベート，値引きなどの取引条件
④人的販売	**営業マンによるセールス活動や販売店への援助活動** 　（情報提供，販促資材提供，陳列援助など） 店舗での**接客販売**，企業や家庭を訪問する**訪問販売**
⑤ダイレクト・マーケティング	**郵便，電話，FAX，電子メール，インターネット などによる，特定の顧客や見込み客に対する直接的な販売活動** カタログ通販，インターネット通販，携帯通販，テレビショッピング，テレマーケティングなど

図表Ⅱ-41　5つのプロモーション活動

上記に加えて**口コミ**をプロモーションのひとつとする考え方があるが、口コミは企業のプロモーション活動の結果として行われる生活者行動のひとつであると筆者は位置づけている。例えば企業がサンプルを渡してブロガーが自分のブログに感想を掲載して口コミを計画することがあるが、それはサンプリングという販売促進のプロモーションに該当するという考え方である。

2．プッシュ戦略とプル戦略

プロモーション・ミックスには**プッシュ戦略**と**プル戦略**という2つの基本的な戦略がある。

(1) プッシュ戦略

メーカー→卸→小売→生活者、のように、流通の流れに従って、自社の製品の取引拡大をはかっていく戦略。メーカーから生活者の方向へ「押し出す」ようにみえるためプッシュ戦略といわれる。

プッシュ戦略では、卸、小売に対する人的販売（営業マンのセールス活動）や、販売促進（リベート、値引きなどの取引条件）のプロモーション・ミックスに重点がおかれる（図表Ⅱ-42）。

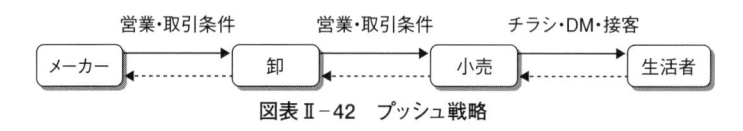

図表Ⅱ-42　プッシュ戦略

(2) プル戦略

生活者に製品のブランドを認知してもらい、生活者→小売→卸→メーカーのように指名買いの流れを促進する戦略で、生活者からメーカーのほうに「引き込む」にみえるためプル戦略といわれる。この戦略では、広告（テレビ、新聞などのマス広告や、ダイレクトメールによる直接広告など）や、販売促進（オピニオンリーダー層に試供品などを配るサンプリングなど）などのプロモーション・ミックスが活用される（図表Ⅱ-43）。

プッシュ戦略とプル戦略で間違いやすいのは、プッシュ戦略は製品押し込み型で良くなく、プル戦略は消費者ニーズに応える戦略で良いという間違っ

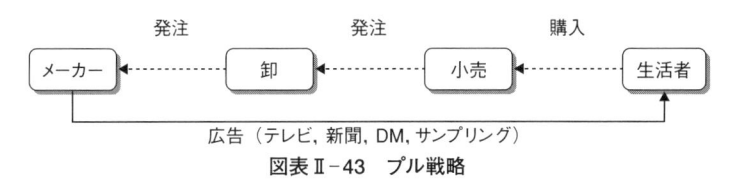

```
発注          発注          購入
メーカー ←------ 卸 ←------ 小売 ←------ 生活者
   ↑                                        ↑
   └─────広告（テレビ，新聞，DM，サンプリング）─────┘
```
図表Ⅱ-43　プル戦略

た解釈である。どうしてそういう間違った解釈になるのか，その理由はどうもプッシュとプルという語感にあるようだ。語感で解釈しないようにと注意しても間違う人がいる。上記の図表Ⅱ-42，図表Ⅱ-43を頭に叩き込んでおいて欲しい。

　また中小企業はテレビ，新聞などの高額の広告料金を負担できにくいので，営業マンによる人的販売が中心のプッシュ戦略をとる場合が多い。一方大企業はテレビ広告や営業マンによる人的販売など，プッシュ戦略とプル戦略をミックスして行う場合が多いといえよう。

3. 生活者の購買決定プロセスとプロモーション

(1) AIDMA（アイドマ）

AIDMA（アイドマ）はアメリカの学者ローランド・ホール（Roland Hall）が提唱した生活者の購買決定プロセス（態度変容プロセス）の仮説である。生活者行動心理の頭文字をとってAIDMA（アイドマ）の法則という。

　A ： Attention（注目）
　I ： Interest（興味）
　D ： Desire（欲望）
　M ： Memory（記憶）
　A ： Action（行動）

　AIDMAは新規のモノ，サービスを生活者が知覚した後，購入に至るまでのプロセスを表す。生活者の行動心理と購買プロセスが1対1に対応しているので，ターゲット顧客がどのような購買プロセスにいるかを把握することで，どのようなプロモーション活動を行うべきか判断することができる。

　図表Ⅱ-44に示すように，プロモーションのプロセスは製品の特性によって異なるが，一般的には生活者が製品に対して認知や理解・好意を示す段

```
<行動心理>      <購買プロセス>    <プロモーション>

Attention(注目)  →  認 知     ┐
     ↓                          │広告
Interest(興味)   →  理 解      │パブリシティ
     ↓                          │
Desire(欲望)    →  好 意      ┤          ┐
     ↓                          │          │販売促進   ┐
Memory(記憶)    →  評 価      │          │           │人的販売
     ↓                          │          │           │
Action(行動)    →  意思決定   ┘          ┘           ┘
```

図表Ⅱ-44　AIDMAとプロモーションの関係

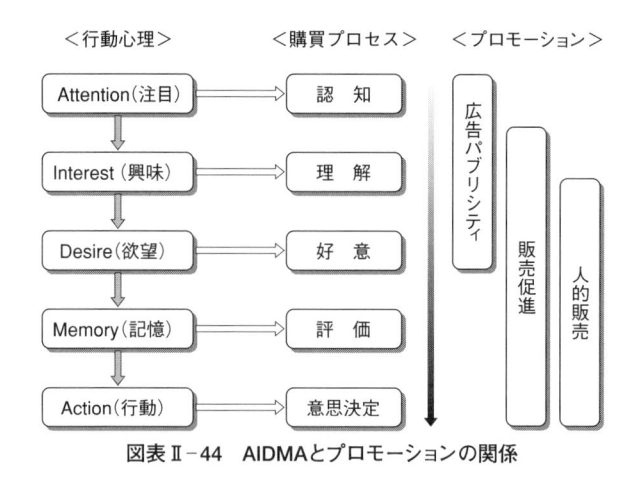

階では広告・パブリシティが相対的に有効であり，実際に評価や意思決定を行う段階では販売促進，人的販売が有効である。

(2) AISAS（アイサス）

インターネットや携帯電話などのデジタルメディアが発展してくると，従来のように受身的な生活者ではなくなってきた。いわゆる**アクティブ・コンシューマー**の出現である。インターネットやデジタルカメラを使って製品に関する情報を見知らぬ他人とシェアするようになってきている。「このように新しい情報機器を駆使してアクティブなコミュニケーション行動をとる消費者をアクティブ・コンシューマーという。そうしたアクティブ・コンシューマーの態度変容モデルが**AISAS**になる」[6]と秋山隆平，杉山恒太郎は著書『ホリスティック・コミュニケーション』（2004，宣伝会議）で述べている。

A ： Attention（注目）
I ： Interest（興味）
S ： Search（検索）
A ： Action（行動）
S ： Share（意見共有）

このAISASの法則はインターネット時代の新たな生活者行動のプロセスとして注目されている。

── 4．事例研究

─プッシュ戦略とプル戦略─

　花王は最も優れたマーケティング企業のひとつである。花王のマーケティングが優れている理由に長年培ってきた店頭マーケティング技術がある。この店頭マーケティング技術は1971年に社長に就任した丸田芳郎の時代にその基盤ができたといわれる。

　1971年当時，家庭用品のシェアトップはライオンであった。ライオンの主力ブランド「エメロンシャンプー」は「エメロンクリームリンス」とともに「ちょっと後ろを振り向いてください」のテレビCMで大ヒットしていた。台所用食器洗剤「ママレモン」は食器洗剤の代名詞といわれていた。またライオンは問屋との共存共栄の方針を打ち出し，より強固な関係を築いていた。一方花王は，66年にスタートさせた販社制度のもたつきやフェザーオイルシャンプなどの新製品も期待ほど伸びなかった。販社制度とは，一般のメーカーは卸売業を通して小売店と取引しているのに対して，花王は取引のある日用雑貨問屋同士が出資する形で花王製品専門の販売会社を設立し，その販売会社が小売店と取引する制度のことである。

　トップのライオンとのシェアの差は10％に広がっていた。そこで社長の丸田は，「花王製品が売れない原因は花王の営業マンの慢性的押し込み販売（月末に売上不足の帳尻を合わせるため，必要以上に商品を納入させてもらうこと）にある。花王の製品開発力は他社よりも優れている。なぜ売れないか，答えは一つ，ノルマである。だから今日からノルマを完全撤廃する。営業は小売店を訪問した際に，わが社の商品が売り場のどの位置にどの程度陳列されているかを先ず調べ，どの位置に置けば最もお客さんが購入しやすいか，それをするのが営業責任である」[7]とした。また丸田は「清潔な国民は栄える。我々企業人は何のために働いているのか。給与はどこから出ているのか。花王から出ているのではない。花王製品を買っていただいたお客様から頂いているのである。とすれば，我々は消費者に奉仕する精神がなければならない。その精神とは，たえず清くなければならない。目先の利益に溺れ，無理を承知で販売合戦をするのは，清く正しい社会人がやるべき行為ではな

い」[8]とことあるごとに社員に説いたという。

　それから花王の営業は，先ず売り場に行き，商品の陳列状況を見て品目ごとにフェイス数（お客から見て横並びに陳列された商品の数のこと）をチェックして，コールブックといわれるフェイスチェック表に書き込み，帰社後コンピュータにフェイス数を入力した。全国からのデータをもとに売り場の分析がスタートした。これがインストア・マーチャンダイジングの走りとなり，花王の科学的営業の始まりとなった。丸田は営業のあり方を従来の押し込み営業から科学的営業へと大転換させたのである。

　現在ではコンピュータから棚割り提案書（陳列棚における商品の陳列配置図のこと）や売場企画提案書を作成するのが一般的になっているが，その原点は丸田のマーケティング理念の積み重ねであることを知っておくべきである。

　以上は営業，すなわちプッシュ戦略の事例であるが，花王のプル戦略の事例についても述べておきたい。

　花王は1994年に大ヒット製品「フローリング用掃除用具－クイックルワイパー」を発売した。この大ヒットは不織布の表面にほこりを吸着させるという生活者のベネフィットにかなっただけでなく，実は地道なサンプリング活動に支えられたのである。それは，東京，福岡など都市中心に製品サンプルを無償で配布する女性PR部隊を編成したことによる。理美容院，病院，ペットショップや東京・巣鴨の商店街など，高齢者や女性が集まる場所を選んでサンプリングしていった。病院の待合室やペットショップなどで実際に使ってもらいその効果を確認してもらえれば一般の家庭にも自然に広まるだろうと考えたのである。このときから花王は口コミを期待したプロモーションを実践していたのである。

　このクイックルワイパーは直接生活者に対してメーカーがサンプリングを行うプル戦略のプロモーション事例である。

第21章 コト発想で提案する ～店頭マーケティング～

1. インストア・マーチャンダイジングとは

インストア・マーチャンダイジング（in-store merchandising）は，その頭文字をとって**ISM（イズム）**といわれるもので，田島義博は，「インストア・マーチャンダイジングとは小売店頭で市場の要求に合致した商品および商品構成を，最も効果的で効率的な方法によって消費者に提示することにより，資本と労働の生産性を最大化しようとする活動を意味しており，小売店頭における『価値工学』（Value Engineering）である」[9]と定義している。

インストア・マーチャンダイジングのインストアとは小売店舗内のことを意味し，マーチャンダイジングとは小売店の売り場を起点として商品開発，商品仕入や品揃え計画，販促計画，売場展開計画，在庫管理など，仕入から販売までをコントロールすることを意味する。

ここで**製品**と**商品**の言葉の使い分けについて補足しておきたい。マーケティングでは基本的に製品（product：製造した品物）という言葉を使用するが，小売り段階では商品（merchandise：商売の品物）という言葉を使用するのが一般的である。

流通経済研究所の調査（1996）によるスーパーマーケット（SM）店舗内での生活者の購買実態は，「店内で決定して購買する」という非計画購買が73％で，「事前に計画して購買する」27％に対してきわめて高い数値を示している。約7割の顧客はスーパーマーケットの店内の売り場を見てから商品の購買決定をしているという事実は，そのままISMの重要性につながって

いる。つまり、より多くの商品を購入してもらうには店内の顧客を刺激し、顧客の購買パターンに合った売り場作りをするなどのISMの技術がきわめて重要であるということだ。

2. ISMの3要素

小売店内における**客単価**（顧客1人当りの購入金額）はどのような要因で規定されるのか，田島（1989）は次式で表現している。

動線長×立寄率×視認率×買上率×買上個数×商品単価＝買上金額

つまり客単価は，店内をどれくらい長く歩いてもらえるか，どれくらいの回数，売り場に立ち寄ってもらえるか，立ち寄るだけでなくどれくらい買ってもらえるか，どれくらいの個数を買ってもらえるか，どれくらいの単価の商品を買ってもらえるかという掛け算の結果が客単価を規定するとしたのである。

店内の消費者の客単価に大きく影響を与えるもの，それがISMだが，具体的にISMの3要素といわれるものは①**売場レイアウト**，②**棚割り・陳列**，③**インストア・プロモーション**の3つである（図表Ⅱ-45）。

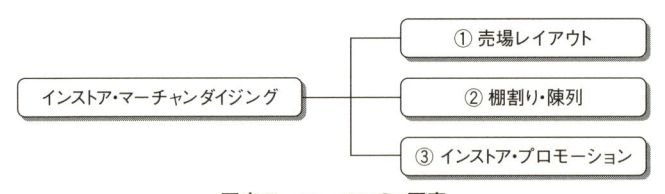

図表Ⅱ-45　ISMの3要素

インストア・マーチャンダイジング
- ① 売場レイアウト
- ② 棚割り・陳列
- ③ インストア・プロモーション

3. 売り場レイアウト

売り場レイアウトとは客動線，従業員動線と通路を決め，どういう部門の商品をどこに配置するか，レジやバックルーム，調理場なども含めて何をどこに配置するかを詳細に図面化したもの（図表Ⅱ-46）。

スーパーマーケットの売り場レイアウト上の工夫として，次のような留意

第21章　コト発想で提案する　〜店頭マーケティング〜

図表Ⅱ-46　スーパーマーケットのレイアウト

（レイアウト図）
- 第1磁石（主通路の両側の売場）：主通路沿いに顧客を誘導
- 第2磁石（通路のつき当り）：とくに強い部門を配置（鮮魚、惣菜、日配など）
- 第3磁石（エンド売場）：特売商品、季節商品、メーカー販促商品、新商品などゴンドラ間に顧客を引き込む役割
- 第4磁石（ゴンドラ中央部に特売商品やこだわり商品コーナーなどを配置）

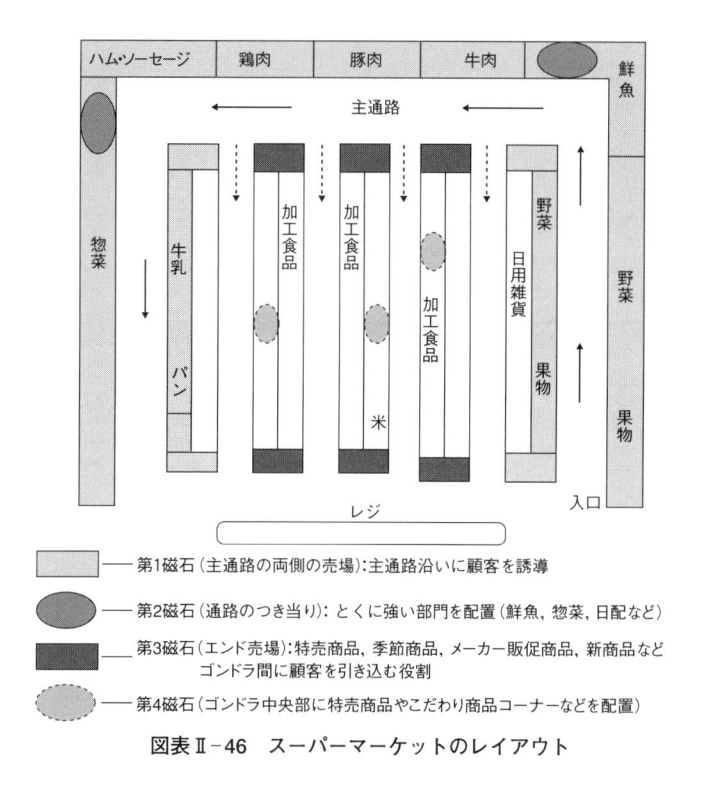

点がある。

①店内の見通しを良くする。店内の中心部から店内の奥にある商品を見やすいように，手前の陳列を低くし，奥へ行くに従って高くなるように配置する

②天井を高くすることで広さを感じさせる。標準的な店の天井は270cm程度だが，3m以上にすることで広さを感じる。

③鏡で広く見せる工夫。壁面や柱，青果売場の冷蔵ケースに鏡を使用する

④ゆとりのある空間をつくる。高齢化社会では店内にちょっとした休める場所や**イート・イン**のスペースを設ける（イート・インとは店内で購入したパンや惣菜などを喫食できる施設のこと）。また通路の天井からビラやポスターを吊り下げるのは店を狭く感じさせるので禁止する。

4. 棚割り

棚割りとは，商品ごとに陳列什器のどの場所に何フェイス陳列するかを定めること（図表Ⅱ-47）。

新しい棚割に変更してその効果を分析する場合，いくつかの方法があるが，

サントリー 金麦 500ml 5F	キリン 淡麗 500ml 3F	キリン 淡麗グリーン 500ml 3F	キリン のどごし生 500ml 3F		サッポロ ドラフトワン 500ml 3F
サントリー 金麦 350ml 2F	キリン 淡麗 350ml 3F	キリン 淡麗グリーン 350ml 3F	キリン のどごし生 350ml 3F	アサヒ スタイルフリー 350ml 3F	サッポロ ドラフトワン 350ml 3F
キリン 樽生 1520ml 1F	サントリー 金麦 500ml 6缶パック 1F	キリン 淡麗 500ml 6缶パック 1F	キリン 淡麗グリーン 500ml 6缶パック 1F	キリン のどごし生 500ml 6缶パック 1F	サッポロ ドラフトワン 500ml 6缶パック 1F
キリン 淡麗 250ml 2F	サントリー 金麦 350ml 6缶パック 1F	キリン 淡麗 350ml 6缶パック 1F	キリン 淡麗グリーン 350ml 6缶パック 1F	キリン のどごし生 350ml 6缶パック 1F	サッポロ ドラフトワン 350ml 6缶パック 1F

注：Fはフェイス数のこと。陳列棚に並んだ商品を正面から見た面をフェイスという。3Fとは陳列棚に同一商品を横に3個並べることを示す。販売数量の多い商品はフェイス数を多くする

図表Ⅱ-47　発泡酒・第3のビール棚割り（例）

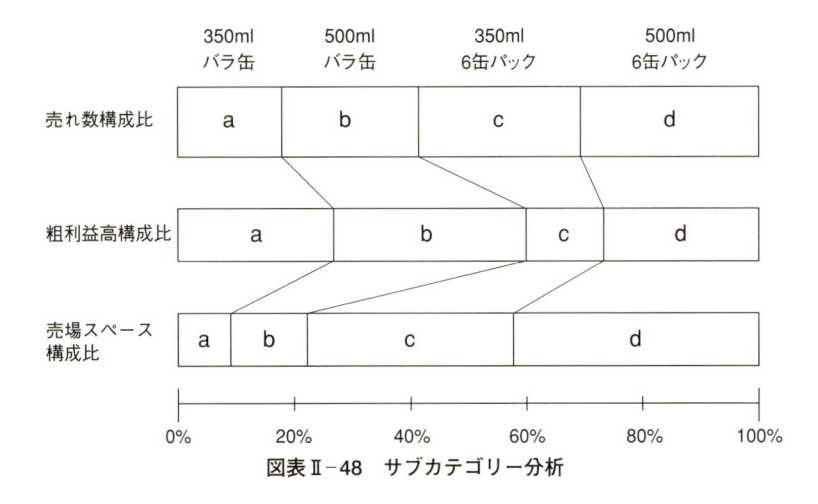

図表Ⅱ-48　サブカテゴリー分析

そのひとつとして**サブカテゴリー別の売れ数構成比と粗利益高構成比と売り場スペース構成比のバランス**についての分析方法を図表Ⅱ-48に紹介しておこう。

サブカテゴリーは350mlバラ缶，500mlバラ缶，350ml6缶パック，500ml6缶パックの4つである。サブカテゴリー間のバランスをみると，350mlのバラ缶が粗利益高構成比は大きいにもかかわらず，売り場スペース構成比は小さい。逆に350ml6缶パックの粗利益高構成比は小さいにもかかわらず売り場スペース構成比が大きいという問題がある。したがって350mlバラ缶の売り場スペースを拡大し，350ml6缶パックの売り場スペースの縮小が必要となる。

5. 優位置とゴールデン・スペース

部門やカテゴリーなどの大きなくくりは縦割り陳列が原則である。なぜなら図表Ⅱ-49に示すように例えば，酒売り場では縦割り陳列することで焼酎や日本酒などすべてのカテゴリーが顧客の目線に入るため，買い逃しが起きにくい。

ゴンドラ什器（陳列器具のこと）での見やすい高さは床から70～125cmの位置になり，これを**ゴールデン・スペース**という。この高さは顧客の目線の位置になり，顧客が最も目につきやすい位置なので優位置という。この優

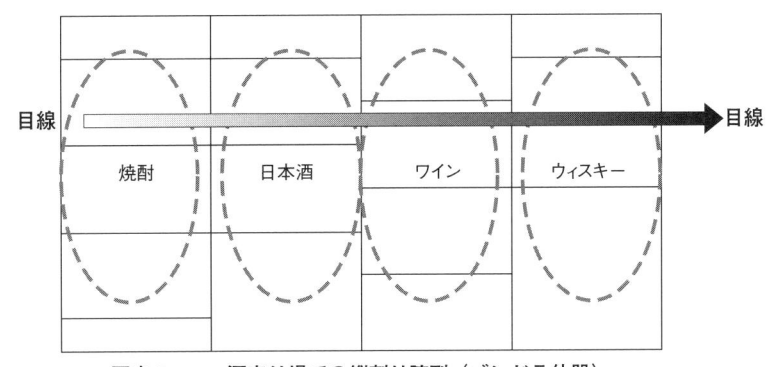

図表Ⅱ-49　酒売り場での縦割り陳列（ゴンドラ什器）

位置には粗利益高の高い（儲けが大きい）商品を陳列するのが原則である。また冷蔵ケースの場合のゴールデン・スペースは顧客が見下ろせる高さである最下段が優位置となる。

また顧客の視線は売り場の商品を追いかけるため，視線の出始めは見過ごされやすい。同じ棚段では視線は右に流れやすいので，右側の方が優位置になる。これを**ライト・アップの原則**という。スーパーマーケットでは新製品や，とくに売上を伸ばしたい商品は，よく目立つ売れ筋商品（パワーアイテム）の右隣に陳列してライトアップの原則を活用している。

6．インストア・プロモーション

インストア・プロモーション（ISP）とは小売店舗における販売促進活動の総称である。インストア・プロモーションには価格主導型と非価格主導型の2つに分けられる（図表Ⅱ-50）。

図表Ⅱ-50に示す**クロスMD**とは，消費者が同時に使用する関連性の高いアイテムを同じ売り場で陳列する手法のことである。例えば牛肉と焼肉のタレ，ワインにチーズ，野菜とドレッシングなど。

顧客に頻度多く来店してもらうためには，顧客に飽きられないことが必要になる。インストア・プロモーションは売り場を頻度よく変更して売り場に鮮度を保たせること，また売り場では顧客に対して常に新しい情報を発信するという役割がある。

コンビニエンスストアは商圏が狭く，顧客の来店頻度が多いので売り場の

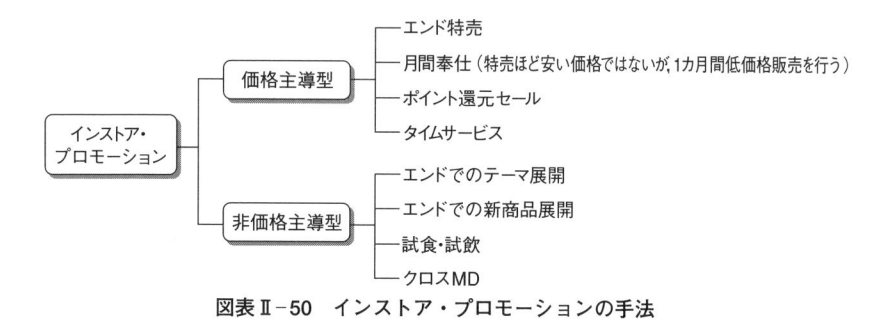

```
                          ┌─ エンド特売
                          ├─ 月間奉仕（特売ほど安い価格ではないが，1カ月間低価格販売を行う）
            ┌─ 価格主導型 ─┤
            │             ├─ ポイント還元セール
インストア・ ─┤             └─ タイムサービス
プロモーション│
            │              ┌─ エンドでのテーマ展開
            │              ├─ エンドでの新商品展開
            └─ 非価格主導型 ─┤
                           ├─ 試食・試飲
                           └─ クロスMD
```

図表Ⅱ-50　インストア・プロモーションの手法

鮮度が重要になる。そのため1年に商品の70％は入れ替えるのである。

　エンドの陳列日数と売上高の変化を調査したデータによると，スーパーマーケットでは同じエンド陳列が有効なのは食品の場合で1週間，日用雑貨の場合で2週間といわれている。スーパーマーケットの来店頻度が高いため1週間から2週間以内を目途にエンドの陳列を変更するのが一般的になっている。

　生活者の立場になって，生活者の**52週の生活リズム（TPOS）**を先回りして，売り場を通して生活提案していく。そのためには生活テーマと商品，陳列，演出による意志ある売り場企画が重要となる。その売り場企画は本来ならスーパーやGMSのバイヤーや販促担当者が考えなければならないが，メーカーや卸の営業担当者が企画し，バイヤーに提案しているのが実態である。小売チェーンがPOSデータを提供し，そのPOSデータを活用してメーカーや卸が企画提案するという流れが一般的になりつつある。

　売り場企画を考える際に重要なのが，店舗の利用顧客のTPOSをベースに**「コト発想」**することである。営業担当者は自社の製品を売るのが仕事なので「モノ発想」になりがちだが，いかに商圏の顧客の**生活シーン（コト）**を考えるかが勝負なのである。

第22章
マインド・シェアを勝ち取れ
～ブランド戦略～

1. 企業にとってのブランドの意義

　企業にとって**ブランド**の価値，**ブランディング**の意義はどこにあるのだろうか。企業にとってのブランドの意義は次の通りである。
(1) ブランドイメージの浸透により固定客の獲得ができる：固定ファンを得ることにより，値引きやプロモーションが少なくなり，マーケティングコストを減少させ，利益率は高くなる。
(2) 企業イメージが高まる：顧客の支持の高いブランドをもつことで企業イメージが高まる。
(3) 小売店との取引が有利に展開できる：顧客の支持の高いブランドは小売店の評価を高め，価格商談や店頭スペース確保の商談を進めやすい。
(4) 成功ブランドによる他の製品カテゴリーへの進出：ある製品で成功したブランドを他の製品カテゴリーにおいて展開することを**ブランド拡張**という。例えば，喫煙具ブランドだったダンヒルはネクタイなど男性アクセサリーブランドにも展開し，販売拡大に成功した。ダンヒルに限らず，多くの海外のファッションブランドやスポーツブランドはブランドやデザインの使用権，生産・独占販売権などを企業やデザイナーに与えるライセンスビジネスを展開し，製品カテゴリーを拡大し成功している。

　しかしブランド拡張は，ひとつのブランドで数多くの製品カテゴリーにわたってブランドで展開するためにブランドのイメージが希薄になるという問

題がある。

　ある海外ブランドは，ファッションだけでなくカーテン，シーツ，スリッパ，タオルなど多くの製品カテゴリーにブランド拡張したが，大量生産によってブランド知名は陳腐化し，ブランド力は低下した。ブランド拡張は，今まで築き上げてきたブランド力を利用するという有利な方法だが，ブランドに対する生活者のイメージが分散し，それまでのブランドに対する強固な信頼が低下する可能性がある。

　ライズは「ブランドの力はその広がりに反比例する。ラインの延長は短期的に売上を増やすかもしれないが，これはブランディングの思想とは反している。もしあなたが消費者の頭の中に強力なブランドを築くことを望むなら，ご自分のブランドを拡張するのではなく収縮させる必要がある。長期的にはブランドを拡張するとパワーは減り，イメージが弱まる。ブランドを破壊する最も簡単な方法は，あらゆる製品にそのブランド名をつけることである」[10]と述べている。

── 2. 消費者にとってのブランド価値

　小川孔輔は，「ブランドの名前が知らされていないときに比べて，消費者がブランド名に対して与える付加的な商品価値が，消費者にとっての**ブランド価値**である。ブランド価値は**ブランド・エクイティ**（Brand Equity），あるいは**ブランド資産**とも呼ばれている。ブランド価値を測定するためのひとつの方法は，ブランド名をマスキングすることである。例えば，ビールやソフトドリンクの**ブラインド・テスト**（目隠しテスト）がそれである」[11]と述べている。

　ブラインド・テストとはブランド名を隠して生活者に味や口当たりなどの感想を聞く。次にブランド名をつけた状態で飲んでもらい，ブランドを隠したときとの比較をして評価点の差をブランド価値とする方法である。

3. ブランド・エクイティ

ブランド・エクイティについての著名な研究者デービッド・A・アーカー（David A. Aaker）は，「ブランド・エクイティとはブランドの名前やシンボルと結びついた資産（および負債）の集合であり，製品やサービスによって企業やその顧客に提供される価値を増大（あるいは減少）させる。その主要な資産は①**ブランド認知** ②**ブランド・ロイヤルティ** ③**知覚品質** ④**ブランド連想**に分類される」[12)] とした。

アーカーのこの定義は，ブランドは資産になりうるが負債にもなりうるということである。食品偽装などの企業の不祥事が次々と明るみに出ているがこれらの企業ブランドは倒産にもつながりかねない負債ということだ。

アーカーのブランド・エクイティを，図示すると図表Ⅱ-51になる。

ブランド・エクイティの4つの要素，すなわちブランドがもつ資産価値の4つの要素について考えてみよう。

(1) ブランド認知

ブランド・エクイティの第1の資産であるブランド認知は，生活者の心の中における記憶の強さであり，その強さは測定することができる。それは再認（以前このブランドを見たことがあるかどうかを想起する―思い起こす―こと），再生（特定の製品カテゴリーでブランド名を想起すること），トップ・オブ・マインド（最初に想起するブランド名のこと），支配的ブランド（想起する唯一のブランド名のこと）など認知の強さには幅がある。

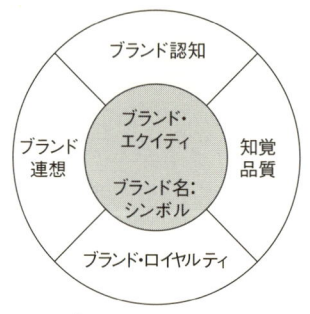

図表Ⅱ-51 ブランド・エクイティの4つの要素

出典：デービット・A・アーカー（陶山計介・小林哲・梅本春夫・石垣智徳訳）
(1997)『ブランド優位の戦略』ダイヤモンド社，p.9をもとに作成

再認は例えば「リストにあるブランドで知っているブランドに○印をつけてください」という質問によって反応率を調査する。これを再認知名率（recognition）という。

ブランド再生は，例えば「"緑茶飲料"について思い浮かぶブランド名をすべて答えてください」という質問をする。その正答率は，「再生知名率」（recall）と呼ばれている。再生知名率は，マーケットシェアの大きさに直接的に関連するため，再生知名率が第1位のブランドは，シェアも1番ということになる。

「マインド・シェア」（share of mind）とは，生活者のマインド（心）の中での，ブランドシェアのことをいう。特定のカテゴリーにおいて「どのブランドを最初に思い浮かぶか」といったアンケートなどによって調査を行う。マインド・シェア第1位の製品は，再生知名率1位ということになる。

『ゲリラ・マーケティング』の著者ジェイ・C・レビンソン（Jay Conrad Levinson）は「まずマインド・シェアを勝ち取れ。マインド・シェアを得るには，すべてを通してまとまりがなくてはならない。DM，サイン，広告，顧客への言葉，包装－すべてが1つの目標を向いていなければならない。まとまりのあるアイデンティティを確立するためには絶対的な明快さが不可欠だ」[13]とマインド・シェアの重要性について述べている。とくに経営資源の乏しい企業は，多額の資金を費やさなくてもマインド・シェアを高めることに集中することで大きな成果を得られるとしている。

(2) 知覚品質

第2のブランド資産は知覚品質である。知覚品質とは，顧客がそのブランドについて知覚している品質のことだ。これは，企業が設定する製品の品質ではなく，顧客が認識しているそのブランドの品質についての知覚である。他の製品と比べたときに，顧客が感じる品質における優位性のことである。実はブランド資産が高いブランドは企業が設定している品質以上に顧客の知覚品質が高いのである。ブランドの知覚品質が高いから顧客の評価が高く，高い価格でも売れることになる。競合製品と差別化ができ，流通チャネルのブランド力があるので顧客は高い関心をもつ。広告やプロモーションもブランドを効果的にアピールできるので，マーケティング・ミックスが有利に展

開できる。また他の製品カテゴリーにもブランドを使用するブランド拡張が可能になるのである。

(3) ブランド・ロイヤルティ

第3のブランド資産であるブランド・ロイヤルティは，顧客がブランドに対してもつ，いわば忠誠心のことである。したがってブランド・ロイヤルティは顧客が長年愛用してきた製品の使用経験によって築かれる。ブランド・ロイヤルティは顧客が他のブランドにどの程度スイッチするかも表わす。したがってブランド・ロイヤルティが高ければ，ブランドスイッチは起こりにくく，競争企業からの攻撃を受けにくくなる。

ブランド・ロイヤルティの測定方法は第1に顧客の購入行動によって測定される。再購入比率，購入比率（最近5回の購入でのブランド購入の比率），購入されたブランドの数（いくつのブランドを購入したか）などの調査で測定することができる。第2は満足度である。顧客の不満があればその不満を調査する。どのくらいブランドスイッチする顧客がいるかなどを測定する。第3はブランドに対する好意度である。顧客のプラスの感情は競争企業の参入に対する抵抗になりうる。

(4) ブランド連想

第4のブランド資産であるブランド連想とは，顧客がもつブランドに関連する記憶のすべてのことである。ブランドイメージは，顧客の記憶のなかで系統立てられた一連の連想となり，顧客の心のなかに残された魅力的なブランド連想はブランド資産となる。

アーカーはブランド連想として，マクドナルドの例をとりあげている。ビッグマック，ゴールデンアーチ，ロナルド，チキンマックナゲット，エッグ・マックマフィン，どこにでもある，親しみやすい，清潔，食物，安い，子供，有名，フライド・ポテト，早い，ハンバーガーといったブランド連想の例を挙げている[14]。これらがマクドナルドのブランド資産というわけである。これらのブランド連想には資産になる連想もあれば負債と思われる連想もある。

4. ブランド価値ランキング

ブランド・エクイティは，ブランドのもつ名声や信頼感を企業資産（ブランド資産）として具体的な金額で評価しようとする考え方である。ブランド・エクイティを高めるには，長期的に地道な努力をしていく必要があり，短期的にブランド・エクイティ高めることは難しい。高品質，高サービスを維持し，製品のたゆまない改善，改良と伝統と新しさのアピール，地球環境保護，社会貢献活動などに努め，顧客に対する長期間にわたる信頼と名声を獲得していくことが必要となる。

図表Ⅱ-52に示すブランド価値ランキング（インターブランド社，2007年）によると，第1位のコカ・コーラは約7兆円のブランド価値があると評価されている。ブランド価値は財務諸表上に資産上の数値として現れないが，顧客のブランド・ロイヤルティ（ブランドに対する信頼，忠誠）を高め，マーケティングコストを減少させるなどの効果がある。

コカ・コーラが米国のアトランタ州で生まれたのは約120年前の1886年。薬剤師のペンバートン博士が開発した甘い茶色のシロップに水と間違えて炭酸水を入れたのがコカ・コーラの始まりで，このシロップの作り方は，今で

順位		ブランド	国　名	ブランド価値	増減率
2007年	2006年			百万USドル	
1	1	コカ・コーラ	米国	65.324	−3%
2	2	マイクロソフト	米国	58.709	3%
3	3	IBM	米国	57.090	2%
4	4	GE	米国	51.569	5%
5	5	ノキア	フィンランド	33.696	12%
6	6	トヨタ	日本	32.070	15%
7	7	インテル	米国	30.954	−4%
8	8	マクドナルド	米国	29.398	7%
9	9	ディズニー	米国	20.210	5%
10	10	メスセデス	ドイツ	23.568	8%

図表Ⅱ-52　ブランド価値ランキング（2007）
出典：Interbrand "Best Global Brands 2007" より

も最大の企業秘密という。またコカ・コーラは150年の歴史をもつルイ・ヴィトンと同じように偽造対策に悩まされた。

　ニセモノのコーラが1000種類以上も出回ったという。そこでコカ・コーラであることが一目でわかるココア豆をモデルにしたボトルを1915年に採用した。ここでルイ・ヴィトンとコカ・コーラに共通するブランドの原点を理解することができる。それは製品の「独自性（オリジナリティ）」である。偽造対策などを行い製品の「独自性（オリジナリティ）」を長年にわたって守っていくこと，それがブランド・エクイティを高めていく重要なポイントである。

　日本でコカ・コーラが本格的に販売されたのは1957年である。コカ・コーラのチャネル戦略の特徴は2つある。ひとつはボトラーシステムである。ボトラーシステムとは日本コカ・コーラ社が原液を製造し，日本全国に14社あるボトリング会社がその原液を買い取って，ボトルに詰めて販売するシステムである。このボトラーシステムによってコカ・コーラは世界中に急速に広まったのである。

　2つ目の特徴は自動販売機である。コカ・コーラの強みはなんといってもこの自販機である。コカ・コーラの自販機は98万台あるといい，シェアでは圧倒的にNo.1。コカ・コーラの営業担当者は自販機の製品補充などのメンテナ

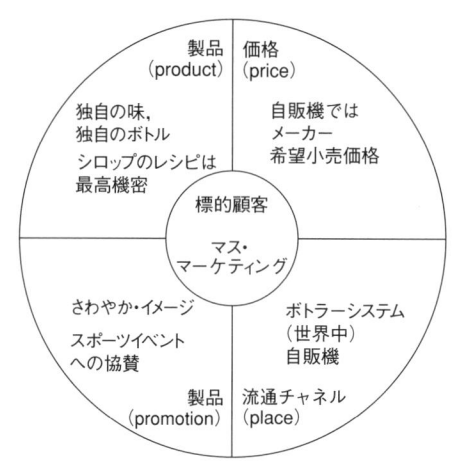

図表Ⅱ-53　コカ・コーラのマーケティング・ミックス

ンスを行う。自販機の一番のメリットはメーカー希望小売価格で販売できるということにある。プロモーションでは，コカ・コーラのイメージ戦略がある。イメージは「スカッとさわやか。コカ・コーラ」。初代CMタレントに加山雄三を起用して，さわやかさをアピールした。FIFAワールドカップやオリンピックなどのスポーツイベントに協賛して世界中にブランド・エクイティを築き上げてきたのである。コカ・コーラのマーケティング・ミックスの特徴を示すと図表Ⅱ-53のようになる。4Pのそれぞれすべてが，全く従来にないきわめてクリエイティブで独自性があることに気づかされる。この独自性こそがブランドの差別化につながり，ブランド・エクイティを築き上げてきたのである。

第23章 「売り手よし, 買い手よし, 地球よし」
～環境マーケティング～

1. ソーシャル・マーケティングのフレーム

　マッカーシーは『ベーシック・マーケティング』(1960) で4Pのマーケティング・ミックスを唱えたが，文化的・社会的環境，政治的・法律的環境，経済的環境などはコントロールできない要因として扱ってきた。しかし，その後マーケティング概念の拡張が議論され，コトラーは企業以外の組織にもマーケティングを適用する『非営利組織のマーケティング』を発表し，それを1971年に**ソーシャル・マーケティング**(social marketing) として位置づけた。

　コトラーのソーシャル・マーケティングの提唱から1年後にウィリアム・レイザー (William Lazer) は4Pを中心とした従来のマーケティングに，それまで欠けていた社会的責任や社会倫理といった社会的視点を導入して，コトラーとは異なった社会志向マーケティングという意味でのソーシャル・マーケティングを提唱したのである。ソーシャル・マーケティングという言葉を最初に提唱したコトラーは，レイザーのいう社会志向のマーケティングをソーシャル・マーケティングとは区別して，マーケティング・コンセプトのひとつとして「**ソシエタル・マーケティング・コンセプト**」(societal marketing concept) と呼んだのである。

　以上のように，ソーシャル・マーケティングにはコトラーの非営利組織のマーケティングとレイザーの社会志向のマーケティングの大きな2つの流れがある。それを図示したのが図表Ⅱ-54である。

第23章「売り手よし，買い手よし，地球よし」〜環境マーケティング〜

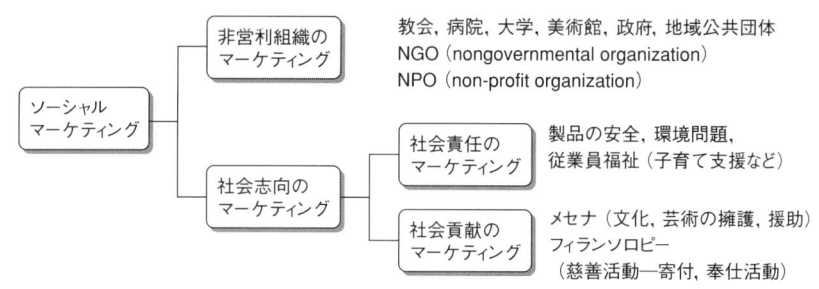

```
ソーシャル ──┬── 非営利組織の      教会，病院，大学，美術館，政府，地域公共団体
マーケティング │   マーケティング     NGO（nongovernmental organization）
              │                      NPO（non-profit organization）
              │
              └── 社会志向の ──┬── 社会責任の     製品の安全，環境問題，
                  マーケティング │   マーケティング  従業員福祉（子育て支援など）
                                │
                                └── 社会貢献の     メセナ（文化，芸術の擁護，援助）
                                    マーケティング  フィランソロピー
                                                    （慈善活動─寄付，奉仕活動）
```

図表Ⅱ-54　ソーシャル・マーケティングのフレーム
出典：和田充夫・恩藏直人・三浦俊彦（1996）『マーケティング戦略』有斐閣アルマ，p.147を一部加筆して作成

　コトラーのいう**非営利組織のマーケティング**では，病院の不足や救急患者のたらいまわしなど，まさに今社会問題化している。また少子高齢化の影響で，大学の競争激化，統廃合問題など，さらに政府を含めた地方公共団体，とくに年金問題，道路問題，地方行政問題など今日的なマーケティングの課題は多岐にわたる。

　レイザーのいう**社会志向のマーケティング**うち，とくに**社会責任のマーケティング**については，消費期限偽装や産地偽装問題など製品の安全性に関わる企業の社会的責任や地球環境問題などがある。さらには企業の従業員のための子育て支援など新たな課題も増えてきている。

　本章において述べる**環境マーケティング**はソーシャル・マーケティングのフレームでは社会責任のマーケティングに位置づけされる。

2．レスター・ブラウンのプランB

　『プランB－エコ・エコノミー－』を2003年に著したのはレスター・R・ブラウン（Lester R. Brown）である。彼は，「環境は経済の一部ではなく，経済が環境の一部なのだ。経済を生態系に調和するものにしなくてはならない」[15]と述べた。そして従来と同じ経済活動を続ければ（これを「プランA」と呼んだ），環境を破綻させ，結果的に経済も破綻させる。そこで破滅を回避する選択「プランB」の取り組みを唱えたのである。プランBのポイントは以下の通りである。

①水資源の利用率を1.5倍に高める（水不足の危機）
②土地の生産性を高める（途上国30億人の人口増加への対応）
③世界の炭素排出量を2015年までに半分に減らす
④社会的課題に果敢に取り組む
・世界人口を安定させる（人口増加の抑制）
・地球規模で，すべての子供に教育を
・エイズの予防を強化する
・途上国の若年層の食料事情や栄養状態の改善
⑤プランBに世界的規模で取り組む
・エコ・エコノミーのトップランナーに追いつく
　―アイスランド：炭素型経済から水素型経済へ
　―風力発電：デンマーク，ドイツ，スペイン
　―太陽電池：日本
　―自転車利用：オランダ
　―石炭利用の縮小：カナダ
　―土壌保全型農法：米国
⑥プランBにまず米国が，そして世界が取り組む
⑦社会的・環境的コストを反映する市場の構築
⑧所得税から環境税へシフトする
⑨環境負荷の観点から補助金を見直す

　レスター・ブラウンはこのプランBを選択すれば，人口の安定化，貧困の解消，気候の安定化を実現できると述べている。すなわち，人口問題，貧困問題，温暖化問題をサステイナビリティの最重要課題としているのである。

3．環境マーケティング

(1) 環境マーケティングの定義

　レイザーのソーシャル・マーケティングの後，1980年代半ばに**グリーン・マーケティング**（green marketing）という言葉がビジネス用語として使われるようになった。グリーン・マーケティングは環境マーケティングと同義

語で，エコロジーとエコノミーを両立させる新しいマーケティング手法とされ，地球環境負荷の低減と利益の追求の両立をめざす**エコ・エコバランス**の考え方のマーケティングである。

英国のマーケティング研究者のケン・ピーティー（Ken Peattie）は，1992年に「グリーン・マーケティング」を提唱。「グリーン・マーケティングは顧客や社会の要求を，利益を得ると，同時に持続可能な方法で確認し，予測し，満足させることに責任を持つマネジメントのプロセスである」[16)]と定義した。

環境マーケティングについては『環境マーケティング大全』を著した大橋照枝の定義が明確である。「環境マーケティングとは，企業や組織が地球環境と生活の質および生活者満足との共生と調和をはかりながら，**LCA（ライフサイクル・アセスメント**：Life Cycle Assessment）を用いて，製品・サービスの『ゆりかご』（原材料採取段階），から『墓場』（廃棄後のリサイクル，リユース等を行なう段階）までの全プロセスで環境負荷を最少にするような製品企画・開発，生産，物流，販売のシステムを構築すること。そのために原材料や廃棄物の**リデュース，リユース，リサイクル**（以上を3Rともいう），ゼロエミッション（廃棄物ゼロ）化を組み込んだ，循環型システムを折り込むこと。その実現のために，従業員，ステークホルダー，投・融資家，生活者/市民，地域社会および政府/行政への環境情報開示と，コミュニケーション（情報のやりとり）によって，エコロジー（生態系との調和）とエコノミー（経済性）との両立をはかり，持続可能な発展を実現する活動」[17)]としている。

LCAとは製品やサービスのライフサイクル（資源の採取から製造，使用，廃棄，輸送などすべての段階）にわたる投入資源とその環境負荷，地球の生態系への環境影響を定量的に評価する手法をいう。LCAの手法として，国際標準規格（ISO）の規格**ISO14040**シリーズにおいて規格や技術手法が整備されている。LCAの流れは以下の通りである。

①LCAの原則・枠組み（ISO14040）
②目的と調査範囲の明確化（ISO14041）
③環境負荷を調べる―インベントリー分析（ISO14041）

LCAの対象となる製品・サービスに投入される資源・エネルギー（インプット）と生産あるいは排出される製品・排出物（アウトプット）のデータを収集し，環境負荷項目の明細を作成する。この**インベントリー分析**（inventory analysis）には多くの時間と労力が必要になる。

④環境影響を評価する（ISO14042）

インベントリー分析結果を環境影響カテゴリーに分類して，環境に対してどのような影響をもたらすのかを評価すること。環境影響の大きさと重要度を客観的，科学的に評価することが重要。

⑤ライフサイクル解釈（ISO14043）

環境影響評価の結果とLCAの調査目的を比較し，何がわかったのか，重要な検討項目は何か，どういう解決方法があるのかなどを検討する。LCAの結果をどう解釈し，どう活かすかが重要となる。

(2) 環境マーケティングのフロー

企業の環境マーケティングへの取り組みを製品開発コンセプトから流通，販売，廃棄回収にいたるフローを図表Ⅱ-55に示す。環境負荷の低減についてはマーケティングの各段階で取り組む課題がある。各段階で3Rの視点でシステム化することが必要となる。

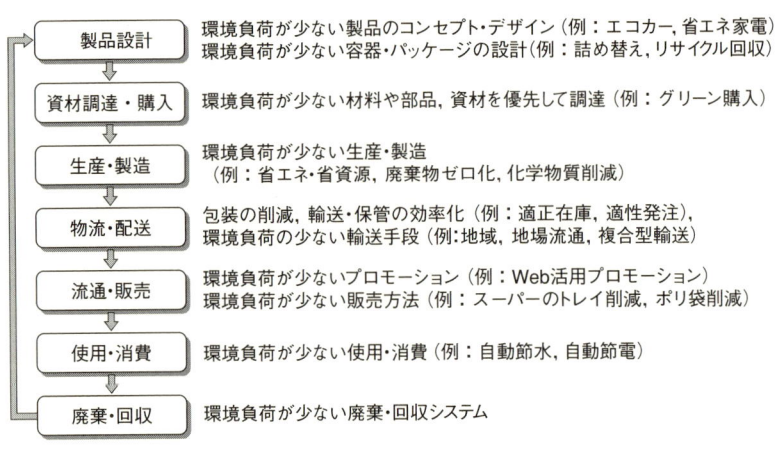

製品設計	環境負荷が少ない製品のコンセプト・デザイン（例：エコカー，省エネ家電） 環境負荷が少ない容器・パッケージの設計（例：詰め替え，リサイクル回収）
資材調達・購入	環境負荷が少ない材料や部品，資材を優先して調達（例：グリーン購入）
生産・製造	環境負荷が少ない生産・製造 （例：省エネ・省資源，廃棄物ゼロ化，化学物質削減）
物流・配送	包装の削減，輸送・保管の効率化（例：適正在庫，適性発注）， 環境負荷の少ない輸送手段（例：地域，地場流通，複合型輸送）
流通・販売	環境負荷が少ないプロモーション（例：Web活用プロモーション） 環境負荷が少ない販売方法（例：スーパーのトレイ削減，ポリ袋削減）
使用・消費	環境負荷が少ない使用・消費（例：自動節水，自動節電）
廃棄・回収	環境負荷が少ない廃棄・回収システム

全体を通して3R（リデュース，リユース，リサイクル）のシステム化
3R：reduce（排出抑制），reuse（再使用），recycle（再生利用）

図表Ⅱ-55　環境マーケティングのフロー

── 4. LOHASマーケティング

(1) LOHAS（ロハス）とは

LOHASとはLifestyles of Health and Sustainabilityの頭文字をとったものであり，アメリカの社会学者ポール・H・レイ（Paul H. Ray）と心理学者シェリー・R・アンダーソン（Sherry Ruth Anderson）が米国国民15万人を15年間にわたって調査した結果，cultural creatives（生活創造者）と呼べる価値観・ライフスタイルをもつクラスターが米国の20歳以上の人口の26％，約5000万人存在すると2000年に発表し，LOHASという言葉が注目されるようになった。この生活創造者のライフスタイルを要約したのがLOHASであり，健康と持続可能な地球環境保護を心がけるライフスタイルを意味する。

日本では2005年に流行した言葉で，最近では『ソトコト』や『オルタナ』などの環境誌のなかにもLOHASの考え方が取り入れられている。例えば食事にはできるだけ有機栽培野菜を利用することによって健康と環境保護を両立させたライフスタイルである。一般の生活者が毎日意識しながら地球環境保護について実践していくのは難しい。その意味でLOHASは生活者が自分や家族の健康を第一考えながら，同時に地球環境保護にもつながるので無理が少なく行動できるという長所がある。その意味では従来から使用されている**エコロジー**という言葉とは区分けして考えなければならない（図表Ⅱ-56）。

	地球にやさしい	人にやさしい
企業	エコロジー	メセナ，フィランソロピー，製品安全，従業員福祉
生活者	LOHAS	

図表Ⅱ-56　LOHASとエコロジーの違い

アメリカのLOHAS市場は次の5つに分類されている。
① エコロジカル・ライフスタイル：環境に配慮したライフスタイル
　エコ住宅。エコに配慮したオフィス製品，環境にやさしい電気製品，有機・再生繊維品，エコツーリズムなど。
② サステイナブル・エコノミー：持続可能な経済
　再生可能エネルギー。環境マネジメントなど。
③ オルタネイティブ・ヘルスケア：代替ヘルスケア
　はり治療。自然治療など。
④ ヘルシー・ライフスタイル：健康的なライフスタイル
　天然・有機食品。サプリメントなど。
⑤ パーソナル・デベロップメント：自己啓発
　ヨガ，フィットネス，ダイエットセミナーなどへの参加など。

(2) アメリカのLOHAS企業

米国にはLOHASの代表的企業として「ホールフーズマーケット」パタゴニア」「ガイアム」の3つの企業がある。

① 「ホールフーズマーケット」

ホールフーズマーケット（Whole Foods Market）は全米，一部カナダと英国に約180店舗を展開する食品スーパーマーケットである。自らを「自然およびオーガニック食品（有機栽培食品）を販売するリーディング小売業」としている。同社の成長率は最近5年間で平均120％の成長を続けている。人気のSUSHIコーナーには玄米やオーガニック野菜すしなどがパック販売されている。

② パタゴニア

パタゴニア（Patagonia）は，アウトドアウェア，スポーツウェアを主に扱う。日本では11店舗を展開中。同社はペットボトルからできたフリースを初めて世の中に出した企業。無農薬のオーガニックコットンを初めて使用した企業でもあり，リサイクル・ポリエステルを使用するなど環境に与える悪影響を最小限に抑えているという。また企業が存続する以上，環境の汚染者であるという考えを前提として，企業の社会的責任を自覚し，総売上の1％を「地球税」と定め自然環境の保護や再生に充てている。

パタゴニアは2005年から「つなげる糸リサイクルプログラム」を開始，パタゴニア製フリース（ポリエステル95％以上）やコットンTシャツ（コットン100％）などを回収して同じ製品を再生させるリサイクルシステムを稼働させている。このパタゴニアのリサイクルシステムに一役買っているのが日本企業の帝人ファイバーである。パタゴニアの流通センターに回収製品がある程度たまると一括して帝人ファイバー松山工場に送る。松山工場では衣料品をベルトコンベヤに載せて粉砕し，新たなポリエステル繊維に再生する。どんな色の服でも独自の脱色技術で原料に戻す完全循環型リサイクルシステムで，再生ポリエステルは通常の石油から作る場合と比べ，エネルギー消費量やCO_2排出量を約8割削減できるという。日本企業の優れた環境技術はグローバル企業に認められているのである。

　③ガイアム

　ガイアム（Gaiam）はロハス企業の最大手といわれ，「GAIA（地球）」と「I AM（自分）」を組み合わせた名前のとおりのLOHAS企業である。ガイアムは1988年創立で，アメリカ・コロラド州に本社を置く。LOHAS向けの商品を扱う小規模企業を次々に買収して事業を拡大し，売上を伸ばしている。品揃えは「健康と環境」を配慮した衣食住約5000アイテム。その6割がGAIAMブランドである。

　ガイアムが扱っているLOHASアイテムは，竹・オーガニックコットンなどの自然素材製品，ヨガマット，ヨガウェアなどのヨガ関連製品，・エクササイズ機器，ボールキット，シェイプアップキット，セラピー，マッサージ器などの癒し関連製品，太陽電池システム，バッテリーチャージャー，コンポストなどの環境関連製品などLOHASに関連する製品に徹底している。

　以上米国のLOHAS企業といわれている3社の概要について述べたが，いずれも生活者に近い小売業である。

　日本では，LOHAS的と思われる企業，例えば自然食品のナチュラルハウスやナチュラルローソンなどがある，また無印良品もLOHASに近い企業かもしれない。しかし自社をLOHAS企業としてアピールしているわけではない。日本では小売業などのサービス業よりもメーカーのほうが地球環境問題の取り組みが進んでいるかもしれない。トヨタのハイブリッド車プリウスに

代表されるエコ車の開発もそのひとつであろう。また家電メーカーの省エネ製品の技術開発も進んでいる。また，最近では大手食品メーカーが「オーガニックギルド」という統一ブランドを立ち上げて有機食品に力を入れようとしている。国内で有機物を作っている農家は少なく外国からの輸入に頼らざるを得ないのが現状だが，生活者が製品・サービスに付加価値を求める現代では，オーガニック食品も今後，注目されるであろう。

日本の場合は，小売業，メーカーも今までのLOHASでない製品と混合になっての事業展開である。一方で環境によくない製品を販売しながら，一方で生活者を巻き込んだLOHASを展開することは難しいといえよう。そのためあからさまに当社はLOHAS企業であるとアピールしにくいのかもしれない。これが今後の日本のLOHASマーケティングの課題である。

地球環境問題は生活者を巻き込まない限り，大きな進展は望めない。企業は今まで，大量生産，大量販売，大量広告で生活者の生活をある面，豊かにしてきた。この環境問題においても企業が生活者を巻き込んだ形で積極的に取り組まなければならないのである。

5. 排出権取引

(1) 京都議定書

1997年12月地球温暖化防止京都会議が開かれ，世界の130カ国が参加して京都議定書が採択された。京都議定書とは二酸化炭素（CO_2）など6種類の温室効果ガスについて1990年の排出量を基準として先進国全体で5.2％削減することを義務づけたもので，2008年から2012年の間での削減目標（1990年のCO_2排出量から設定）は，日本－6％，EU－8％，米国は参加を取りやめたが，ロシア－0％で2005年2月に発効した。

京都議定書では，国際公約を守る有効手段として，先進国が途上国に技術，資金を提供して途上国の温室効果ガスを削減した場合，自国の削減量に換算できる「**クリーン開発メカニズム**」(**CDM** = Clean Development Mechanism)が導入された。現在の地球温暖化は，主に先進国の経済発展のために引き起こされたもので，途上国からすれば，先進国と同等の義務を負うことには強

い反発があった。また，途上国によって事情が大きく異なることもあって，京都議定書には途上国の削減数値目標は盛り込まれなかったが，途上国を含むすべての締約国の義務として，エネルギー効率を上げること，森林などを育て，二酸化炭素の吸収を進めることなどが義務づけられたのである。

(2) 排出権取引

排出権取引とは，二酸化炭素（CO_2）などの温暖化ガスの排出権枠を売買できる制度である。排出権枠は政府などの規制で企業に割り当てられる。技術開発や省エネなどの企業努力で排出権枠を下回る排出量を実現できた場合は，余った枠をほかの企業に売ることができる。欧州連合（EU）は欧州排出権取引制度をすでに2005年に始めている。この制度は鉄鋼やエネルギー，電力など排出量が多い約1万3000の事業所を対象に，排出量の上限を割り当て，それを超えると罰金を科す制度である。上限を超えないように，他の事業所との売買（トレード）で融通し合う。また京都議定書に参加していない米国でも，カリフォルニア州など一部の州では排出権取引の導入を決めている。排出権取引は，企業だけでなく，金融機関などの投資家にとって"金融商品"として認知されつつあるようだ。

日本では企業が自主目標を設定して温暖化ガスの削減に取り組んでいたり，企業によっては海外の市場を利用して排出権取引を実施したりしている。しかし排出権の取引市場を国内に設置するには至っていないのが現状である。理由は，政府による排出権の上限設定が企業の国際競争力を阻害するとして，経団連を中心に反対の声が根強くあった。しかし2008年に入って経済産業省は日本においてもEU型の排出権取引（キャップ＆トレードと呼ばれる）導入の検討に入ることを決めた。経産省の方針転換による排出権取引の導入時期は2013年以降だが，環境省は京都議定書の目標達成が難しい状況になれば議定書期間中にも導入する必要があるとしている。

(3) 広がり始めた排出権マーケティング

「パナソニック」に社名変更をする松下電器産業は2008年の新経営方針としてCO_2排出量を売上高，自己資本利益率（ROE）と同列の最重要経営指標に位置づけた。温暖化対策は将来の競争力の投資という位置づけとして積極的投資を計画化した。こうした環境経営の流れは他企業への影響を与え，今

後急速な広がりを見せるだろう。同時に生活者を巻き込んだ排出権マーケティングも広がり始めている。

JTBは旅行中に交通機関の利用などで排出する二酸化炭素（CO_2）を，CO_2を出さない自然エネルギーの利用支援で相殺する「カーボンオフセット」の仕組みを使った旅行の全国展開を始めた。主に学校や会社単位での団体旅行向けに，旅行料金に500－1000円を上乗せし，その資金で日本自然エネルギーが発行する「グリーン電力証書」を購入する。資金はCO_2排出がゼロとみなせるバイオマス（生物資源）発電などの支援に充てる。証書の購入者は旅行中に排出したCO_2と同じ分を，自然エネルギーの支援で減らしたとみなし，相殺する。

またセブン＆アイ・ホールディングスは排出権付きエコバッグの販売をグループの約1500店舗で始めている。エコバッグ1個350円の売上のうち5円を排出権の購入資金に充てる。取得した排出権は日本政府に無償譲渡する。商品購入を通じて顧客が個人でも京都議定書の目標達成に貢献できる仕組みであり，生活者を巻き込んだ排出権マーケティングはいよいよ動き始めたようである。

6. 事例研究

─ロスを減らして三方よし─

玉子屋は東京，神奈川のオフィスや町工場の約4000カ所に430円のお弁当を12時までに7万食を届けるのがビジネスである。作る弁当は1種類だけである。社長の菅原勇一郎は「お母さんの心をこめたこだわりの弁当が秘訣」という。毎日，午後に弁当容器を回収するが，そのときに食べ残しを分析する。そして食べ残しがあるとなぜ食べ残したかを分析し，メニューの改善に生かす。例えばトンカツなら大きいサイズから一口サイズ2つ入りに改善。果物の食べ残しがあれば彩りよい野菜に変更して改善した。1種類なので手を抜けないというメニューは月曜から金曜までの日替わりメニューで，和食と中華，洋食と栄養バランスを考えながら飽きが来ないようにメニューのバラエティを考える。また毎週月曜日だけ弁当を食べるという顧客もいるので，

同じ曜日でも和食が続いたり洋食が続いたりしないようにメニューを工夫している。

　玉子屋のすごいのは1日1種類，1日7万食の弁当の作り残り，売れ残りゼロを目指していることである。午前3時に弁当の調理を始めるが，この時点では6万個の最低数量をもとに作り始める。午前8時に天気予報をチェックし，雨の予報であれば外食する確率が低くなるので弁当を作る数を増やすのである。午前9時から電話が一斉に鳴り始め注文の受け付けを開始する。弁当受注数の状況と弁当を作る調理現場との弁当数量のきめ細かいやり取りがこの企業の生命線となる。10時に弁当配達を開始。10時30分過ぎに注文を確定し，12時に配達完了させるが，結果的に余る弁当の数は1日平均6個という。7万個のうち実に6個残るだけである。玉子屋は弁当が余る割合の目標を0.01％以下としている。ここまで弁当の残り数を減らすことにこだわるのは，ロスを少なくした分だけ原材料費にコストをかけられるからだ。

　この玉子屋の事例はロスを極限にまで減らすことで，顧客により高い価値を提供しようとしていることである。無駄なものを作らない，無駄なものを残さないという玉子屋の取り組みはまさに環境マーケティングの原点を示すものである。近江商人の「売り手よし，買い手よし，世間よし」の三方よしという言葉があるが，まさに「売り手よし，買い手よし，地球よし」である。「7万個のうちのたった10個だからという気持ちがあっという間に100個，200個，1000個になる。油断しないことが大事で，危機意識をもって取り組んでいる」と社長の菅原は述べている。

◎――注・参考文献
1) 田内幸一（1991）「マーケティング戦略の発想」『マーケティング理論と実際』TBSブリタニカ, p.5
2) フィリップ・コトラー／ゲイリー・アームストロング（和田充夫監訳）（2003）『マーケティング原理［第9版］』ダイヤモンド社, p.7, p.9
3) 和田充夫・恩蔵直人・三浦俊彦（1996）『新版マーケティング戦略』有斐閣アルマ, p.8
4) フィリップ・コトラー／ゲイリー・アームストロング（和田充夫監訳）前掲, p.17

5) P・F・ドラッカー（野田一夫監修・現代経営研究会訳）（1965）『現代の経営』上 ダイヤモンド社，p.51
6) 秋山隆平・杉山恒太郎（2004）『ホリスティック・コミュニケーション』宣伝会議，pp.26-27
7) 土平恭郎（1998）『花王・丸田芳郎最強のマーケティング』産能大学出版部，p.67，p.138
8) 同上，p.15
9) 田島義博編著（1989）『インストア・マーチャンダイジング』ビジネス社，pp.33-34
10) アル・ライズ／ジャック・トラウト（新井喜美夫訳）（1994）『マーケティング22の法則』東急エージェンシー，p.19，p.29，p.127
11) 小川孔輔（1994）『ブランド戦略の実際』日本経済新聞社，p.18
12) デービッド・A・アーカー（陶山計介・小林哲・梅本春夫・石垣智徳訳）（1997）『ブランド優位の戦略』ダイヤモンド社，p.9
13) ジェイ・C・レビンソン（伊藤とし子訳）（1995）『ゲリラ・マーケティング・エクセレンス』東急エージェンシー，pp.64-66
14) デービット・A・アーカー（陶山計介・中田善啓・尾崎久仁博・小林哲訳）（1994）『ブランド・エクイティ戦略』ダイヤモンド社，p.188
15) レスター・ブラウン（北城恪太郎監訳）（2003）『プランB－エコ・エコノミーをめざして』ワールド・ウォッチ・ジャパン，p.142
16) ケン・ピーティー（三上富三郎監訳）（1993）『体系グリーン・マーケティング』同友館，pp.12-13
17) 大橋照枝（2002）『環境マーケティング大全』麗澤大学出版会，pp.39-40

第Ⅲ部 サービスマーケティング戦略

第24章
かゆいところに手が届く
～ワン・トゥ・ワン・マーケティング～

1. マーケットシェアから顧客シェアへ

　ワン・トゥ・ワン・マーケティング（one to one marketing）は経営コンサルタントのドン・ペパーズ（Don Peppers）とマーケティング学者マーサ・ロジャーズ（Martha Rogers）が1993年に *The One to One Future*（邦訳『ONE to ONEマーケティング－顧客リレーションシップ戦略－』）において提唱した考え方である。ワン・トゥ・ワン・マーケティングとは，基本的に「**顧客1人ひとり**」を把握することを前提に展開されるマーケティングである。マーケティングの目標はマーケットシェアを高めることではなく，「**顧客シェア**」をいかに高めるかということである。ワン・トゥ・ワン・マーケティングでは，顧客を企業にとっての「パートナー」と考え，顧客個人との長期にわたる好ましい関係を構築し，生涯にわたって顧客のニーズを満たす製品を提供し続け，最大の利益をその顧客から得ることを目標とする。とくにサービス業では，このワン・トゥ・ワン・マーケティングが重要となる。

　マス・マーケティングがターゲット顧客を限定せずに不特定多数を対象にすることや，ターゲット・マーケティングがターゲット顧客を限定し，限定した顧客集団を対象に集中したマーケティング活動を行うのに対して，ワン・トゥ・ワン・マーケティングは顧客リストに記載されている顧客をターゲットとしてマーケティング活動を展開するのである。

　ワン・トゥ・ワン・マーケティングは昔でも酒屋などの御用聞きが顧客宅

を訪問して，顧客ごとに必要な商品の注文を受けて支払いは月末にまとめて受け取るというような方法で行われていた。情報化社会の今日においても商売の原理は基本的に変わらないが，コンピュータシステムによる顧客の購買履歴データを活用する点が大きく異なるのである。

2．ターゲット・マーケティングとの違い

　ワン・トゥ・ワン・マーケティングがターゲット・マーケティングと大きく異なる点はターゲット顧客にある。ターゲット・マーケティングは絞り込まれた顧客集団であるが，その1人ひとりを対象とはしない。ワン・トゥ・ワン・マーケティングは絞り込まれた顧客集団全体をターゲットとするのではなく，顧客集団のなかのさらに顧客1人ひとりを選定して，ターゲットとするのである。いわば企業側が顧客を選ぶのである。そして絞り込んだ顧客の購入履歴などデータに基づいて顧客1人ひとりのニーズにあった製品やサービスの提供を行い，長期的な好ましい関係を作り上げていくのだ。

	ターゲット・マーケティング	ワン・トゥ・ワン・マーケティング
ターゲット顧客	限定した顧客集団を対象に集中	顧客名簿の顧客1人ひとり
マーケティング目標	マーケットシェア	顧客シェア
マーケティングの発想	1つの製品を多数の顧客に売る	1人の顧客に多くの製品を長期間売る
プロモーションの手法	広告，広報，セールスプロモーションなどが中心	顧客データ分析による人的販売が中心

図表Ⅲ-1　ターゲット・マーケティングとワン・トゥ・ワン・マーケティングの違い

3．優良顧客の選定方法

　ワン・トゥ・ワン・マーケティングでは，企業が顧客を選ぶ。具体的には企業にとっての優良顧客かどうかを顧客データに基づいて絞り込むことが必要になる。そのためには顧客データを集めてグループ分け，ランク分けして絞込み，優良顧客は誰かを明確にすることである。
　優良顧客の選定の方法としては**RFM分析**が一般的である。
　RFM分析とは，

・R（recency）＝最近購入しているかという顧客の購入時期
・F（frequency）＝頻繁に購入しているかという顧客の購入頻度
・M（monetary）＝多額に購入しているかという顧客の購入金額
の3つの観点から顧客を評価して，その中から優良顧客を選び出す方法である。

　RFM分析は，顧客ごとにその要素であるR，F，Mを評点づけして，その合計点で優良顧客をランク付けする方法である。ただ問題はその要素であるR，F，Mの点数をどのようにウエイトづけするか，例えば，
　・R＞F＞M　の順で点数のウエイトづけをするのか。
　・F＞R＞M　の順で点数のウエイトづけをするのか。
といったことが重要になる。

　R，F，Mの評点づけの最も簡単な方法は，R，F，Mそれぞれごとに顧客を5段階分類することである。

　例えばRについては，顧客の最近の購入日からの経過日数を基準に，図表Ⅲ-2のような方法で5段階に分類する。あるいは，購入日の新しい顧客から順に，顧客構成比が20％ごとになるように5段階分類をして，基準となる経過日数を後で設定する方法もある。

　FやMについても同様に5段階分類をする。そして5点満点で評点づけをして，RFMの合計値で優良顧客を設定するのである。

段階	5	4	3	2	1
基準	10日以内	10～20日	20～40日	40～60日	60日以上
顧客数	834人	986人	651人	954人	772人
構成比	20％	23％	16％	23％	18％

図表Ⅲ-2　R（recency）の顧客の5段階分類

4．事例研究

―家の隅々までワン・トゥ・ワン―

　多くの企業で社員研修のケースとして取り上げられている「でんかのヤマグチ」という企業がある。いわば街の電気屋さんだ。「でんかのヤマグチ」

は東京・町田市のナショナル系列店であるが，150坪の店たった1店舗（従業員52人，パート含む）で年商13億円，33％という高粗利益率を誇る家電ショップである。

　2007年で創業42年になるヤマグチだが，13年ほど前にヤマグチの商圏である町田，相模原周辺にコジマ，ヤマダ電機，サトームセンなどの競争店が大量に出店してきたことがあった。

　それがヤマグチの転機となった。家電量販店の価格競争に巻き込まれるのではなく，逆にヤマグチはとことんサービスに手をかけて適正利益をしっかりと頂くという方針にしたのである。

　家電業界では量販店の粗利益率が大体14～15％，ナショナルの系列店でも26～27％くらい。ヤマグチも当初28％くらいの粗利益率であったが，毎年1％ずつ上げていくことを目標にして，粗利益率は33％までになった。

　コジマやヤマダ電機などの家電量販店が出てくる前は，ヤマグチの顧客名簿には約3万人のお客があった。それを4年間購入のないお客は思い切って捨てた。そして半分以下の1万3000人にお客を絞り込んだのである。「お客様が店を選ぶのは当たり前。我々だってお客様を選んでもいいと思って」と図表Ⅲ-3に示すようなRM分析から，絞り込んだ顧客をA1，B1，A2などにランク分けした。そしてA1を最重要顧客と位置づけ営業担当者による訪問を毎月，DMの送付を毎月行うというような営業戦略を組んだのである。ヤマグチの顧客の平均年齢は約60歳，シニア層，シルバー層が中心である。

　ヤマグチは1人500～600世帯を受け持つ営業担当者を配置し，シマウマ模様の目立つ営業車で顧客宅を訪問するから顧客の家のなかを隅々まで知っている。人は年をとれば難しいことは理解できないし，ますます根気がなくなって面倒くさいことはしたくない。まして苦手な電器のことなんか理解したくもないのだ。年配の女性から「電器コンロの魚焼き器が洗いにくい」という電話がかかれば，コンロを引き出し，アミを外して洗ってあげる。蛍光灯が切れかかっていれば取り替える。これがヤマグチのいう"カユイところに手が届くサービス"である。また年々お客の足が弱ってくれば階段に手すりが要る。またトイレにも手すりが要る。家のリフォームが要るようになるのである。そこにヤマグチはビジネスチャンスを見出し200万～300万円規

		購 入 時 期 （R）		
		1年以上	2～3年以上	3年以上購入
購入金額（M）	100万円以上	A1	A2	A3
	99万～30万円	B1	B2	B3
	29.9万円以下	C1	C2	C3

図表Ⅲ-3　顧客のランク付け

模のリフォームを行っている。

　ヤマグチはチラシ広告を一切しない。しかし土曜日と日曜日の2日間には会員を対象に週末イベントを行っている。ヤマグチはこの週末イベントを20数年間1回も休まずに続けているという。毎年11月は「男爵祭り」を企画し，ジャガイモをお客にプレゼントしている。12月は年越しそばである。DMを送り，商品買上額とは関係なく来店客にプレゼントするのだ。こうした週末イベントではこれまでに，沖縄さとうきび，ワイン，うなぎ，かつお，ほっけ，いか，いちご，巨峰などをプレゼントしてきた。

　ヤマグチはナショナルグループで最もハイビジョンテレビを多く売る。ヤマグチの武器はDMだ。ヤマグチはIHクッキングヒーターやエコ給湯，浴室暖房機，プラズマテレビ，ソーラー発電機などの新しい製品をDMで提案する。だから他のナショナル系列店よりも粗利益率が高いのである。

　以上から「でんかのヤマグチ」のマーケティング・ミックス図を考えると図表Ⅲ-4のようになる。ヤマグチの場合はワン・トゥ・ワン・マーケティングの企業であることに注意しなければならない。したがって，ターゲット顧客は顧客リストの顧客となる。また製品（product）にはヤマグチの販売している製品だけでなくヤマグチが行っているかゆいところに手が届くサービスも含まれる。価格（price）はサービスに見合う適正利益をとるということ。粗利益率33%である。流通チャネル（place）は小売業の場合，店舗

第24章　かゆいところに手が届く　〜ワン・トゥ・ワン・マーケティング〜

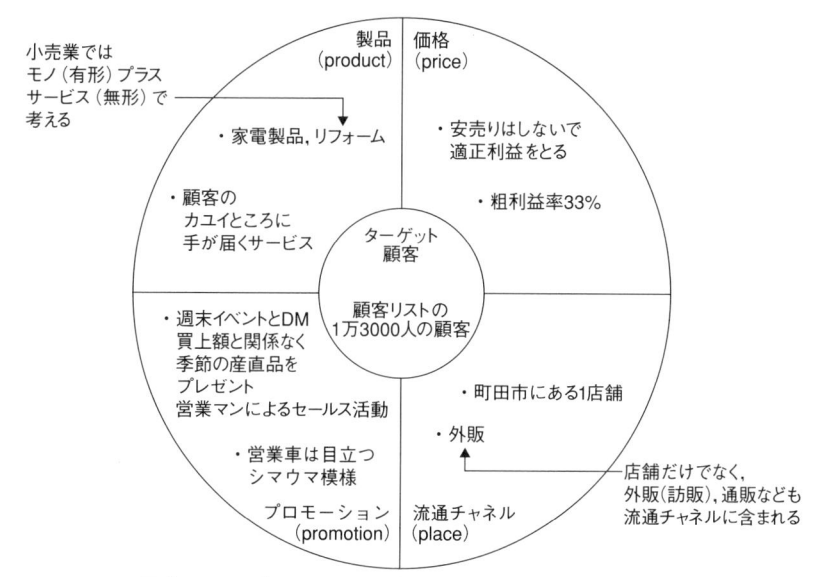

```
                        製品        価格
                     (product)    (price)
小売業では
モノ(有形)プラス         ・家電製品,リフォーム   ・安売りはしないで
サービス(無形)で                           適正利益をとる
考える
           ・顧客の                     ・粗利益率33%
            カユイところに
            手が届くサービス
                        ターゲット
                         顧客
                        顧客リストの
           ・週末イベントとDM    1万3000人の顧客
            買上額と関係なく
            季節の産直品を
            プレゼント            ・町田市にある1店舗
            営業マンによるセールス活動
                                ・外販
           ・営業車は目立つ                     店舗だけでなく,
            シマウマ模様                      外販(訪販),通販なども
                                             流通チャネルに含まれる
                  プロモーション   流通チャネル
                  (promotion)   (place)
```

図表Ⅲ-4　「でんかのヤマグチ」のマーケティング・ミックス

立地や通販や訪販などの販売方法もチャネルに含まれる。プロモーション（promotion）は週末イベント，シマウマ模様の目立つ車，営業マンによるセールス活動である。

第25章
1品が顧客をつなぎ止める
～データベース・マーケティング～

1. リレーションシップ・マーケティング

　ペパーズとロジャーズが1993年にワン・トゥ・ワン・マーケティングを提唱したが，その2年前の1991年にレジス・マッケンナ（Regis McKenna）は**リレーションシップ・マーケティング**（relationship marketing）を発表した。

　リレーションシップ・マーケティングとは関係性マーケティングともいう。情報システム（IT）を応用して顧客データの一元管理を行いながら，顧客満足の向上をはかり，企業が顧客と長期的な関係を築く手法のことである。顧客管理については酒屋の御用聞きのように昔から行われているが，ITの発展とともにそのIT技術を応用して顧客との関係を築いていくことにこそ，リレーションシップ・マーケティングの意義がある。

　また同義語として顧客との関係を重視する経営手法のことをCRM（customer relationship management）という。

　リレーションシップ・マーケティングを生み出した考え方は次のとおりである。成熟化社会においては，市場の成長率は鈍化する。一方競争がますます激しくなっていくため，製品やサービスが売れにくいという状況に陥る。そのような状況のなかでは新規顧客の獲得は難しくなってくる。無理に新規顧客を得ようとすればそのコストは上昇し，市場シェアの拡大は非効率になる。

　コトラーは1人の顧客づくりのために見込まれるコストは，現在の顧客を引き止めておくコストの5倍はかかるとしている。また，他店を利用してい

る顧客が自店の新しい顧客になってもらうためには，多大な努力がいるとしている。新規顧客を獲得するコストは，既存顧客維持のコストの何倍もかかるというわけだ。

　一方，コンピュータの進展とともに，自社の売上のほとんどが，実は一握りの顧客によってもたらされているという事実がわかってきた。すなわち，上位20％の顧客の売上が全体の売上の80％を占めるという「**パレートの法則（80対20の法則）**」である。したがって新規顧客の獲得以上に既存顧客，とくに優良顧客の維持が重要であるというリレーションシップ・マーケティングの考え方が重要になってきたのである。

2. FSP

　リレーションシップ・マーケティングを整理すると図表Ⅲ-5に示すようにワン・トゥ・ワン・マーケティング，**FSP**（frequent shoppers program），**データベース・マーケティング**（database marketing）の3つの考え方を包含している。

　FSPとはフリークェント・ショッパーズ・プログラムといわれるもので，ポイント制度やロイヤリティ・プログラムなど優良顧客の囲い込みを目的とする販売促進プログラムのことである。商品やサービスを購入するほどポイントが貯まり，それに応じてさまざまな特典を顧客に与えることで魅力づけを行い，優良顧客との長期的な関係を構築しようとするものだ。加えて，顧

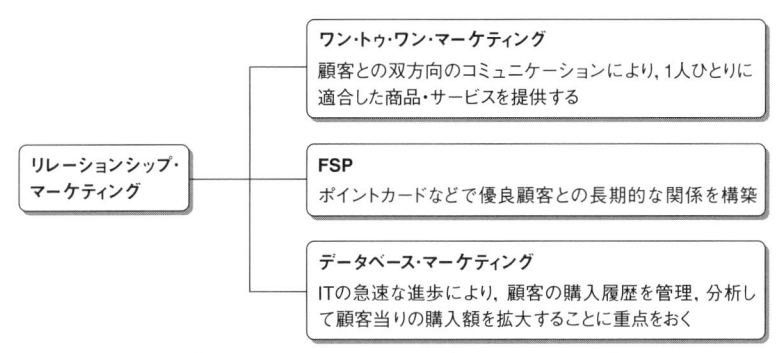

リレーションシップ・マーケティング	
	ワン・トゥ・ワン・マーケティング 顧客との双方向のコミュニケーションにより，1人ひとりに適合した商品・サービスを提供する
	FSP ポイントカードなどで優良顧客との長期的な関係を構築
	データベース・マーケティング ITの急速な進歩により，顧客の購入履歴を管理，分析して顧客当りの購入額を拡大することに重点をおく

図表Ⅲ-5　リレーションシップ・マーケティング

客の購買履歴データを分析することで，商品・サービスの品揃え，価格設定，セグメンテーションなどの見直しにも活用できる。このFSPは，1981年にアメリカン航空で導入されたのが最初である。航空業界ではフリークェント・フライヤー・プログラム（frequent flyer program = FFP）と呼ばれ，マイレージ・プログラムとしても知られている。FFPが導入される契機となったのは，全収益の80％を全顧客の20％にあたる優良顧客が生み出していること（80対20の法則）や，上位顧客ほど利益に貢献しロイヤルティも高いという事実，新規顧客の獲得コストは既存顧客の維持コストの5倍以上かかるという説などが知られるようになったためだ。

その後，FSPはポイントカードで認知されるようになり，家電量販店，ドラッグストア，スーパーマーケット，百貨店などでも導入されるようになった。一般に，FSPは競争他社よりも先に導入することで多くの顧客を囲い込めるという先行メリットがあるが，小売業ではポイントによる値引き競争に陥る危険性があるというのも事実である。

3. 優良顧客とライフタイムバリュー

米国のFSPに詳しいコンサルタントのブライアン・P・ウルフ（Brian P. Woolf）はスーパーマーケットの顧客を5種類に分類して，それぞれの**ライ**

	顧客分類	顧客金額 ($／週) A	粗利益率 (%) B	利用年数 C	LTV 累積粗利高($) A×52×B×C
1	ロイヤル顧客 （最上位1／5）	53	25	17	11,713 (77%)
2	レギュラー顧客 （上位1／5）	27	22	10	3,089 (20%)
3	浮動顧客 （中位1／5）	8	18	4	300 (2%)
4	バーゲンハンター顧客 （下位1／5）	3	16	2	50
5	間に合わせ顧客 （最下位1／5）	1	15	1.5	12

図表Ⅲ-6　顧客分類別のライフタイムバリュー（LTV）

出典：ブライアン・P・ウルフ（中野雅司訳）(1998)『顧客識別マーケティング』ダイヤモンド社，p.20に一部加筆して作成

フタイムバリュー（life time value = LTV）を算出している。LTVとは顧客生涯価値，すなわち個々の顧客が生涯を通じて，その店にもたらす利益のことを意味する。

この図表Ⅲ-6で明らかなように，企業の売上や利益を最も多くもたらすのは，ロイヤル顧客であり，バーゲンハンター客や間に合わせ客は利益の低い商品を購入し，利用年数も短い。優良顧客は誰かを見出し，その優良顧客をいかに引き止めるかが重要であることがわかる。

4. データベース・マーケティング

ブライアン・ウルフは前述のように顧客を購入金額の多い順に5等分して5種類の顧客分類を行ったが，日本のスーパーマーケットで行われている一般的な顧客分類は全顧客を購買金額の高い順に10等分する方法だ。これを**デシル分析**という（デシルとは10等分という意味で，1リットルの10分の1をデシリットルという）。

デシル分析ではデシル1～3が優良顧客になる。**図表Ⅲ-7**では顧客総数1万5000人で10等分の1500人が1つのデシル単位となる。優良顧客（デシル

	顧客数	顧客数	構成比
デシル1	1,500		
デシル2	1,500		← 優良顧客
デシル3	1,500		
デシル4	1,500		
デシル5	1,500		
デシル6	1,500		
デシル7	1,500		
デシル8	1,500		
デシル9	1,500		
デシル10	1,500		
計	15,000		

図表Ⅲ-7　デシル分析

1～3）の売上構成比は70％以上で，下位顧客（デシル6～10）の売上構成比は10％以下というのが一般的である。

このデシル分析で重要なことはデシル1～3の顧客の囲い込みである。例えばデシル1の顧客がデシル4にランク落ちした場合はその原因をすぐに調べなければならない。その顧客が急に買ってくれなくなった理由を突き止め，その対策を講じなければならない。場合によっては直接顧客にその理由を聞くことを行う。これがFSPで最も重要な対策である。

次に優良顧客に対する集中的なプロモーションを行うことにより，さらにその囲い込みを図ることである。あるスーパーマーケットでは食品メーカーと共同でFSP研究会を開催し，優良顧客へのDM（ダイレクトメール）によるプロモーション企画を練っている。

（事例1）

あるハムメーカーはそのスーパーマーケットのウィンナーソーセージ購入者のうち，購入金額の多い顧客（デシル1～3）を抽出してDMを送った。DMには「ポイントサービス定期券」を送付して期間中であれば同メーカーの製品を何度買っても10ポイントを提供する企画を実施した。その結果DMヒット率（DM配布者のうちのDM対象製品購入者の割合）は40％を超え，DM利用率（対象製品全購入者のうち，DM利用者の割合）は10％を超え，きわめて高い効果を示した。

（事例2）

ある乳業メーカーは，同社のカマンベールチーズを期間中に買うとポイントを提供します，というDMを，そのスーパースーパーマーケットのワイン購入金額の多い顧客（デシル1～3）を抽出して，送付した。実施期間は，そのスーパーマーケットのボジョレーヌーボー展開期間に合わせた。その結果，DMヒット率はほぼ50％にまで達し，DM利用率も42％にまで達した。売場ではボジョレーヌーボーと対象メーカーのカマンベールチーズの関連販売が展開され，ボジョレーヌーボーも前年比106％という高い実績を示した。

このように顧客ターゲットを従来のチラシのように不特定多数としたプロモーションではなく，購入履歴のデータベースから消費量の多いヘビーユーザー（デシル1～3）をピンポイントにしたダイレクトメールを送ることに

よってプロモーション効果を高めることができる，それがデータベース・マーケティングなのである．

── 5．1品の死に筋が顧客をつなぎ止める

　売れ筋商品は売り場スペースを拡大し，死に筋商品は売り場スペースを縮小したり，売り場からカットするというのは小売業の常識である．しかしそれは単品データの売れ数だけをみて判断していた時代の話である．

　単品データが顧客データと結びつくCRMの時代は全く異なる判断が必要となる．例えば，ある店舗で月30万〜40万円を購入する優良顧客が，月1〜2個しか売れない死に筋商品を継続的に買っている場合，果たしてその月1〜2個しか売れない商品を単なる死に筋商品として扱っていいのか，ということである．その死に筋商品1品がその優良顧客をその店に引き止めていることが考えられるからだ．その商品1品を仮に死に筋商品として売り場からカットすれば，月30万〜40万円の売上すべてがなくなる可能性がある．

　一般的に優良顧客は，価格を最優先に商品を購入するのではなく，むしろ高価格であっても商品そのものにこだわる，ブランドにこだわるというタイプが多い．他の店には置いていないその1品がその店にあるからその店を利用するのである．それを十分理解しないで「こだわりの商品」「こだわりのブランド」をいつの間にか売り場からカットしているスーパーマーケットがいかに多いことか．商品を基準で考えるのではなく顧客を基準に考える．これがデータベース・マーケティングの重要なポイントである．

　データベース・マーケティングは顧客の購入履歴をデータベース化して顧客の好みを判断し，おすすめ商品を提示するなどの手法が一般的になっている．アマゾンなどはその代表的な企業である．インターネットによるデータベース・マーケティングは企業が土足のまま顧客の領域に入っていくのではなく，顧客に許可を得てからリレーションシップを構築していこうとする**パーミッション・マーケティング**（permission marketing）の考え方がセス・ゴーディン（Seth Godin）によって1999年に提唱された．そこで広告や販

促を目的とした電子メールの送付を顧客に事前に了承を得る**オプトイン・マーケティング**（opt-in marketint）が現れたのである。オプトインとは，選択という意味で，ユーザーにあらかじめ受け取りを許可するジャンルを選択して登録してもらい，そのジャンルの広告のみを送るというサービスである。これに対して，ユーザーの事前承諾なしに電子メールを送付することをオプトアウトという。例えば，登録ユーザーに送信するメールの末尾に「以後このメールが必要ない方の連絡先は……」と記載されている場合である。配信を停止する方法が記載されているが，利用者が積極的に停止手続きを取らない限り，配信が継続されることから，迷惑メールとみなされる可能性が高いのである。

第26章
マニュアルを超える
～サービスの特性～

1. サービスとは何か

　コトラーは，**サービス**を次のように定義している。「サービスとは，一方が他方に対して提供する本質的に目に見えない無形の活動や行為であり，結果としての所有権は伴わないものである。サービスの生産は，具体的な形のある製品と結びつく場合もあるし，あるいはそうでない場合もある」[1]。
　またコトラーは市場に提供されている製品，サービスを，5つのカテゴリーに分けて説明している。
「①具体的な形のある製品だけで何らサービスを伴わないもの
　　（例）石鹸，歯磨き粉，塩
②製品が主体だがサービスを伴うもの
　　（例）自動車やコンピューター
③サービスと製品とのハイブリッド
　　（例）食べ物とサービスを提供するレストラン
④サービスが主体で一部製品や別のサービスを付加するもの
　　（例）食事や飲み物や雑誌などをサービスする航空サービス
⑤目に見えない，形がないサービスだけのもの
　　（例）ベビーシッター，心理治療，マッサージ）」[2]
このコトラーのサービスの区分けを図表化すると図表Ⅲ-8のようになる。

モノ	サービス
製品だけのもの ・石鹸・塩・歯磨き粉	
製品主体のもの ・自動車・コンピューター	
製品とサービスのハイブリッド ・レストラン	
	サービス主体のもの ・航空サービス
	サービスだけのもの ・ベビーシッター・マッサージ

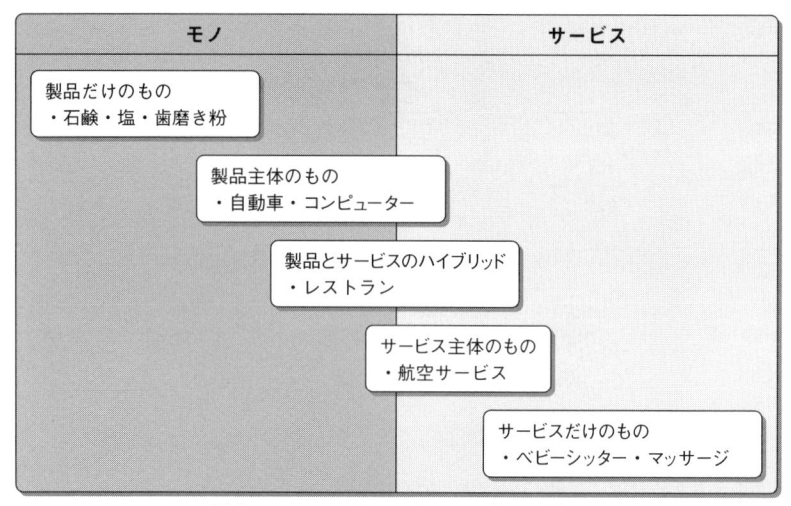

図表Ⅲ-8　コトラーによるサービスの分類

出典：Philip Kotler（1997）*Marketing Management*, 9th ed., Prentice Hall., p.467を一部加筆して図表化した

2．サービスの特性

　サービスは目にみえない**無形**という特性をもっている。われわれは日々の生活においていろいろなサービスを購入している。スーパーで大根を買ったり，百貨店でネクタイを購入したりするのも，野菜とかネクタイというモノを買っていると思いがちだが，実際はスーパーや百貨店のサービスも合わせて購入している。サービスが目にみえない無形のものだからモノだけを買っていると思うのである。スーパーの大根は畑でとれたまま売っているのではなく，お客が買いやすく使いやすい半分のサイズにカットするサービスを行っている。百貨店でも，ブランドごとに品揃えをし，顧客のスーツにコーディネートできるようにネクタイを選ぶ際の商品陳列や接客とサービスを行っている。

　このようにスーパーや百貨店など有形のモノを主として販売するリービス業は，鮮度を落とさないための品質管理，商圏の顧客が望む商品の品揃え，欠品を起こさない在庫管理，陳列技術，接客などの目に見えない無形の「サービス」を「モノ」に付加して販売競争を行っている。

一方，ホテル・旅館業，理容・美容業，引越し業・宅配便，学習塾・予備校，遊園地・テーマパーク，銀行・証券，人材派遣業などのサービス業が提供するサービスは，「モノ」とは直接結びつかない無形のサービスが主である。

顧客はサービスが目にみえない無形のため，どういうサービスを受けられるかについて不安であり，事前に情報を得たいと思う。そこで，例えばホテルや旅館であれば，立地の良さやおしゃれな建物デザイン，部屋からの眺めの良さ，広々とした大浴場と露天風呂の効用，地元でとれる山海の珍味を豪華に盛り付けた料理などのサービスをパンフレットに掲載して「サービス」を有形化しようとする。ホテルや旅館は立地環境，建物デザイン，施設，料理などのような有形のものの違いを強調することで，差別化をはかろうとするのである。

このように有形のモノを主に販売するスーパーや百貨店などの小売業は接客などの無形のサービスを付加して競争しようとするのに対して，無形のサービスを主に提供するホテルや旅館は部屋や料理などの有形の違いで競争しようとするのである。

①無形性	モノ（製品）は有形だが，サービスは本質的に目にみえない無形性という性質をもっている。サービスが目にみえないため，どういうサービスを受けられるかについて顧客は不安であり，事前に情報を得たいと思う。
②品質の変動性	モノは規格化した製品を継続的に生産することが可能だが，サービス業の従業員は均質的なサービスを機械的に提供することは困難。従業員の教育やコンピュータによる自動化などにより，品質均一化の努力が必要になる。
③生産と消費の同時性	モノは生産（工場）と消費（店舗）が個別に行われるが，サービスは生産と消費が同時に行われる。サービス業の従業員は直接消費者にサービスを提供し，消費者は同時にそのサービスを消費する。
④消滅性	モノは売れるまで在庫しておくことができるが，サービスは在庫しておくことはできない。飛行機の空席やホテルの空室が発生すれば，売上機会は消滅するのである。
⑤需要の変動性	サービスはモノに比べて，季節や曜日，時間帯などによって需要が大きく変動する。お正月やクリスマス，お盆などには旅館やホテルは特別価格になる。通勤ラッシュや帰省ピークなどの言葉が示すように需要の変動性が大きい。

図表Ⅲ-9　サービスの5つの特性

サービスは，無形であるという特性以外にも図表Ⅲ-9に示すようにモノとは異なる5つの特性をもっている。

3．サービスの内容

サービスがモノと違っていることは，サービスの5つの特性からもわかるが，それではサービスとは，一体どんなことをすればサービスになるのか，その内容について考えてみよう。

サービスの内容は次の大きく3つに分けることができる

（1）物質的なサービス

店舗・施設の立地，概観デザイン，内装，家具，調度品，什器，備品，照明，空調，音響など

（2）技術的なサービス

調理技術，美容技術，エステ技術，撮影技術など

（3）精神的なサービス（ホスピタリティ）

ホスピタリティとは，マニュアルに従って行うサービスではなく，サービス業の従業員が1人ひとりの顧客に対して行う思いやり，心遣い，親切心などによる心からのおもてなしのことである。ホスピタリティがないサービスは単なる作業にすぎない。サービス業の真髄は実はこのホスピタリティの実践にあるのだ。

サービス業のほとんどの企業にはマニュアルがあるが，ホスピタリティはマニュアル化ができない。顧客の1人ひとりに対するしかも一瞬一瞬における細やかな心遣いはマニュアルにはできないからだ。まさに「ホスピタリティとはマニュアルを超えた心からのおもてなし」のことなのである。

上記の物理的，技術的，精神的の3つのサービスはいずれも相互に密接に関連している。例えば，旅館やホテルをリニューアルして，設備の概観や内装，調度品を新しくしても，実際にサービスを行う従業員の調理技術，接客態度やホスピタリティの心が十分でなければリニューアルの効果は半減する。リニューアルとは物質的なサービス，技術的なサービス，精神的なサービスの3つを同時にリニューアルするということである。

第27章 "We Are Ladies And Gentlemen" 〜インターナル・マーケティング〜

1. サービスマーケティング3つの要素

フィリップ・コトラーはサービス業における3つのマーケティングとして，**インターナル・マーケティング**（internal marketing），**インタラクティブ・マーケティング**（interactive marketing），**エクスターナル・マーケティング**（external marketing）を述べている。それを図で示すと図表Ⅲ-10になる。

インターナル・マーケティングとは，企業の従業員に対する教育，訓練，動機付け（モチベーションややる気を起こさせること）のことである。インターナルとは「内部向け」という意味である。サービス業においてはサービ

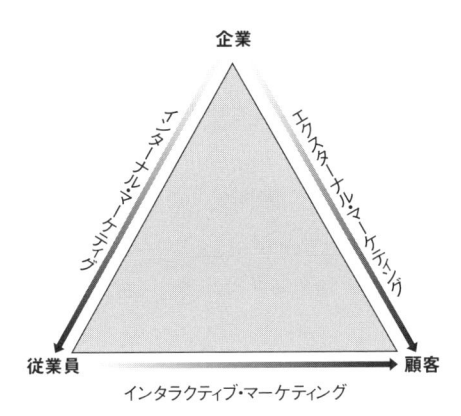

図表Ⅲ-10　サービス業における3つのマーケティング
出典：Philip Kotler (1997) *Marketing Management*, 9th ed., Prentice Hall., p.473

ス現場の従業員の能力や努力によって売上や利益が大きく左右される。そのためインターナル・マーケティングが重要となるのである。

　インタラクティブ・マーケティングとは，サービス現場の従業員が顧客に対して行うサービス提供活動のことである。インタラクティブとは「双方向の」という意味で，サービスの現場では従業員が，顧客の要望やクレームなどさまざまに顧客とやり取りをしながらサービスを提供している。現場での顧客満足度がサービス業ではきわめて重要になるのである。

　エクスターナル・マーケティングとは，企業が顧客に対して行うマーケティング活動のことである。エクスターナルとはインターナルの反対語で，外部向けのという意味である。

　モノ（製品）におけるマーケティング活動は4Pを軸に行われるが，サービスにおけるマーケティング活動（エクスターナル・マーケティング）は，7Pを軸に行われる（第29章で詳述する）。

2．インターナル・マーケティングとは

　インターナル・マーケティングとは前述したように，社内向けのマーケティングのことであり，具体的には顧客に満足してもらえるサービスができるように従業員を教育し，従業員のモチベーション（動機づけ）を高めることである。

　缶ビールやシャンプーといった有形のモノ（製品）は規格化，標準化された製品を継続的に顧客に提供することができるが，無形のサービスは，同一品質のサービスを連続して提供することが困難な「品質の変動性」という特性をもっている。この「品質の変動性」は消費者の不安や不満を発生させる。

　したがってサービス業においては，そうした品質の変動性による顧客の不安や不満を解消するためにもインターナル・マーケティングがきわめて重要なのである。

　インターナル・マーケティングでは，
　①従業員の採用を慎重に行うこと
　②従業員を教育，訓練し，マニュアルなどによってサービス品質の維持を

はかること
③その一方で，従業員のモチベーション（動機づけ，やる気を起こさせる）を高めるしくみをもつこと。
の3つが最重要点となる。

3．インターナル・マーケティングの事例

(1) サービスマニュアルによる徹底
①スターバックス
「いかにおいしくコーヒーを出すか」というサービス品質を維持するために，豆の選別，豆のひき方，コーヒーの入れ方の技術をマニュアル化し，徹底して教育している。
②MKタクシー
「いかにタクシーに気持ちよく乗ってもらうか」というサービス品質を維持するために，顧客への挨拶，言葉遣い，車を降りてのドアの開閉，車のクリンリネスなどをマニュアル化し，徹底して教育している。
③しまむら
　女性店長のうち8割がパート社員の出身。全店長の3分の1に相当する。パートタイマーが店長を務めるために必要な作業内容，サービス内容は，全9巻，1000項目に及ぶマニュアルにぎっしり詰まっている。掃除用具の整理の仕方や，書類の整理の仕方などマニュアルは幅1mに達する。マニュアルを使えば誰にでも店長ができるようになっている。

(2) 従業員のモチベーションを高めるしくみ
①ディズニーランド
　すべての従業員がキャストと呼ばれ，全員がディズニー・ワールドにおけるひとつのショーを演じるメンバーとして位置づけられている。そのため，アトラクションの運営係りは「アトラクション・キャスト」，通りの清掃係りは「カストーディアル・キャスト」，駐車場における自動車誘導の担当者は「パーキングロット・キャスト」としての役割を演じることになる。こうした従業員の役割や呼称方法も，企業とその従業員間のインタ

ーナル・マーケティングなのである。

② リッツ・カールトン

　世界で最もサービスレベルが高いといわれているホテルのひとつ，リッツ・カールトンの信条は，

"We Are Ladies And Gentlemen, Serving Ladies And Gentlemen."
「紳士淑女に奉仕する私たちも紳士淑女です」という意味であり，信条そのものが従業員のモチベーションを高める言葉になっている。

③ マリオット・インターナショナル・インコーポレーテッド

　世界中でホテル，レストランなどを質の高いサービスを提供しているマリオットのコーポレーション・フィロソフィは，

・従業員を大切にしましょう。そうすれば，従業員もお客さまを大切にします。

・お客さまに対して，品質の高い商品とサービスを適正な価格で提供しましょう。

・常に成功への道を進む努力をしましょう。決して現状に満足してはいけません。

であり，従業員を大切にすることをまず第1に掲げている。

④ スターバックス

　技術・能力，職位，給料が連動した昇格システム（図表Ⅲ-11）により従業員に目標をもたせて，モチベーションを高めている。

⑤ MKタクシー

　一般のタクシー会社では，1日の売上のうち一定の割合，例えば6割は乗務員の給料に，残りは会社に配分する。燃料代や，車の維持費など必要とされる経費は全て会社持ちとなる。しかしMKタクシーでは，乗務員1

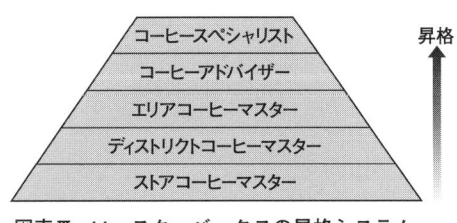

図表Ⅲ-11　スターバックスの昇格システム

（ピラミッド図：下から上へ）
ストアコーヒーマスター
ディストリクトコーヒーマスター
エリアコーヒーマスター
コーヒーアドバイザー
コーヒースペシャリスト
↑昇格

人ごとの独立採算制をとって，自分の稼ぎの中から燃料代，修理代，会社の事務費用，制服代などを支払う仕組み。これにより，経費を節約すれば，その分手取りが増え，給料が多くもらえることになる。

⑥しまむら

しまむらのマニュアルによる徹底については前述したが，マニュアルはあるが実際に使われている企業は少ないというのが実態である。しかししまむらは実際に使えるマニュアルになっている。なぜが，それは，店舗の従業員が作業手順に関して本社に改善提案を出しているからだ。毎月1000件以上の提案のうち約100件が採用され，マニュアルが都度更新されるという。採用された提案は表彰されるという提案制度と表彰制度をうまく融合させている。これによって現場の従業員の不満は解消され，現場に適合した作業手順がマニュアルとして日々改善されているのである。

4．ESとCS

リッツ・カールトンやマリオットなどが従業員満足を第1に掲げているのは「従業員満足なくして顧客満足なし」というサービス現場の重要性を示唆している。この従業員満足のことを**ES**（employee satisfaction）という。サービス業にかかわらず企業価値を高めるためには，従業員満足度が高くなければならないという企業が増えている。

この従業員満足をESというのに対して顧客満足を**CS**（customer satisfaction）という。仕事に不満の多い従業員では満足度の高い顧客対応が行えない。顧客満足を高めるためには，従業員の満足度も高なければならないという意味である。

第28章 ノーと言わない 〜インタラクティブ・マーケティング〜

1. インタラクティブ・マーケティングとは

インタラクティブ・マーケティングとは,従業員が顧客と対話しながら,顧客の満足を実現していく活動のことである。

サービス業の顧客接点の現場においては,ホスピタリティ,コミュニケーション,問題解決など,臨機応変な顧客対応が必要とされる。サービス現場における臨機応変な顧客対応を実現するには,顧客接点の現場で働く従業員にできるだけ多くの「自在活動権」を与える権限委譲が必要になる。これを**エンパワーメント**(empowerment)という。

顧客の苦情を解決するのに,何もかも上司や本部と相談していたのでは,顧客へのサービス提供にはならない(苦情は短時間に解決することが優先される)。

インタラクティブ・マーケティングでとくに重要なことは,
 ①顧客の要求には決して「ノー」と言わないこと
 ②サービス現場が顧客の要求に臨機応変に対応するためにも,現場の従業員への権限委譲(エンパワーメント)を行うこと
の2つである。

2. インタラクティブ・マーケティングの事例

①スカンジナビア航空の「真実の瞬間」

第28章　ノーと言わない　～インタラクティブ・マーケティング～

　デンマーク，ノルウェー，スウェーデン3国共同経営のスカンジナビア航空の社長に就任して短期間で同社を再建したヤン・カールソンは，サービス業における最前線の従業員の重要性を**「真実の瞬間」**という言葉で説明している。

　「1986年，1000万人の旅客が，それぞれほぼ5人のスカンジナビア航空の従業員に接した。1回の応接時間が平均15秒だった。したがって，1回15秒で，1年間に5000万回，顧客の脳裏にスカンジナビア航空の印象が刻みつけられたことになる。その5000万回の『真実の瞬間』が結局スカンジナビア航空の成功を左右する。その瞬間こそ，スカンジナビア航空が最良の選択だったと顧客に納得させなければならないときなのだ。そして真に自分たちの会社を，顧客の個々のニーズにこたえる企業にするつもりなら現場からかけ離れた部署で作られた規則書や指示書にしたがってはならない。15秒の真実の瞬間にスカンジナビア航空を代表している航空券係，客室乗務員，荷物係といった最前線の従業員にアイデア，決定，対策を実施する責任を委ねることが必要だ。もし問題が起こるたびに最前線の従業員が上層部の意向を確かめていたら，貴重な15秒間が無駄になり，顧客を増やすせっかくの機会を失ってしまう」[3]と述べている。

　ヤン・カールソンは，顧客本位の企業であるためには，サービスの最前線にいる従業員への権限委譲（エンパワーメント）が不可欠であるとして，それを実践したのである。

②ディズニーランド

　ディズニーランドは顧客と従業員の接点を重視している。従業員は客に何かを尋ねられたとき，けっして「それは私の仕事ではない，と言ってはならない」と教え込まれている。

　従業員であるキャストと顧客であるゲストのコミュニケーションも非常に重視している。例えば，他のサービス産業で一般的となっている「いらっしゃいませ」という挨拶を用いず，「おはようございます」「こんにちは」「こんばんは」などフレンドリーな言葉が用いられ，キャストが子供と接するときには膝をつくなどして目線を同じ高さにして話すよう教育しているのも顧客と従業員のコミュニケーションを重視してのことである。

③スターバックス

"Just Say Yes" －「お客様のどんな要望にも応えます」がモットーである。例えば，顧客が好みの味を自由に楽しめるように，何種類ものオプションがある。また，どんな容器にもコーヒーを入れてくれる。顧客の主義主張に対応するには，もっと自由にハートで接しなければならないとし，接客は"マニュアルではなく心で接することが大事"と従業員に教え込んでいる。同社には最低限のマニュアルはあるが，あとは社員に大きな自己裁量が与えられている。

④スチュー・レオナード

アメリカのコネチカット州にある顧客サービスで有名な食品スーパーマーケット。スーパーマーケットのディズニーランドといわれるほど評判の店であり，お客の不満を知るために週1回顧客と徹底的にミーティングを開いているという。

このスチュー・レオナードの企業理念は次のとおり。

ルール1：顧客は常に正しい。
ルール2：顧客が万一まちがっていると思う場合でも，もう一度ルール1
　　　　　を読み直せ。

スチュー・レオナードの店舗の入り口には「誓いの岩石」が置かれ，この言葉がその石碑に刻み込まれている。

⑤リッツ・カールトン

リッツ・カールトンの接客の特徴は，「ノーと言わない」ことである。例えば"満室のとき"には－「私どものホテルはいっぱいですが，差し支えなければ近くのホテルの空き状況と料金を聞いてご連絡差し上げます。いかがでしょうか」と対応するのである。

リッツ・カールトンの最大武器と自負しているものはまさにホスピタリティ精神。それが「リッツ・カールトン・ミスティーク」と呼ばれる神秘的で感動的なサービスを生みだす。リッツ・カールトンのエンパワーメント（従業員が上司の判断を仰ぐことなく顧客のために実行できる権利）は1日2000ドルである。

3.「ノーと言わない」サービスの実践

インタラクティブ・マーケティングにおける現場へのエンパワーメントの目的は，顧客に対するホスピタリティの実践である。顧客に対して，「それはできません」「それはありません」という否定的な接客は真のホスピタリティにはならない。顧客の立場になって，親身にホスピタリティを実践するために現場への権限委譲が必要である。ホスピタリティを実践するには，さまざまな状況に合わせて臨機応変に対応することが必要となる。「できる」「できない」ではなく，いかにすれば顧客の期待に応えられるかを考え，行動するのがホスピタリティを実践することなのである。

4. 顧客のニーズを把握する

サービスは①物質的なサービス，②技術的なサービス，③精神的なサービスの3つがあると前にも述べたが，サービスにはコストがかかるということを銘記しておかなければならない。顧客満足のためにはさまざまなサービスを実施するのは顧客にとってはよいことだが，企業にとってはコストアップになる。したがって限られたコストの範囲でいかに顧客が必要とするサービスを**優先順位**をつけて実施していくかがポイントとなる。そのためには，顧客が求める重要なサービスとは何か，そのサービスを当社は実行できているのか，不十分なのか，などの顧客ニーズを調査しなければならない。

コトラーは顧客が必要と思うサービスの重要度と自社の実施度について，ある自動車ディーラーを事例に調査・分析する方法を述べている。そして限りあるコストの範囲内で顧客のために実行すべきサービスの優先順位を明確しなければならないとしているのである。

図表Ⅲ-12は，ある自動車ディーラーが行っているサービスの項目ごとに「顧客が望むサービスの重要度」と「現在行っているサービスの実施度」について4点満点とした評価で顧客調査したものである。

そして各々のサービス項目についての評価点数から，
A. 重要度大，実施度低→今後努力を集中すべきサービス

No	サービス項目	重要度評点	実施度評点
1	1回での正しい処置	3.83	2.63
2	苦情への迅速な行動	3.63	2.73
3	てきぱきした仕事	3.60	3.15
4	必要な仕事をできる能力	3.56	3.00
5	必要なときに利用できるサービス	3.41	3.05
6	丁寧で親切なサービス	3.41	3.29
7	約束納期を守ること	3.38	3.03
8	必要な修理だけ行うこと	3.37	3.11
9	価格が安いこと	3.29	2.00
10	きれいに仕上がること	3.27	3.02
11	自宅に近いこと	2.52	2.25
12	職場に近いこと	2.43	2.49
13	送迎バスや送迎車	2.37	2.35
14	メンテナンス・ノートの送付	2.05	3.33

重要度評点──非常に重要：4，重要：3，わずかに重要：2，重要でない：1
実施度評点──非常に良い：4，良い：3，どちらでもない：2，悪い：1

図表Ⅲ-12　自動車ディーラーにおける顧客サービス調査(例)
出典：Philip Kotler (1997) *Marketing Management,* 9th ed., Prentice Hall, p.480

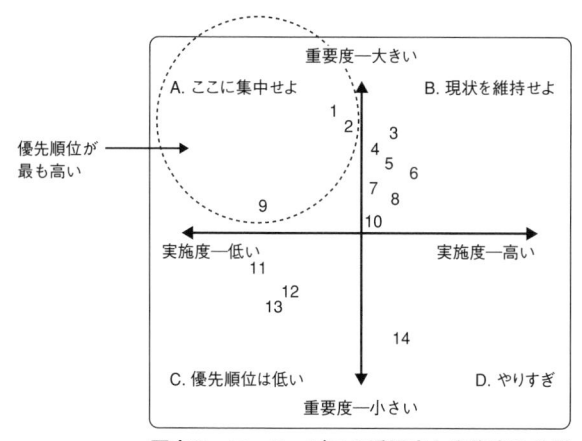

図表Ⅲ-13　サービスの重要度と実施度の分析
出典：Philip Kotler (1997) *Marketing Management,* 9th ed., Prentice Hall, p.480 より作成

B．重要度大，実施度高→現在を維持すべきサービス
　C．重要度小，実施度低→優先順位が低いサービス
　D．重要度小，実施度高→過剰，やりすぎのサービス
の4つに分類し，そのポジショニング（図表Ⅲ-13）をもとに改善すべきサービスの優先順位を意思決定するべきである，と述べている。

第29章
7つのP
～サービスマーケティング・ミックス～

1. 製品（モノ）のマーケティング・ミックス

　有形である製品（モノ）の場合は，第Ⅱ部で述べたように，ターゲット顧客と製品，価格，流通チャネル，プロモーションの4Pそれぞれが**フィット（適合）**していることがマーケティング・ミックスである。同時に4Pそれぞれが相互にフィット（適合）していることも必要である（図表Ⅲ-14）。この場合，ターゲット顧客は，マス・マーケティングの時代においては不特定多数を対象としたが，現在の日本の成熟化社会においては特定の顧客集団に絞り込むターゲット・マーケティングが主流となっている。

　ここで確認しておきたいことは，製品（モノ）のマーケティング・ミックスはターゲット顧客と4Pで考えるということである。しかし無形のサービスのマーケティングにおいては，4Pではなく，7Pで考えるのが基本となっている。

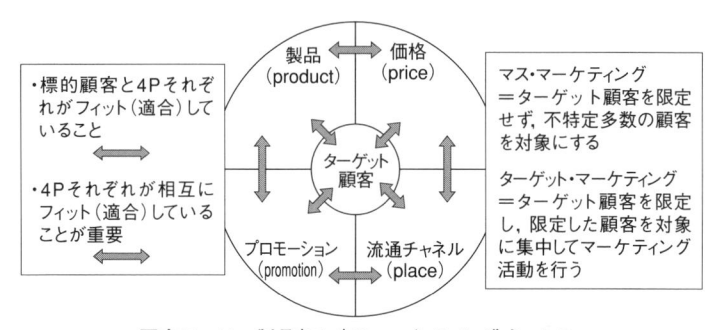

図表Ⅲ-14　製品(モノ)のマーケティング・ミックス

2. サービスマーケティングの7P

サービスマーケティングの7Pは図表Ⅲ-15に示すとおりである。製品マーケティングの4Pとの比較もできるようにしたが、サービスの7Pのポイントについて述べておく。

(1) Product（サービス）

Productのうち、サービスコンセプトが最も重要である。ターゲット顧客に提供するサービスのコンセプトが明確でなければならないということだ。ターゲット顧客に対してどのような便益（ベネフィット、メリット）が提供できるのか、ということがサービスコンセプトである。次にサービスコンセプトに一部含まれるが、サービスの業態（type of operation）や品質レベル、ブランドもサービスのProductに含まれる（図表Ⅲ-15）。

	サービスマーケティングの7P	製品マーケティングの4P
Product 製品	・サービスコンセプト 　―顧客の便益（ベネフィット、メリット） ・業態・サービス品質・ブランド	・製品コンセプト 　―顧客の便益 ・ブランド・品質・パッケージ
Place 流通チャネル	・提供場所（店舗立地）	・流通チャネル （店舗業態、無店舗含む）
Promotion プロモーション	・広告・パブリシティ ・人的販売、セールス・プロモーション ・ダイレクトマーケティング（通販、訪販）	同左
Price 価格	・価格設定方針 ・店頭価格	・価格設定方針 ・希望小売価格、店頭価格
People 人	・従業員―採用・訓練・動機付け ・組織―権限委譲、昇進	
Physical evidence 物的要素	・建物デザイン、施設備品、道具、衣装 ・従業員ユニフォーム	
Process プロセス	・標準化―迅速性、自動化、集中化 ・個別顧客への対応度 ・パッケージとオプション	

図表Ⅲ-15　サービスマーケティングの7P

出典：近藤隆雄（1999）『サービスマーケティング』生産性出版、p.179に一部加筆して作成

(2) Place（提供場所）

Placeは製品では流通チャネルという言葉を使用し，生産された製品を販売する店舗業態（無店舗販売含む）などの流通チャネルを意味する。しかしサービスでは，サービスの生産と消費の同時性という特性があるためサービスが生産，消費されるサービスの提供場所をPlaceとし，とくにターゲット顧客にフィット（適合）した店舗立地が重要となる。

(3) Promotion（プロモーション）

Promotionは製品と同じで，広告，パブリシティ，人的販売，セールスプロモーション，ダイレクトマーケティング（通販，訪販含む）の5つの要素によるプロモーション・ミックスである。サービスではこれらのプロモーションのうち人的販売のウェイトが比較的大きい。

(4) Price（価格）

Priceも基本的に製品と同じで店頭価格である。ただし製品のようにメーカー希望小売価格というものはない。またサービス特有の価格として，期間価格（お正月やお盆などのシーズン価格やオフシーズン価格）などがある。

(5) People（人）

サービス現場における精神的なサービスを担う人は企業の従業員，および組織，制度，企業風土などを意味する。従業員については採用から教育，訓練，動機づけなどや，組織における権限委譲（エンパワーメント），昇進制度などもサービスマーケティングでは重要な要素になっている。

(6) Physical evidence（物的要素）

サービス現場における物質的なサービスを担うのがこの物的要素，すなわちPhysical evidenceである。店舗・施設のデザインや内装，家具，調度品，什器，備品，照明，空調，音響などは顧客に精神的な満足を与えるのに大きく影響する要素である。結婚式場などの衣装や従業員のユニフォームなどもこの物的要素に含まれる。

(7) Process（プロセス）

サービス現場における技術的なサービスを担うのがこのプロセスである。技術的なサービスは，サービスレベルにバラツキがなく標準化の工夫がされていなければならない。そのためにマニュアルが日々更新される状態でなけ

ればならない。またサービスのバラツキを防ぐための業務の集中化や自動化，セルフ化などもこのプロセスである。

また個別顧客の要望を組み入れたり，オプショナルパッケージを設けたりするのも，このプロセスに含まれる。

上記の（5）（6）（7）のPeople，Physical evidence，Processの3つが，製品にはないサービス特有のマーケティング要素である。これら3つの要素はサービスマーケティングにおいて顧客の満足度に大きく関係してくる。つまり，これら3つの要素が顧客の期待を裏切らなければ，2回目，3回目と利用してもらえるリピート消費につながるからである。

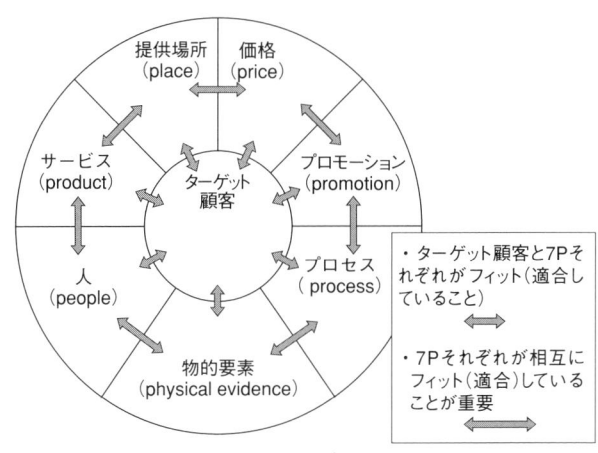

3. サービスマーケティング・ミックス

製品についてのマーケティング・ミックスの図については前述したが，**サービスマーケティング・ミックス**の図についても同様に作成してみよう。

サービスマーケティング・ミックス図は，図表Ⅲ-16に示すようにターゲット顧客と7Pで構成される。良いサービスマーケティング・ミックスとはターゲット顧客と7Pが相互にフィット（適合）し，7Pそれぞれも相互にフィット（適合）していることをいう。

図表Ⅲ-16　サービスマーケティング・ミックス

第30章

経営は変化の創造
〜業種と業態〜

1. 業態とは

業態とは,「営業や企業の状態・形態」(『広辞苑』)のことであるが,小売業でいう業態とは以下のような店舗形態を意味する。

- 百貨店(デパートメントストア)‥‥伊勢丹,三越など
- GMS(ゼネラル・マーチャンダイズストア)‥‥イトーヨーカ堂,ジャスコなどの総合スーパー
- DS(ディスカウントストア)‥‥ミスターマックス,ドンキホーテなど
- HC(ホームセンター)‥‥カインズ,カーマ,ジョイフル本田,コメリなど
- Dg(ドラッグストア)‥‥マツモトキヨシ,セイジョー,サンドラッグなど
- CVS(コンビニエンスストア)‥‥セブン-イレブン,ローソンなど
- カジュアル衣料専門店‥‥ユニクロ,しまむらなど

などのように品揃え,販売方法,価格政策の違いなどで業態は分類されている。品揃えが衣料品から食料品,家庭用品まで品揃えしているフルラインの低価格販売の業態のことを一般的にDSという。

2. 業種と業態の違い

業態について良く知られているのは上記の小売業態であるが,それは必ず

第30章　経営は変化の創造　～業種と業態～

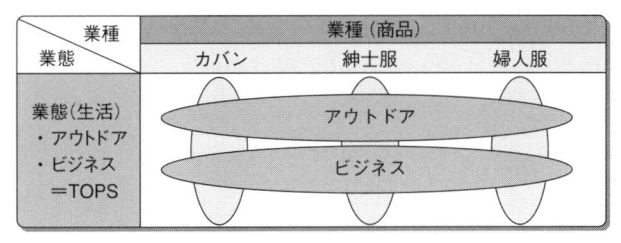

	業種（商品）		
業種＼業態	カバン	紳士服	婦人服
業態（生活） ・アウトドア ・ビジネス ＝TOPS	アウトドア		
	ビジネス		

図表Ⅲ-17　業種と業態

しも業態の本質について表現しているわけでない。そこで業態の本質とは何かを考えてみよう。それは業種と業態の違いを明確にすることでみえてくる（図表Ⅲ-17）。

(1) **業種**

業種とは鮮魚店，酒販店，かばん店，カメラ店などのように販売している商品が明確な店のことをいう。例えば「かばん店」である。かばん店は，ハンドバッグ，ビジネスバッグ，旅行かばん，レジャーバッグ，スポーツバッグ，ランドセルなどを扱う。

そしてかばん店に来店する顧客のなかには，ハンドバッグを買おうとする顧客がいれば，旅行かばんを買いに来る顧客もいる。スポーツ用のバッグを買いに来るお客も来店するかもしれない。かばん店にはこのようにいろいろな購買動機，すなわちTPOSの異なるさまざまな顧客が必要なかばんを求めて来店する。これが業種店である。したがって業種とは，商品を切り口とした事業のことといえる。

TPOSとは，time，place，occasion，styleの頭文字をとったもので，時，場所，場合，スタイルを意味する。スタイルは衣料品の場合，カジュアル，ドラッド，フォーマルなど，食品の場合はイタリアン，中華，フレンチなどをいう。

(2) **業態**

一方**業態**とは，生活シーン（TPOS）を切り口とした事業のことである。例えば，アウトドア業態店は，山登り，渓流フィッシングなどのアウトドアライフを楽しむための衣類，道具，リュックなどを扱う。すなわちアウトドアという生活シーン（＝TPOS）に絞り込んで，さまざまな商品分野からア

ウトドアライフにふさわしい商品を横にくくって編集し，アウトドア専門の商品開発，商品セレクトをしているのである。

消費が成熟化し，さらに生活者のニーズが高度化してくると，「業種」の品揃えだけでは高度化した生活者のニーズに応えていくことは難しくなる。例えば山登り専用のリュック。この商品はアウトドア専門の業態店なら豊富な品揃えが可能となるのであって，かばん店という業種では品揃えすることは難しい。ビジネス用のバッグも同じである。ビジネスというTPOSに絞り込んだ業態店だからこそビジネスシーンにふさわしいビジネスバッグの品揃えが可能となるのである。

3. スーパーマーケットという業態

それでは次にスーパーマーケットは業態であると前述したが，その理由を考えてみよう。図表Ⅲ-18に示すように，肉屋，魚屋，八百屋，パン屋は業種である。スーパーマーケットは夕食シーンや朝食シーン，弁当シーンやおやつシーンなどのTPOSをもとに肉や魚，野菜，果物，パンなどを横にくくって編集する事業である。スーパーマーケットで買い物をしている顧客の約70％は買う商品を事前に決めていないというデータがあるが，決めているのは夕食材料や弁当材料を買わなければならないという事情，すなわちTPOSなのである。

スーパーマーケットの鮮魚売場では夕食シーンというTPOSを絞り込むことで，煮魚にしたらおいしいアイテム，焼魚にしたらおいしいアイテムを品揃えし，調理方法や調理に必要なタレ類（煮魚のタレ，焼魚のタレ），レモ

業態＼業種	業種（商品）			
	肉屋	魚屋	八百屋	パン屋
業態（生活）・スーパーマーケット＝TOPS	夕食シーン			
	朝食シーン			
	ワンストップ・ショッピング			

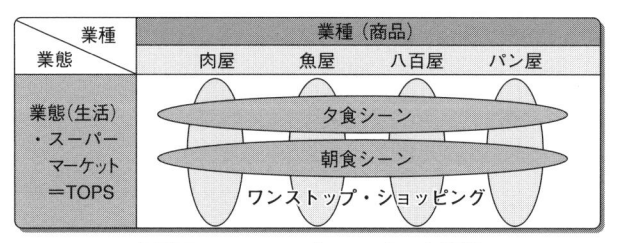

図表Ⅲ-18　スーパーマーケット業態

ン，ダイコン，ショウガなどの関連アイテムをクロスマーチャンダイジング（クロスMD：関連購買を促進するために，同時に使用する商品同士を組み合わせて同じ売り場に陳列すること）する。

4．ワンストップ・ショッピング

ワンストップ・ショッピングとは，TPOSに合った商品・サービスが1カ所で買える便利さのことである。したがって業態はワンストップ・ショッピングの楽しさ，便利さを提供することができる。例えばスーパーマーケットは1カ所で夕食材料が買える便利さを提供する。最近では店内で購入したパンや惣菜などを店内で食べることができる**イート・イン・コーナー**を設置する店が増えており，モノだけでなくサービスもワンストップ・ショッピングで提供している。またコンビニエンスストアは基本的に購入して15分以内に食べたり，使用したりする商品をコンセプトに，ワンストップ・ショッピングできる品揃えになっている。宅急便やATMなどのサービスの品揃えも増やしている。

5．深化とシーン化による新業態開発の必要性

消費が成熟化し，さらに生活者のニーズが高度化してくると，「業種」の品揃えだけでは対応できなくなってくる。生活者のニーズは，高度に専門化

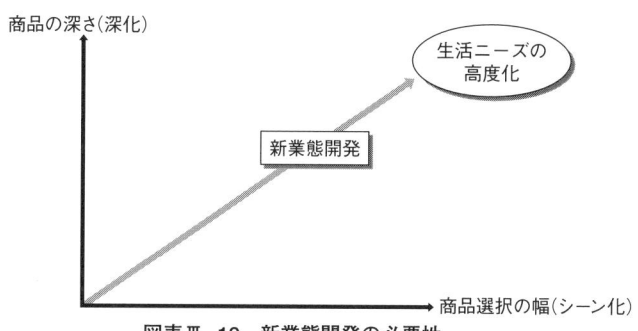

図表Ⅲ-19　新業態開発の必要性

した，他にはない，新しいものを求め続けるからである。

そのためには，生活行動を深く研究し，生活者のTPOSを絞り込んで，そのニーズを探求しなければならない。そして個々の商品の深さを追求する（＝**深化**），それと同時に生活シーン，ライフスタイル，テイストに合致した商品の選択の幅を広げる（＝**シーン化**）という新業態開発が今後ますます必要となるのである。

6．事例研究

―業種から業態への大転換―

海外結婚式のトップ企業，ワタベウェディングは1964年創立以来，売上を伸ばし，2004年に結婚式の総合サービス業として初めて東京，大阪の両証券取引所第1部に上場した。また東京の大手結婚式場「目黒雅叙園」の運営件を買収するなど国内挙式事業も強化し，ブライダルビジネスのトップ企業に成長している。

そのワタベウェディングのブライダルビジネスを，業態という視点で図示すると図表Ⅲ-20のようになる。

1969年ごろ貸衣装業のワタベ衣裳店の専務であった渡部隆夫は野田一夫立教大学教授（当時）の講演を聴き，"経営とは変化の創造"と教えられた。「経営は変化が起きてから対応するのは遅い。自社に有利な変化をつくり出したときに決定的な強みが生まれる」というものであった。

渡部は1971年，「ハワイで式を挙げたい」という京都の顧客が春，秋ひと組ずつついたことに気づき，ハワイで挙式するカップルを推定した。京都市内

業種　　業種（商品）						
業態	国内ウェディング	海外ウェディング	旅行ハネムーン	ドレスタキシード	貸衣装	フォト
業態・ウェディング＝TPOS	ブライダルサービスのワンストップ・ショッピング					

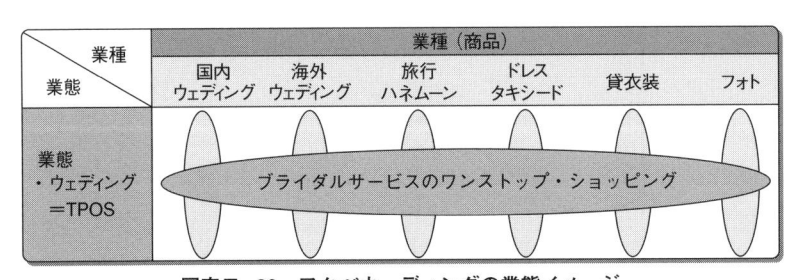

図表Ⅲ-20　ワタベウェディングの業態イメージ

で年間10組，京都市の人口は日本全国の約1％なので，日本全体でハワイで式を挙げるカップルは年間1000組という計算になり，ハワイでの挙式という大きな市場に気づいたのである。そこで調べてみると、日本から年間約870組がハワイで式を挙げているのがわかった。ハワイでの挙式は、婚礼衣装の調達や日本語の問題などがあることがわかり，ビジネスになると判断した。そして海外第1号店として1973年，ホノルル店を開設したのである。

ワタベのハワイ挙式件数は初年度から1000組を達成し，東京にも支店を開設した。1970年代前半まで結婚式の80％以上は神前だったが，70年代後半から礼拝堂（チャペル）での開催が増え，ウェディングドレスのニーズが増えた。そこで渡部はチャペル建設に急ピッチで着手し，ウェディングドレスを自社で作ることを考えた。ウェディングドレスの販売を始めたが，やがて国内で生産が追いつかなくなり，94年に上海にウェディングドレス工場を完成させたのである。

1996年に総合ブライダル業を目指しワタベウェディングに社名を変更。翌年，大阪証券取引所市場第2部と京都証券取引所（当時）に業界で初めて上場した。

渡部は，貸衣装店は結婚式の一部を担う下請けにすぎないと考え，「日本一の貸衣装店になる」という夢を「世界最高の総合ブライダルサービス業になる」に変えたのである。

渡部ウェディングは当初，貸衣装店であったが，時代の変化を的確にとらえ，ブライダルサービスの新しいワンストップ・ショッピングを実現したといえる。

第31章
ショッパーテイメント・エデュテイメント
～経験・感動マーケティング～

■ 1. 驚きと感動を与えるサービス

　情報化社会は精神的豊かさを求める社会である。精神的豊かさには，喜びにつながる**驚き**と**感動**がある。
　顧客が提供されたサービスに驚いたり感動したりするのは，どのような場合なのであろうか。それは顧客が自分の期待を超えたサービスを受けたときに，驚いたり感動したりするというのが筆者の持論である。
　図表Ⅲ-21をみていただきたい。顧客が実際に受けたサービスが，その顧客が期待するサービス以下の場合，顧客は不満を感じる。一方，顧客が実際に受けたサービスが，その顧客が期待するサービスを上回った場合に，顧客は驚きや感動を覚えるのである。すなわち驚きや感動を与えるサービスとは，顧客ニーズや顧客の期待を超えたところにある。それは嬉しい意味で顧客の期待を裏切ることともいえる。それを実現するには顧客ニーズをそのまま聞くのではなく，"えっ？　ここまでやるか！"という感動を与えるという目的をもって工夫し続けるという情熱が重要になる。

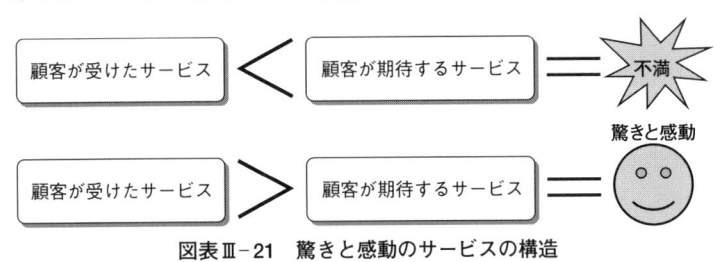

| 顧客が受けたサービス | ＜ | 顧客が期待するサービス | ＝ | 不満 |

| 顧客が受けたサービス | ＞ | 顧客が期待するサービス | ＝ | 驚きと感動 😊 |

図表Ⅲ-21　驚きと感動のサービスの構造

── 2. 経験経済と経験・感動マーケティング

(1) 経験経済

「経験経済」(エクスペリエンス・エコノミー：the experience economy)は1999年にB・ジョゼフ・パインⅡ世（B. Joseph PineⅡ）とジェームス・H・ギルモア（James H. Gilmore）によって提唱された。

経験経済とは，「コモディティ（農産物・原材料などのこと）」から「製品」へ，「製品」から「サービス」へと経済の主体が変化してきたが，第4の新しい経済価値として**「経験」**があることを主張したものである。「モノ」の消費から「経験，感動」の消費へ，「モノの特徴・便益」から**「思い出に残る経験・感動」**を提供するという新しい経済の提唱である。

図表Ⅲ-22は，パインとギルモアが『経験経済』（ダイヤモンド社）で提唱した経済価値の変遷とその内容である。パインとギルモアは「経験は第4の経済価値だ。サービスが製品と異なるように，経験もサービスと異なる。経験は常に身の回りにあったけれど，これまではドライクリーニング，自動車修理，卸売業，通信業などといっしょにサービス業に分類されていたため，存在に気づいてもらえなかった経済価値である。サービスを買うときは自分のために行われる形のない一連の活動に対価を支払っている。だが経験を買うときは，あたかも劇のようにステージングされた経験に対価を支払ってい

経済価格	コモディティ	製品	サービス	経験
経済システム	農業経済	産業経済	サービス経済	経験経済
経済的機能	抽出	製造	提供	演出
売り物の性質	代替できる	有形	無形	思い出に残る
重要な特性	自然	規格	カスタマイズ	個人的
供給方法	大量貯蔵	在庫	生産と消費が同時	一定期間見せる
売り手	取引業者	メーカー	サービス事業者	ステージャー
買い手	市場	ユーザー	カスタマー	ゲスト
需要の源	性質	特徴	便益	感動

図表Ⅲ-22　経験経済—「エクスペリエンス・エコノミー」

出典：B.J.パインⅡ／J.H.ギルモア（岡本慶一・小高尚子訳）(2005)『新訳経験経済』ダイヤモンド社, p.19

る」[4]と述べ,ディズニーランドを経験経済の代表的企業のひとつとして位置づけている。「ディズニーランドは来場者のことをゲストと呼び,そこで働く従業員はキャストと呼んで,ゲストはアトラクションに乗る以上に,ディズニーランドで展開される物語の世界に入り込む経験を楽しむ。そしてキャストは視覚,聴覚,味覚,臭覚,触覚に訴えかける作品のステージング(演出すること)をとおして,一人ひとりのゲストに固有の経験を創出している」[5]と経験が経済価値のひとつとしてサービス現場で取引されていると述べている。

そのほかにも,**イーターテイメント**(イート+エンターテイメントの造語)という経験を提供しているハードロックカフェ,プラネットハリウッドなどのテーマレストランや**ショッパーテイメント**(ショッピング+エンターテイメントの造語)という経験を提供しているFAOシュワルツ(米国の巨大なおもちゃ店),ナイキタウンなど小売店を経験経済の事例として取り上げている。

(2) 経験・感動マーケティング

パインとギルモアが主張するように,確かにディズニーランドは経験価値の提供を実践していると考えられる。経験価値といってもそれは感動であり,思い出に残るものでなければならない。ディズニーランドのような新たな経験を提供し,驚きや感動を与えるサービス企業のマーケティングについてパインとギルモアは「経験経済」「経験価値」という言葉を使用し,バーンド・H. シュミット(Bernd H. Schmitt)は「経験価値マーケティング」と表現しているが,筆者は**「経験・感動マーケティング」**という言葉を使用したい。

経験・感動マーケティングとは顧客に新たな経験や新たな発見を提供することで,顧客が驚いたり,感動したりして顧客の思い出に残るマーケティング活動のことをいう。

経験・感動マーケティングは,東京ディズニーランドのエレクトリカル・パレードや東京ディズニーシーのブラヴィッシーモなどのような大きな仕掛けでなくても実現できる。例えば,東京ディズニーシーのレストランではウエイトレスが料理を「ミッキーが隠れています,探してみて下さい」と説明す

第31章 ショッパーテイメント・エデュテイメント ～経験・感動マーケティング～

る（パスタがミッキーの形となっているのだが）企画や，ディズニーシーのホテル"ミラコスタ"には隠れピノキオ（ベッドカバーにピノキオの絵が隠れている）がいるので探してみてくださいという小さな仕掛けでも実現できるのである。ほんの小さなことでも大きな喜びや感動につながり，思い出に残ることが東京ディズニーリゾート（ディズニーランド，ディズニーシーなど）の経験・感動マーケティングの真髄であると考える。

東京ディズニーリゾートのように経験・感動マーケティングを実践している企業には他にどのような企業があるのだろうか。もちろんサービスマーケティングを行っている企業のなかには顧客の期待を超えるようなサービスを提供している個々の企業はあると思うが，ここでは個別の企業というよりもサービス業態という視点でその代表例を3つ示したい。

（1）ブライダルサービス企業

ワタベウェディングをはじめ，ハウスウェディングを全国で展開するテイクアンドギヴ・ニーズ（T＆G）などブライダルサービス企業は結婚式と披露宴，新婚旅行という人生の一大イベントを手がける。まさにブライダルプランナーによるステージングの手腕が喜びと涙，感動と驚きの思い出を提供することになる。

（2）子供写真館

スタジオアリスをはじめ，スタジオマリオ（カメラのキタムラ）などが展開する子供写真館は，七五三，お宮参り，お食い初めなど子供の成長を思い出に残すサービス企業である。スタジオアリスでは600着の貸衣装，着付け，メイク付で，必ず笑わせて写真を撮るというサービスはまさにステージングの技術といえる。

（3）子供の職業体験テーマパーク

東京豊洲に2006年10月オープンし，キッズシティジャパンが運営する「キッザニア東京」は，子供がさまざまな職業を体験するテーマパークである。消防士をはじめ警察官，医者，新聞記者，パイロット，客室乗務員，ネイルアーティストなど約50種類の職業を体験できる。実在の企業名や制服が使用され，本物の3分の2のサイズの消防自動車や宅配便の車などが動く。またスタッフは子供に対する言葉は敬語を使用することが義務づけられ，体

験した仕事に対しては，キッザニアの施設内で使用できる通貨で給与が支払われる。職業体験できるのは，2歳から15歳までの子供で，親は職業体験の場所には入れない。子供が自ら体験することに意義がある。学校の授業の一環で訪れる子供たちも多く，定められた5時間ぎりぎりまで体験を楽しむことができる。

　まさにキッザニア東京は，子供に体験と感動を売る**エデュテイメント**（エデュケーション＋エンターテイメントの造語）の施設なのである。

第32章 自分で考え，自分で作って，自分で売る ～オンリークオリティ～

1. チェーンストア経営の特徴

（1）チェーンストアとは

チェーンストアとは，同一の資本で，中央でコントロールを行う，11店舗以上を経営する小売業やサービス業，飲食業のことをいう。複数の店舗を効率的に運営するために，本部がコントロール機能や専門的機能をもち，店舗に対して商品の補給やオペレーションのガイドラインの提供など，種々のサポートを行う。単にチェーンストアという場合は，同一資本で経営するコーポレートチェーンのことをいう。

チェーンストアには，コーポレートチェーン以外にも次のようなチェーンがある。

（2）フランチャイズ・チェーン（FC）

フランチャイザー（本部）が**フランチャイジー**（加盟店）に対して一定地域内における事業許可をし，直営店と同じように商品仕入，販売促進，売場づくり，従業員教育，経理などについて指導，援助，管理する方式のこと。フランチャイジーは，フランチャイザーに対して加盟料や**ロイヤルティ**を支払う。

小売業ではコンビニエンスストアがこのシステムを採用している。他にファーストフード，レストラン，居酒屋，ビデオレンタルなど多くのサービス業がこのシステムを採用している。

(3) ボランタリー・チェーン

1店舗では弱い独立小売店が，ひとつの組織にまとまって営業活動を共同で行う方式である。一般に本部を設置し本部で共同仕入，協同販促，従業員教育，商品開発，商品管理などを実施する。

加盟店は独立性を維持しながら共通の営業活動を行う。ボランタリー（voluntary）とは「自発的」や「任意」を意味し，ボランタリー・チェーンとは「チェーンオペレーションを展開するために，独立自営者が自発的に結成した組織」とされている。中小のスーパーマーケットやドラッグストアにおいてこの**ボランタリー・チェーン**（例えばスーパーマーケットの共同仕入機構CGCグループ）がみられる。

2. なぜチェーンストアか

チェーンストア経営は優れた経営システムである。小売業を含むサービス業においては，1店舗の単独店での経営であるかぎり，商圏に限界があり，顧客動員に限界があり，売上高の増大に限界がある。チェーンストアは計画的な多店舗出店を行うことで，単独店経営の限界は取り除かれ，売上高の増大を図ることが可能になる。とくにフランチャイズシステムを採用することにより他人の資本と労働力を活用することができるため，飛躍的に売上高の拡大を図ることができる。まさにサービス業において，チェーンストア経営システムは中小企業が大企業に短期間に成長することが可能な最良の方法といえる。

3. チェーンストア経営の特徴

チェーンストア経営は，米国において1920年代ごろから蓄積されてきた考え方やノウハウが1950年代後半にチェーンストア理論として日本に導入され，日本の多くの経営者は，そのチェーンストア理論を学んできた。もちろんチェーンストア理論も時代とともに変化し修正されてきたが，今でも米国のチェーンストアを視察する小売業の経営幹部は後を絶たない。

チェーンストア経営の特徴は主に次の5つである。

(1) 経営ビジョン

チェーンストアにおける経営ビジョンとは，「目標の店舗数」をいうことが多い。商圏（店舗の来店客の8割が居住しているエリアのこと）からみて成立可能な店舗数は計算可能である。

例えば，ある衣料品チェーンの場合，1店舗の商圏世帯数を5000世帯とする。日本の全世帯数を4500万世帯とした場合，成立可能な店舗数は4500万世帯÷5000世帯＝9000店舗となる。

この9000店舗をすべて自社で出店することはできない。競合店も出てくるので，9000店舗の3割を自社で出店するとして，2700店舗が目標の店舗数となる。これが経営ビジョンだ。

このようにチェーンストア経営においては，出店店舗数は計算可能なものであり，また1店舗当りの売上高の目標も設定可能である。それは世帯当りの家計消費支出を参考にすれば計算できる。例えば，1世帯当りの実用衣料の年間消費支出を約24万円とした場合，商圏世帯数5000世帯の実用衣料の年間消費支出は，24万円×5000世帯＝12億円となる。これを潜在購買力というが，この12億円をすべて自社で占拠することはできない。競合店との競争があるので，目標占拠率（シェア）を30％とすれば，12億円×0.3＝3億6000万円が1店舗当りの年間目標売上高となる。

(2) 多店舗出店

チェーンストア経営は経営ビジョンどおりに店舗数をできるだけ多く出店することが重要になる。本部コストと店舗のコストの割合を直間比率というが，店舗数が多ければ多いほど理論的には本部コストの割合が低くなって経営効率が良くなるからである。店舗数で最も多いのはセブン－イレブンで2005年に1万店を突破し，現在も店舗数は増え続けている。

(3) 小商圏・高占拠率

チェーンストアが多店舗出店を目指すにあたっては，**商圏**はできるだけ狭く考えるのである。そのほうが，自店同士の商圏を隣接させことで，より数多くの店を出店することができる。

例えば，コンビニエンスストアの商圏は，

都市部——半径300メートル
住宅地——半径500メートル
郊外——半径1000メートル

といわれている。

　このようにコンビニエンスストアの商圏は狭く，実際に同じ企業の店舗がすぐ近くに出店していることが理解できるであろう。

　商圏を小さく設定したなら，次は商圏のお客にできる限り高頻度で来店してもらえる店づくりを行わなければならない。百貨店のように大きな商圏なら低い占拠率でもビジネスとして成り立つが，小商圏で低占拠率では商売は成り立たない。リピーター顧客の確保がチェーンストア経営の重要ポイントなのである。

　(4) エリア単位でのまとまった出店

　出店するエリア（都道府県レベル）を決め，そこに数店以上まとめて出店するのがチェーンストア出店戦略である。これを**ドミナント**（dominant）**戦略**という。ひとつの地域にまとめて出店することで，店舗の認知度はアップし，物流面や管理面でも効率化をはかることができる。ドミナントエリアのように自店が集中的に出店する地域全体のことを**商勢圏**という。

　チェーンストアの出店は，商勢圏を決めそこに数店以上まとめて出店するのが基本であり，商勢圏ごとに物流センターを配置するのである。

　(5) スクラップ＆ビルド

　チェーンストアは多店舗出店するが，出店した後も新しい道路ができたり，住宅地ができたりして，出店したときの商圏の状態から大きく変わっていく。競争店も次々と出店してくることもある。顧客のニーズも変わるため品揃えや売り方を大きく変更しなければならない場合もある。このように商圏はどんどん変化するのである。この商圏の変化に対応するには，店舗の改造や移転することが必要である。したがって，店舗構造は移転しやすいように**軽装備**にしておくことが必要である。軽装備にすることで坪当りの投資額を減らすことができ，総資本回転率を上げることにもつながるからである。

4. 標準化とは

　チェーンストアが**標準化**しなければならないものは，立地や商圏，売り場面積や建物構造のほかに品揃え，店舗オペレーションなどがある。標準化（standardization）とは，基本となる基準を設定してそれを全店舗に徹底することである。例えば品揃えは，全店舗同一というような画一化を強制するのではなく，10～15％程度の地域特性や個店特性などに対応する余地を残す。これが標準化の意味である。

　チェーンストアではとくに店舗オペレーションの標準化が重要になる。店舗オペレーションを標準化するには「店機能のシンプル化」「作業マニュアルの日々改善」「店舗間格差の是正」の3つが必要となる。

（1）店機能のシンプル化

　店の機能を単純化することによって，店として本来あるべき業務に専念できる環境をつくることである。例えば衣料チェーンの場合，図表Ⅲ-23に示すように店の機能は売上と利益を上げるために必要な機能だけに絞り込み，発注，在庫コントロール，売価変更などは単品データに基づいて本部がコントロールするしくみにすることである。

（2）作業マニュアルの日々改善

　店の作業マニュアルは，店舗で実験済みの最良の方法がマニュアルに日々書き換えられ，経験の少ないパートタイマーでも品出しや商品陳列作業などに常に活用されるしくみにしなければならない。現に，ある企業では，時給

店の機能
- ◎売り場づくり
- ◎品質，鮮度管理
- ◎顧客サービス

　　　　単品データ
　　　⇔
　　　マニュアル

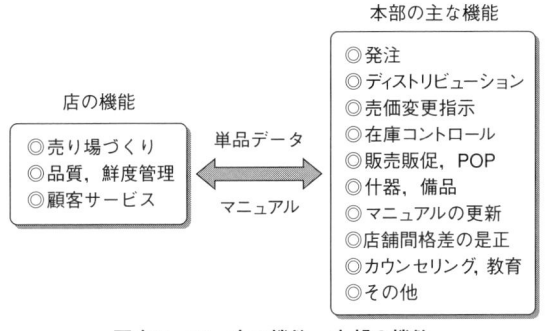

本部の主な機能
- ◎発注
- ◎ディストリビューション
- ◎売価変更指示
- ◎在庫コントロール
- ◎販売販促，POP
- ◎什器，備品
- ◎マニュアルの更新
- ◎店舗間格差の是正
- ◎カウンセリング，教育
- ◎その他

図表Ⅲ-23　店の機能・本部の機能

3000円という高給のパートタイマーがマニュアルを各店舗に指導しているが，店からの提案など効果的な作業方法があればパソコンを使ってすぐにマニュアルを修正している。マニュアルのたゆまない革新，実はこれがチェーン間の圧倒的レベル差を生む根源になっている。

(3) 店舗間格差の是正

店舗間格差の是正はチェーンストア本部の重要な機能である。1人1時間当り売上高や粗利益高などの人時生産性数値の個店間のバラツキは標準化ができていないことが主原因である。店舗従業員に対するカウンセリングやマニュアルの再教育などによって標準化を一層進めなければならない。

筆者は「店機能のシンプル化」「マニュアルの日々革新」「店舗間格差の是正」の3つに取り組んでいる企業がチェーンオペレーションの最も進んでいる企業と考えている。例えばニトリ，しまむら，サンドラッグなどである。これらの企業は**自己資本利益率**（ROE），**総資産利益率**（ROA），**自己資本比率，売上高営業利益率**などの各経営指標において圧倒的にレベルの高い数値を示している。標準化への取り組みがチェーン経営の最重要課題といっても過言ではない。

5. レイバースケジューリングプログラム（LSP）

LSP（labor scheduling program）とは店舗での作業量の単位を定め，各作業が決められた手順どおり，予定された時間どおり確実に行われるように段取りをするしくみのことである。LSPは働く人に作業を配分するのではなく，作業量分だけ人を配置するという考え方が基本にある。

サービス業はサービスを提供する従業員を，曜日別，時間帯別に来店顧客数に合わせていかに過不足なく配置するかがきわめて重要になる。人員の配置の仕方ひとつで顧客の満足度や店舗全体の売上高，従業員1人当りの売上高（**人時売上高**），従業員1人当りの粗利益高（**人時生産性**）に影響を及ぼすからである。

小売業やフードサービス業などのチェーンストアでは，標準化されたひとつひとつの作業は，数値管理されていて，あたかも製造業の工場のように

日々改善されていくことがLSPのひとつの目的とされている。

例えば，あるスーパーマーケットでは「朝9時から15分間清掃，9時15分から30分間品出し……」というような作業スケジュール表がコンピュータで作成され，それに基づいて店作業を行うLSPのシステムを導入している。このチェーンの店舗では，翌日の売上目標，商品の入荷予定数量，出勤予定などを入力すると，全従業員の15分単位の個人別作業スケジュール表がアウトプットされる。朝礼，清掃，品出し，発注，見切り，売り出し準備（POP替え），レジ応援など約200項目の店舗作業について，作業能力が異なる従業員ごとに費やす作業時間を計測したデータがベースになっている。このLSPを進めることが，店舗作業の標準化を進めることにつながり，オペレーションの水準を高めるものと期待されている。

6. 製造小売業

(1) 製造小売業とは

ひとつの企業が製造から卸，小売りまでの機能をもつ企業のことを**製造小売業**という。言い換えれば，メーカーと小売業の両方の機能をもった業態であり，わかりやすくいえば，
- 「直営店舗をもつメーカー」あるいは
- 「自社ブランド100％の小売業」

のことである。

食品業界では昔から製造小売業の機能を果たしてきた企業はいくつかある。例えば，
- 菓子（叶匠寿庵，とらや，鶴屋吉信など）
- 漬物（大安，西利など），
- 惣菜（鮎屋，ロックフィールドなど）

などは直営店舗の展開や百貨店のテナントとして入店している。

衣料業界では製造小売業のことを，**SPA**（<u>s</u>pecialty store retailer of <u>p</u>rivate <u>l</u>abel <u>a</u>pparel）という。

世界の6大SPA企業は，GAP（米国），BENETTON（イタリア），ZALA

（スペイン），H&M（ヘネス＆モーリッツ，オランダ）とユニクロ（ファーストリテイリング），無印良品（良品計画）といわれている。海外企業で，良く知られるSPAでは他に，エディー・バウアー，L・L・ビーン，アニエスb，タルボット，ローラ・アシュレイなどがある。

SPAは大きく次の2つのタイプに分けられる。

① **アパレル型SPA**——アパレルメーカーが小売業機能をもって店舗展開するSPA

　（例）オゾック（ワールド）

　　　　コムサ・デ・モード（ファイブ・フォックス）

② **小売型SPA**——小売業が中国などで自社ブランドの製造を行って，店舗展開するSPA

　（例）無印良品（良品計画）

　　　　ビームス

　　　　ユニクロ（ファーストリテイリング）

(2) SPA，製造小売業の強み

　衣料品ビジネスにおいては，SPAは今や主流になっている。多くの優良企業はこのSPAによるチェーン展開で成功している。

　それではなぜSPAが儲かるのか，なぜSPAが消費者ニーズに適合し，価格競争力をもつことができるか。それは大きく次の2つによるものである。

　第1は，店頭情報がダイレクトに入手できるということである。

　SPAは直営の店舗をもつことで，売場店頭情報・販売データ，顧客情報を入手することが容易となり，それらの情報を商品企画に反映しやすいというメリットがある。

　一般のアパレルメーカーでは，自社で売場運営をしていないため，売場のデータ・情報を入手することが難しい。また小売店頭の従業員も，アパレルメーカー各社ごとに売場のデータ・情報を頻度を決めて伝えるのは難しいが，SPAではアパレル機能と小売機能が直結しているため，情報交換がダイレクトでスピーディに行うことができる。そのため顧客のニーズや不満への対応が迅速にできるのである。

　第2は，収益性が高く，価格競争力も発揮しやすいことだ。

アパレル製品の価格設定の仕方には，**上代，下代，製品原価**の3つがある。小売店が顧客に販売する価格を上代といい，小売店がアパレルメーカーから仕入れる価格（＝小売店の仕入原価）を下代という。この場合，小売店の粗利益高＝上代－下代となる。

次にアパレルメーカーの利益を考える。アパレルメーカーが小売店に販売する卸価格は，下代である。またアパレルメーカーが製造先（縫製工場やニッターなど）から製品を買い取る価格は製品原価である。したがってアパレルメーカーの粗利益高は，粗利益高＝下代－製品原価となる。

SPA企業はアパレル機能と小売機能の両方をもつため，SAP企業の粗利益は，粗利益高＝上代－製造原価となる。すなわち小売店の粗利益高とアパレルメーカーの粗利益の合計になる。

SPAの粗利益高＝小売店の粗利益高＋アパレルメーカーの粗利益高
　　　　　　　＝（上代－下代）＋（下代－製品原価）
　　　　　　　＝上代－製品原価

SPAの経費は，アパレルメーカーと小売店がひとつになったことによって，アパレルメーカーと小売店間の受発注，伝票管理，在庫管理，出荷検品業務など重複業務の経費削減が可能となるため，収益性が高くなり，その分価格競争力を実現しやすくなるのである。

これらSPAの強みは，衣料品だけに限らず，食品や家庭用品の製造小売業の場合についても同じことがいえる。

7. 事例研究

－地元のリピーターを飽きさせない－

兵庫県西宮市甲陽園の住宅地にあるケーキハウス「ツマガリ」の甲陽園本店。おいしいケーキやクッキー，焼き菓子が人気で休日には2000人以上が訪れるという。

1986年に社長の津曲孝が夫婦2人で小さな店を開いたが，甲陽園は静閑な住宅地なので人通りはほとんどない。夜12時まで営業しても1日10万円の売上がやっとであった。そんなある日，津曲の店の前を頻繁に宅配便が通る

のをみてギフトの需要があることに気が付いた。それなら自分の店の日持ちのする焼き菓子を贈り物に使ってもらおうと，お菓子の名前に地元の"通りの名前"や"坂の名前"をつけたギフト用アイテムを増やしていった。例えば「甲陽園一番坂」「十二番坂　星の家」「目神山　山彦通り」などである。これが地元のギフトとして大いに受けた。

またある日，目立つ贈り物にしたいのでお菓子に花を一緒につけて贈りたいという顧客の要望があったので，店に花を保存する冷蔵庫を備えてお菓子と花をセット販売した。これも好評で受け取った人が気に入って購入してくれるようになり，花の種類やラッピングの種類も増やしていった。母の日，出産祝い，入学祝いなど，大人気となったのである。

このような販売方法の独自性だけでなくツマガリの強みはその製品力にある。毎日原材料から製品にいたる味のチェックはいうまでもないが，インターネットの書き込みによる顧客の不満に即対応するなど，リピーター顧客を飽きさせない製品の日々改良である。「飽くなき微妙なうまみの追求への挑戦。その積み重ねである。自分の会社の製品は100％おいしくないという問題意識を持って日々改良に取り組む。常に完成はない」と社長の津曲は述べている。お菓子の素材は世界中に出かけて探す。とくにお菓子の核となるバターやジャムは農家や産地を指定している。お菓子をつくる機械は自分で設計するなど，簡単にモノマネができない**オンリークオリティ**にこだわっている。

ツマガリは今では甲陽園本店のほかに関西の百貨店に出店しているほかインターネットでの通信販売を行い，年商18億を売り上げるという。ツマガリが今日の**ビジネスモデル**を築くには10年ぐらいの期間が必要だったという。その成功の原点は顧客の要望を素直に受けとめ，製品や販売方法を日々改良するという地元密着型の製造小売業の強みを活かしきっていることにある。

第33章
店こそ唯一のプロフィット・センター
～フランチャイズシステム～

1. フランチャイズシステムとは

フランチャイズシステム（franchise system）とは，一般にFCシステムといわれるもので米国で発展してきたビジネスモデルである。

フランチャイザー（本部）が**フランチャイジー**（加盟店）に対して一定地域内でビジネスを行うのに必要な商標やノウハウ，研修などのサービスを提供し，指導，援助，コントロールを行う。フランチャイジーはフランチャイザーに対してサービスの対価としてのロイヤルティを支払い，店舗開設や店舗運営に必要な資金や労働力を提供する。

日本では，コンビニエンスストアやファーストフード，レストラン，居酒屋，ビデオレンタルなど多くのサービス業にこのフランチャイズシステムが採用されている。

このフランチャイズシステムが発展してきた背景は，ビジネスに関するアイデアはもっているが，それを事業拡大するための資金をもっていない起業家が，脱サラなどの個人や事業転換したい商店主や企業などと結びつくことによって，開店資金と店舗運営の労働力などを手に入れることができるため，急速に事業拡大が可能となるからである。

まさにフランチャイズシステムは，経営資源に乏しい起業家が，他力の経営資源を効率的に調達し，自らが成長することが可能になるシステムである。実際に米国でも，マクドナルドやケンタッキーフライドチキンなどのファーストフードチェーンはフランチャイズシステムによって大企業へと成長して

いったのである。

2．コンビニエンスストアの経営数値（試算）

図表Ⅲ-24は1日当りの売上高，いわゆる日販50万円のコンビニエンスストアの月間の経営数値（FC）を仮定したものである。日販50万円なので月間30日とすると，月間売上高は1500万円となる。値入率を30％とした場合，値入高は450万円となる。本部へ支払うロイヤルティを値入高の35％と仮定した場合，ロイヤルティの額は158万円となる。

経費を表のように，見切り高，ロス高，およびアルバイト給与，光熱費，消耗品費，清掃保守費，通信費などについて仮定すると，経費合計は195万円となる。この場合の店のオーナーに残る店利益は97万円となる。ただこの店利益にはオーナーの給料が含まれている計算になる。この利益全額をオーナーの給料とすれば97万円となる。オーナーは夫婦2人の場合が多いので，

(単位：万円)

項　目		月間数値	備　考
売上高		1,500	
値入高(売上の30％と仮定)		450	＝1500×0.3
本部へ支払うロイヤルティ		158	値入高の35％と仮定
経費	見切り	35	商品の値下げ額
	ロス	5	万引きなどによる損失
	アルバイト給与	115	昼間時給700円，夜間時給900円，平均時給800円 アルバイトを24時間，30日配置で計算 800円×24時間×30日＝576,000 576,000×2人＝115万円
	光熱費	25	
	消耗品費他	10	
	清掃，保守費	3	
	通信費	2	
	経費合計	195	＝35＋5＋115＋25＋10＋3＋2
	店利益	97	＝450－158－195

図表Ⅲ-24　日販50万円の店舗—月間の経営数値

夫婦2人で97万円が給料と考える。この給料が多いか少ないかは人によって異なるが，給料はできるだけ多いほうが良いと考えると，アルバイトの給与を削減して，その分オーナーや奥さんが仕事に就くことで給与を増やすことを考える。また見切りやロス，その他光熱費などの経費をもっと減らせないか工夫をすることで自分たちの給料を増やすことも可能ではある。

コンビニの1店舗当りの平均日販だが，セブン-イレブンを除くと平均日販は50万円を切っているのが現状である。もちろん平均日販は文字通り平均値であるため60万円以上の日販のオーナーもあれば日販40万円以下のオーナーもいる。

仮に日販40万円とし，経費などの数値を変えずに店利益を計算すると店利益は39万円となる。オーナー夫婦2人で39万円の給料は厳しいと考えられるので，アルバイト給与を削減して自らの労働時間を増やすなどの何らかの対策を講じることになるだろう。

フランチャイザーのブランド力，商品力，広告宣伝力，さらに店舗の立地状況や競争環境によって生じる日販の違いは，フランチャイジーである店舗オーナーの給料や労働時間に大きく影響を与えることになる。

ロイヤルティは，前述のコンビニエンスストアのように，FC加盟店の値入高の35％というような決め方をする場合を「粗利（値入）分配方式」という。この場合の35％という数値は企業によって異なる。またロイヤルティの決め方として，他にFC加盟店の売上高の5％というような「売上歩合方式」やFC加盟店が，毎月同じ金額を支払う「定額方式」がある。

3. フランチャイズビジネスのメリット，デメリット

(1) メリット

①フランチャイズ経営を行う側としてのメリット

フランチャイズシステムは，経営資源に乏しい企業が，外部から資金や労働力などの経営資源を効率的に調達し，成長することが可能となるシステムということができる。

ビデオレンタルのTSUTAYAの創業者，CCC（カルチュア・コンビニエ

ンス・クラブ) 社長の増田宗昭は「それまでTSUTAYAをフランチャイズビジネスにしようとは考えていなかった。とはいえ，直営の3号店，4号店を次々に出していきたくとも，資金の借り入れには担保がいる。私にはそれほどの担保物件がないから，直営店経営はどうしても行き詰る。そこで自分のノウハウがおカネになる仕組み，すなわちフランチャイズについての勉強を始めた。マクドナルド，ケンタッキーフライドチキンなどのフランチャイズ契約書を取り寄せ，その仕組みを参考に，新しいシステムのあり方を考えついた。そしてそのときにこれはどうしてもコンピューターが必要だということを感じた」[6]と著書『情報楽園会社』で述べている。

②フランチャイズに加盟する側のメリット

脱サラなどで知識や経験に乏しいが，すぐにも独立，開業できるというのがフランチャイズに加盟する側のメリットである。本部（フランチャイザー）が店舗運営などのノウハウを指導してくれ，コストがかかる広告も本部がやってくれるからある。

(2) デメリット

①フランチャイズ経営を行う側のデメリット

フランチャイズを行う企業は，経営資源が乏しい分，フランチャイジー（加盟店）を拡大していく際に，拡大した分に対応する商品物量，物流システム，店舗指導力，広告宣伝などを安定的に提供が困難な場合，ビジネスの発展段階で顧客の期待を裏切ることになりかねない。

またフランチャイジー（加盟店）は，契約当初はビジネスの指導を受けるというメリットを感じるが，時間を経ると，フランチャイジーの方が現場に精通して本部に対する不満や不信が生じて，契約違反の行為を行ったりする。このような加盟店とのトラブルが，ときには訴訟などの問題に発展することになる。

②フランチャイズに加盟する側のデメリット

事業内容によって異なるが，開業のために必要な初期投下資金および開店後の予期しない立地環境の変化，競合店舗の出店などリスクがある。またフランチャイズオーナー募集そのものが悪質な場合があることにも注意が必要である。

── 4. 事例研究

―フランチャイズシステムの落とし穴―

「2003年11月，CCC（カルチュア・コンビニエンス・クラブ）は加盟店へアンケート調査を実施した。結果は惨憺たるものだった。本部であるCCCの店舗運営指導に『十分満足している』はわずか10％。『まあまあ満足』を加えても41％だった。逆に『不満足』は46％。加盟店が本部に遠慮しがちな事情を考慮すれば，『不満足』はもっと多いと見るのが自然だろう。

売り場はなぜ，ここまで荒廃し，加盟店の気持ちは離れたのか。そのことを考える時，増田には言い訳のできない事情がある。CCCの経営に直接関与しない "空白の2年半" である」。[7]

この雑誌記事の「空白の2年半」の内容はCCC増田宗昭社長が1995年9月から衛星放送のディレクTVの社長をしていた（98年3月にディレクTVを退任）2年半の期間，CCCの経営から離れていたことを意味している。

その後の2000年3月からTSUTAYAのビデオレンタルの既存店売上高は前年を割ることが多くなった。とくに前述のアンケートを行った前後の2003年2月から2004年3月までは14カ月連続の既存店売上高の前年割れが続いたのである。しかしCCCの単独経常利益は増加を続けた。問題はそこにある。

フランチャイズシステムの本質の問題は，フランチャイジー（加盟店）の既存店売上高が前年を割っても本部（フランチャイザー）の売上高や利益は出店を続ける限り伸び続けるということである。出店さえすれば，本部（フランチャイザー）にはロイヤルティが入ってくるしくみになっているからだ。しかしサービス現場の店舗の前年割れが続けば，オーナーの不満はつのり，サービスレベルは低下して顧客は離れていく。その結果せっかくのビジネスモデルが崩壊するという危機に直面することにもなりかねない。

CCCは店舗再生を目指し，基本理念をまとめたコンセプトブックを作成し，CCC社員の業績評価を加盟店の売上から利益に変更するなどをして危機を乗り越えたのである。

モスフードサービスは1号店が軌道に乗り始めたころ，多店舗化を考えたが資金が不足していたため直営店を増やすことはできなかった。

　そこでフランチャイズビジネスを考えたのである。しかしフランチャイズビジネスは甘くはなかった。加盟店の募集広告を出して加盟店をつのったが，その加盟店の大半が失敗した。「加盟店側もフランチャイズに入れば楽してもうかるという甘い考えを抱き，朝から夜まで骨身を惜しんで働くことがなかったからだ。それでも彼らはもうからないと文句を言ってくる。しばらくして『このフランチャイズビジネスはいい加減にやったら社会問題になるぞ』と思った」8) と創業者の櫻田慧はそのころの気持ちを記している。

　そこでモスフードサービスはフランチャイジーのオーナーの選抜を厳しくした。基本的には働くヤル気があり，地元に精通しているオーナーに厳選したのである。フランチャイジーの面接は3回行った。加盟に関する問い合わせが年間1000件にも上がったが，実際に新規加入を許可されたのは30名前後であったというから，その厳しさがわかる。

　サービス業は現場第一主義である。サービス業は現場である店舗が唯一，利益を稼ぐ場所である。店は唯一の**プロフィット・センター**であり，その店舗が，直営であろうと，フランチャイズであろうと現場が強くなければ顧客は離れていく。CCCは店舗再生を図るために加盟店の利益を社員の業績評価に組み入れ，モスフードは加盟店のオーナーを厳選することで現場力を高めてフランチャイズビジネスの危機を脱出したのである。

第34章 短期と中長期で考える ～アンゾフの成長戦略～

1. アンゾフの製品・市場マトリックス

　会社を創業し，新製品を開発して事業が軌道に乗り，ある程度の成功を収めたとしても，その成功がそのまま永続的に続くものではない。企業が継続してさらに成長していくためにはどうすればよいのか。アンゾフ（H. Igor Ansoff）は，企業の成長図式として図表Ⅲ-25のような**製品・市場マトリックス**を提示した。

　アンゾフは，企業が長期的な成長目標を達成するためには，図に示した製品軸と市場軸で表される4つの戦略の組み合わせが必要だとした。

　アンゾフの製品・マトリックスは企業が今後成長をしていくための4つの方向を示している。すなわち，**市場浸透戦略**でいくのか，それとも**新製品開発戦略**なのか，あるいは**新市場開拓戦略**でいくのか，あるいは**多角化戦略**なのか。方向はこの4つしかないのである。もちろん4つのミックスでいく

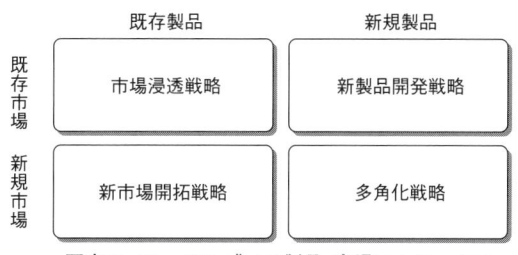

	既存製品	新規製品
既存市場	市場浸透戦略	新製品開発戦略
新規市場	新市場開拓戦略	多角化戦略

図表Ⅲ-25　アンゾフの製品・市場マトリックス
出典：H・I・アンゾフ（中村元一・黒田哲彦訳）(1990)『最新・戦略経営』産能大学出版部, p.147を一部加筆して作成

というのもありだ。
　企業の今後の戦略を考える上で重要なフレームであり，ぜひ活用してもらいたいものである。
　4つの戦略についてもう少し具体的に述べていく。
(1) 市場浸透戦略
　既存の製品を既存の市場にさらに売り込んでいくことで成長を果たそうとする戦略である。したがって，製品が属するカテゴリーの成長が今後も期待できるという前提が必要となる。自社の既存製品を既存の市場でさらに成長を高めるには，顧客の数を増やすことであり，顧客の1人当りの使用量を拡大することである。そのためには製品の使用シーンの開拓が必要となる。例えば，ミツカンポン酢は，消費者の実際の使用シーンや使用用途を調査しそれをヒントに，餃子，おろしハンバーグ，焼肉などポン酢の使用シーンのテレビ広告を行い利用者数，使用量を拡大した。
　またケンタッキーフライドチキンは，クリスマスイコールケンタッキーフライドチキンというイメージ戦略でクリスマスにおけるケンタッキーフライドチキンの利用者数，使用量を圧倒的に増やすことに成功した。
(2) 新製品開発戦略
　企業の成長目標を達成する第2の方策は，新製品開発戦略である。これは既存の顧客層に対して新製品を開発し販売することで成長を果たそうとする戦略である。
　例えば，日本コカ・コーラはコカ・コーラを利用する既存の顧客層に対して，ジョージア（コーヒー飲料）やアクエリアス（機能性飲料），クー（果実飲料）などの新製品開発を行い，各製品カテゴリーで大幅なシェアを獲得し成功した。
(3) 新市場開拓戦略
成長目標を達成する第3の方策は新市場開拓戦略である。これは新しい市場を開拓し，そこに既存の製品を売りこむことによって企業の成長をはかろうとする戦略である。新しい市場とは，海外市場や新しい流通チャネル（例えば業務用市場など），新しい媒体（インターネットなど）による新規買い手層の開拓である。

例えば、マルハは原材料となる魚のすり身を食品加工会社に供給しているが、ここ数年、アメリカでヘルシーブームに乗って大人気のカニかまを供給している。現在、全米カニかまマーケットで20％のシェアを占めている。

また、ヤマト運輸の宅急便はよく知られていが、更なる成長を目指して、「ゴルフ宅急便」「スキー宅急便」「クール宅急便」などのネーミングで宅急便の新市場を開拓して成功した。宅急便というサービス（製品）は同じだが、そのサービスを使って新しい市場を開拓したのである。

(4) 多角化戦略

成長目標達成のための最後の方策は、新製品をもって新市場に参入して成長を目指す多角化戦略である。しかし、企業が今まで行ってきた事業活動とはまったく異なる事業領域であるため、新たなリスクが発生する状況になる。

例えば、マルハの前身の大洋漁業は、200カイリ協定によって従来のように自由に魚を取れなくなり、創業以来の大ピンチを迎えた。1980年代以降、生き残りをかけて経営の多角化に乗り出し、ゴルフ場の運営やマンション販売、さらにはミンクの毛皮コートの販売などさまざまな事業に参入したが、これがすべて不振で業績は急速に下がっていった。自分の強みとは関係ない事業分野での多角化はきわめて難しい状況に陥りやすいのである。

家庭用品メーカーの花王は、エコナクッキングオイルで初めて食品市場への進出を果たし、ヘルシア緑茶で初めて男性をターゲットにした新製品開発を行って成功した。花王がそれまで築き上げてきた消費財のマーケティングノウハウが強みとなって生かされたのが成功の要因とみられる。

2. 企業の今後の戦略を考える

企業に入社し、部下を数人もつリーダーになれば、今後の戦略を考えなければならない立場となる。また課長試験や部長試験など、昇格試験でも今後の戦略を作成せよという問題が出されることもある。また大学生なら就職活動で受験企業から、履歴書提出と同時に「当社の今後の戦略を提案してください」という課題を作成しなければならない場合もある。しかし、企業戦略を考える方法を知らなければ、適切な戦略を提案することはできない。企業

の今後の戦略を考える上で，アンゾフの製品・市場マトリックスはきわめて有用である。

企業の今後の戦略を考える場合，注意しなければならないことが2つある。先ず第1は内部環境としての企業の強み，弱み，そして外部環境としての機会，脅威を分析することだ。つまりSWOT分析や3C分析を行った上で，今後の戦略をアンゾフの製品・市場マトリックスの4つから考えることである。

第2は企業の戦略を，**短期戦略**（1～2年以内）と**中長期戦略**（3～5年）と分けて考えることである。短期で実行しなければならないことと，中長期でしか実行できないことに分けなければならない。そして短期戦略ではアンゾフの4つの戦略からどの戦略をとるか，中長期戦略ではどの戦略をとるかを決める。そしてそれぞれの戦略についての具体的内容，つまり，who（顧客），what（顧客のどんなニーズ），how（どのように対応するか），さらにセグメンテーション，ターゲティング，ポジショニングを策定して，マーケ

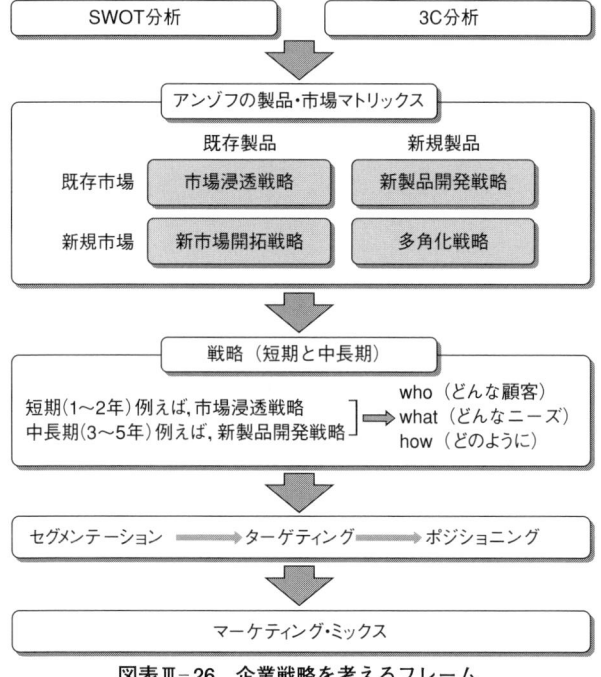

図表Ⅲ-26 企業戦略を考えるフレーム

ティング・ミックスを計画するのである。
　アンゾフのマトリックスから戦略を考えるフレームを図表Ⅲ-26に提示しておく。

第35章
人類・社会・地球の危機を救う
～「サステイナビリティ・マーケティング」～

1. 新しいマーケティング・パラダイムの序曲

(1) ラテラル・マーケティング

ラテラル・マーケティング（lateral marketing）とは，水平思考（ラテラル・シンキング）という考え方を基本にマーケティングを進めていく手法のことで，フィリップ・コトラーとフェルナンド・トリアス・デ・ベスが2003年に提唱した新しいマーケティングの考え方である。従来型のマーケティング手法を垂直思考（バーティカル・シンキング）による**バーティカル・マーケティング**（vertical marketing）と呼んで，このラテラル・マーケティングと対比している。

従来型のバーティカル・マーケティングとは，マーケティング・リサーチによって市場を細かくセグメテーション（顧客層の細分化）して，自社がどのセグメントをターゲットにするかというターゲティング（ターゲット顧客の設定）を行い，それらのターゲット顧客の頭の中における自社のポジショニング（競合と差別化するための自社の位置づけ）を定めて，4P（製品，価格，流通チャネル，プロモーション）によるマーケティング・ミックスを展開するという流れである。つまり，市場全体の一部を切り取ってそれを深く垂直的に攻め込むという手法であった。

コトラーは従来型のバーティカル・マーケティングについて「市場が固定的にとらえられ，製品のライフサイクルは短くなって，味を変えたり，色を変えたりする小手先の手法で製品の多種類化が進み，ブランドの数も増える。

その結果,市場はさらにだんだん小さくなって断片化して飽和状態にまで進む。またテレビなどの広告メディアは細分化しておりブランドを広く浸透させるためには多数のメディアに広告を出さなければならない。セグメンテーションを繰り返すことで市場は細分化し,新製品が画期的な成功を収めるチャンスは少なくなる」[9]と指摘している。そこで今までのバーティカル・マーケティングが不要として,切り捨ててきた顧客やニーズに目を向けなおそうというのがラテラル・マーケティングである。

コトラーは「ラテラル・マーケティングはバーティカル・マーケティングに代わるものではない。両者は多大に補い合う関係にある。ラテラル・マーケティングを用いれば,それまで排除されていたニーズ,ターゲット,用途,状況,属性を考慮の対象として,斬新な製品アイデアを得ることができる」[10]としている。

コトラーは事業の再定義や新カテゴリーの創造などによって成功した企業をラテラル・マーケティングの事例として紹介しているが,事業の再定義や新カテゴリーの創造については,すでにライズやトラウトなどが研究していることでもある。しかし,図表Ⅲ-27に示すようにラテラル・マーケティ

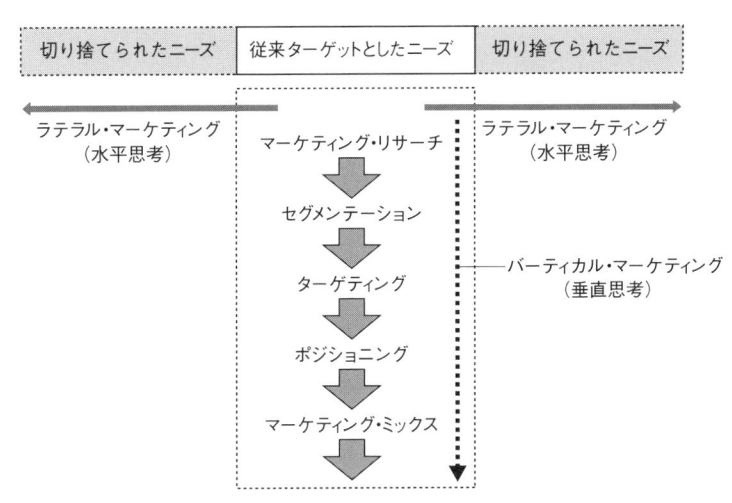

図表Ⅲ-27　ラテラル・マーケティングとバーティカル・マーケティング

出典：フィリップ・コトラー/フェルナンド・トリアス・デ・ベス（恩蔵直人監修，大川修三訳）
　　　（2004）『コトラーのマーケティング思考法』東洋経済新報社，p.48，p.90をもとに作成

ングが提起している「今まで切り捨てられてきた顧客やニーズに目を向けなおす」という考え方はきわめて重要な示唆である。

われわれは今まで，効率的な市場を目指してマーケティングを行ってきた。成熟化した日本の市場において，多くの企業は同質化した製品の単品大量販売によるシェア争いを行い，生産，製造，広告，流通，販売のそれぞれの段階において利潤と効率を追い求めてきた。そして効率にのらないと思われてきた市場や潜在化したニーズを製品化できない市場は切り捨てられてきた。われわれは今までにマーケティングの実践で培ってきた経験と技術を今まで切り捨ててきた市場に向かって活用すべきである。

それでは，その切り捨てられてきた市場とはいったい何なのか。筆者は，そのひとつとして現在，日本および世界にまで広がっているサステイナビリティとしての人間，社会，地球の諸問題ではないかと考えている。

(2) ブルー・オーシャン戦略

ブルー・オーシャン戦略（blue ocean strategy）とは，ライバル企業と同じ市場で戦い血みどろの戦いを繰り広げる既存の市場を**レッド・オーシャン**市場と呼び，それと対比して全く新しい未開拓な市場，すなわちブルー・オーシャン市場を創造しようとする戦略のことである。ブルー・オーシャン戦略はW・チャン・キム（W. Chan Kim）とレネ・モボルニュ（Renée Mauborgne）が提唱したもので，30を超える業界でブルー・オーシャンを創造した企業，レッド・オーシャンから抜け出せないでいる企業の共通要因を分析した。キムとモボルニュは，「ブルー・オーシャンを切り開いた企業は競合他社とのベンチマーキングを行わず，その代わりに従来とは異なる戦略ロジックに従っていた。それを**バリュー・イノベーション**（value innovation）と呼ぶ。この**バリュー・イノベーション**こそブルー・オーシャン戦略の土台をなしている」[11]と述べている。

バリュー・イノベーションは差別化と低コストを同時に実現するもので，これにより顧客にとって製品価値を高め，未知の市場を開拓して競争がない市場を創造するという。キムとモボルニュはシルク・ドゥ・ソレイユをバリュー・イノベーションの成功事例として取り上げている。

シルク・ドゥ・ソレイユは1984年，カナダのモントリオールでわずか20

名のストリート・パフォーマーから誕生し，今ではアーティスト1000名を含む40カ国の国籍をもつ総勢3800名からなるカンパニーである。シルク・ドゥ・ソレイユはフランス語で"太陽のサーカス"という意味で，世界の5大陸の200都市7000万人以上の観客に喜びと驚き，感動を提供し続けている，いわば経験・感動マーケティングのサーカス軍団である。そして，これまでのサーカスの概念をはるかに超えた全く新しいエンターテイメント分野「サーカス・ヌーヴォー」を切り開いている。伝統的なサーカスに根ざしながらも動物を一切使わず，元オリンピックメダリストや元トップダンサーなどによるアクロバティックな身体パフォーマンスを演劇，バレエなどと融合させて芸術の域にまで高めたパフォーマンスを行っている。日本では「シルク・ドゥ・ソレイユシアター東京」を2008年10月1日に東京ディズニーリゾートにオープンする。

　キムとモボルニュよると「シルクがもたらす娯楽は，まさに差別化と低コストが同時に実現されている点に特徴がある。この画期的なエンタテイメントショー劇団が登場するまでは，サーカス団は互いの比較をもとに，従来とさして変わりばえのしない演技で，すでに縮小傾向にあった市場でできるかぎり大きなシェアを獲得しようとしのぎを削っていた。そのためには有名な道化師やライオン使いを引き抜いてくるため，サーカスの中身そのものは以前と大差ないにもかかわらず，コストばかりが膨らんだ。こうして売上高が伸び悩む一方でコストがかさみ，サーカス業界全体の観客動員数が減っていく，という負のスパイラルに陥っていた。―シルク・ドゥ・ソレイユが成功したのはなぜか。輝かしい未来を手に入れるためには，競争から抜け出さなくてはいけない。と悟ったからである。競争他社に打ち勝つただ一つの方法は相手を負かそうとする試みをやめることなのだ」[12]と，競争他社を負かそうとすればするほど同じ市場で血みどろの戦い繰り広げるレッド・オーシャン市場から抜け出せなくなるとしている。まさに同じ土俵で戦うのではなく，新しい土俵を見つけることがブルーオーシャン戦略であると述べているのである。

　ブルー・オーシャン戦略の成功事例は日本にもある。それは今や有名になった旭山動物園である。旭山動物園は北海道旭川市にある市営の動物園であ

る。2004年に新規にオープンした「あざらし館」が人気で，入場客数はついに上野動物園を上回った。旭山動物園が知られるまでは，どこの動物園も動かない動物ばかりいるのが普通であった。しかし旭山動物園は今まで見たことのない新しい角度で動く動物を見られるようにした。オランウータンの地上17メートルでの綱渡り，水中トンネルから見られる空に浮かんでいるように泳ぐペンギン，ガラス越しには水中に飛び込んだ大きなホッキョクグマなど，子供たちが大歓声をあげている。

　旭山動物園は1980年代後半には来場者の激減で経営危機に陥った。珍しい動物を連れてくる資金はない。檻の中でじっと動かない動物をみて「動物たちがかわいそう」と子供たちが声を発した。それから園長，飼育係が中心となってどうすれば生き生きとした動物たちを間近に見て子供たちに楽しんでもらうことができるか，連日連夜の話し合いをした。薄暗い屋根を取り払って太陽の光を浴びることができる猛獣館，間近に動物に触れることができる子供広場など自分たちが見てもほんとうに楽しいと思う動物園の理想像をスケッチブックにまとめていった。そして楽しいイキイキとした動物が見られる「ホッキョクグマ館」や「あざらし館」などをひとつひとつオープンさせていった。「アザラシ館」では，円柱形のトンネルを上下移動するダイナミックなアザラシをガラス越しに見せることに成功した。「アザラシ，すっげー」という感動の言葉が子供から発せられた。他の動物園では脇役のアザラシが旭山動物園ではまさに主役となっている。

　旭山動物園はテレビ番組でも何回か報道され，ヒット商品番付にも名前を連ねた。旭山動物園は，珍しい動物ではなく一般的に良く知られている動物に注目をし，それら動物たちの動きや表情，餌のとり方などを深く観察した。旭山動物園の飼育係は行動展示係と呼ばれているが，その役割にふさわしく，動物の特徴的な面白い生態を見えるように施設をつくり変えた。すなわち動物を檻ごとに平均的に見せていた一般的な従来のやり方を改め，動物の特徴的な動きを今までにない新しい角度からダイナミックに見せるというメリハリのある方法に変えた。そして，「〇〇〇館」というどこにもない全く新しい空間を創り上げたのである。

　キムとモボルニュはブルー・オーシャン戦略の土台となるバリュー・イノ

第35章 人類・社会・地球の危機を救う ～「サステイナビリティ・マーケティング」～

取り除く 業界常識として製品やサービスに備わっている要素のうち取り除くべきものは何か	増やす 業界標準と比べて大胆に増やすべき要素は何か
減らす 業界標準と比べて思い切り減らすべき要素は何か	付け加える 業界でこれまで提供されていない，今後付け加えるべき要素は何か

図表Ⅲ-28　アクション・マトリックス

出典：W・チャン・キム／レネ・モボルニュ（有賀裕子訳）（2005）『ブルーオーシャン戦略』
　　　ランダムハウス講談社，p.51，p.60をもとに作成

取り除く 猛獣の薄暗い屋根	増やす 動物の自然な姿が見られるテーマ館
減らす 檻の中でじっと動かない動物	付け加える 動物が得意な技を見せるシーン 間近に動物に触れる子供広場

図表Ⅲ-29　旭山動物園のアクション・マトリックス

ベーション，すなわち買い手に提供する価値を見直して，新しい価値曲線を描くための**アクション・マトリックス**（図表Ⅲ-28）を提唱している。

このアクション・マトリックスを使って旭山動物園を分析すると図表Ⅲ-29のようになる。

2.「サステイナビリティ・マーケティング」の提言

ラテラル・マーケティングやブルー・オーシャン戦略はいずれも既存市場ではなく新しい市場の創造を提唱している。まさに今までのマーケティングでは市場が細分化し，そのなかでの血みどろの競争を繰り広げていることに対する新しい視点からの提唱である。

それでは新しい市場，今まで切り捨ててきた市場とは，具体的に何であろうか。そのヒントのひとつにBOPがある。BOPとはボトム・オブ・ザ・ピラミッド，すなわち1日2ドル未満で生活する経済ピラミッドの底辺に位置する世界で40億人以上の貧困層のことである。『コア・コンピタンス経営』を著したプラハラードは『ネクスト・マーケット』において貧困層＝**BOP** （bottom of the pyramid）を顧客に変える次世代ビジネス戦略を提唱している。

「テレビをつければ，40億人もの世界中の貧しい人々へ支援金を求める声が聞こえてくる。彼らは1日を2ドルにも満たない額で暮らしている。その呼びかけはマンネリ化し，人々は映像にもメッセージにも関心を持たなくなってしまった。とはいうものの，支援の必然性は増すばかりで，それに何とか答えたいと思っている人たちも，手をこまねいているといった状況だ。最も貧しい人々こそ，内に力を秘めた起業家であり，価値意識の強い消費者である」[13]と述べ，貧困を撲滅するひとつの手段として，民間企業がBOPを市場として開拓することに挑戦し，成功し始めていると指摘している。

プラハラードによるとBOPは発展可能な収益性の高い市場であり，BOPを市場として扱うことが貧困緩和につながるという。但し，BOP市場のニーズや特性を深く考察する必要があるとしている。例えば，「ヨード欠乏症は，ヨードを含有する食物（海藻類）を長期間摂取できないことによって甲状腺ホルモンが欠乏する状態で，知能指数（IQ）の低下など，知的障害を引き起こす主要な原因の1つとなっている。調査では，世界人口の30％，また2億人の子供がその危険にさらされていると指摘されている。なかでもインドでは，7,000万人以上の子供がこの病気を患っており，アフリカの多くの地域でも，同じく深刻な問題になっている。インド人のほとんどは主に塩からヨードを摂取し，塩の摂取量も比較的多いが，販売されている食塩の約20％しかヨードが添加されていない。ユニリーバの子会社であるHLLは，ヨードを分子レベルでカプセル化して食塩に加える方法に挑戦し，開発に成功した。この技術は特許製法として登録されている。ユニリーバはHLLが起こしたこのイノベーションを，ヨード欠乏症が問題となっているガーナ，コートジボワール，ケニアなどの国でもすでに展開している」[14]という。

このような事例は，まさに筆者が今後のマーケティング戦略の対象とすべきと考えている社会問題のひとつである

社会的マーケティング志向は，企業が利益を追求するだけでなく顧客満足と社会的要請，社会的責任に長期的，継続的に応えていくことが企業の達成すべき目標であるとする考え方である。

第35章　人類・社会・地球の危機を救う　〜「サステイナビリティ・マーケティング」〜

　日本の高度成長時代における企業の社会的責任は企業の存在そのものであった。例えば，家電製品や自動車，家庭用品，インテリア，カー用品，園芸用品などのメーカーや卸売業，さらに百貨店やスーパーマーケット，コンビエンスストアなどの小売業，これら企業の多くは消費者に生活の便利さを提供し，豊かさを提供するという社会的役割を果たしてきたからである。しかし21世紀には多くの問題が残った。それは日本，あるいは世界が今までに経験したことのない「地球」「社会」「人間」というテーマでくくられる現在起きている社会問題である。

　現在，日本に起きている社会問題とは具体的に何か。それは少子高齢化や格差による貧困，そして地球環境問題である。さらに地球温暖化が原因と考えられる洪水，猛暑などの異常気象が人間生活，社会生活に与える影響である。また現在マスコミをにぎわしている以下のような社会問題である。

　例えば，犯罪の低年齢化・凶悪化，家族・家庭の崩壊（DV虐待），子供の育児・教育問題，ネット犯罪・詐欺，いじめ，年金・福祉問題，不正・隠蔽（行政，企業），医師不足，格差（都市と地方，ワーキングプア）などである。

　これら社会の構造変化と人間生活への影響はきわめて深刻であり，これらの諸問題を解決することがこれからの企業やマーケティングの重要な役割と考えるのである。

　今まで企業は社会の変化，生活の変化をチャンスととらえて，ビジネスを成功させてきた。今後もこれらの社会問題をチャンスととらえてビジネスを成功させていかなければならない。社会問題の背景のひとつに生活者の心の問題に対する解決のしくみが整っていないことがある。

　例えばいじめの問題にしても，学校や行政だけに任せるのではなくむしろ企業がいじめ撲滅の新しいサービスを開発し提供する必要がある。子供がいじめを苦に自殺する事件が後を絶たない。また子育てや子供の教育について悩んでいる親が多い。今や生活者は物の豊かさよりも心の豊かさを求めている。世の中の問題をビジネスにする。ビジネスにすることによってプロの人材，プロの技術，プロのシステムが生まれるのである。いじめ撲滅や子育ての悩み解消についてもプロ化されなければならない。

社会問題を解決をする。それが事業の目的である顧客の創造につながるのだ。人類・社会・地球の危機を救う「**サステイナビリティ・マーケティング**」(sustainability marketing) を提言して，本書の結論としたい。

◎―参考文献
1) Philip Kotler（1997）*Marketing Management*, 9th ed., Prentice Hall, p.467
2) 同上
3) ヤン・カールソン（堤猶二訳）（1990）『真実の瞬間』ダイヤモンド社，pp.5-6
4) B・J・パインⅡ／J・H・ギルモア（岡本慶一・小髙尚子訳）（2005）『(新訳) 経験経済』ダイヤモンド社，pp.12-13
5) 同上
6) 増田宗昭（1996）『情報楽園会社』徳間書店，p.110，p.112
7) 『日経ビジネス』2005年7月25日号
8) 米倉誠一郎編，犬飼知徳（2005）『ケースブック－日本のスタートアップ企業』有斐閣ブックス，pp.201-202
9) フィリップ・コトラー／フェルナンド・トリアス・デ・ベス（恩蔵直人監訳，大川修二訳）（2004）『コトラーのマーケティング思考法』東洋経済新報社，p.21，p.23，p.48
10) 同上，p.102
11) W・チャン・キム／レネ・モボルニュ（有賀裕子訳）（2005）『ブルー・オーシャン戦略』ランダムハウス講談社，p.31
12) 同上，pp.19-20，pp.32-33
13) C・K・プラハラード（スカイライトコンサルティング訳）（2005）『ネクスト・マーケット』英治出版，p.26
14) 同上，pp.69-71

あとがき

　本書で述べてきたことは，一貫してマーケティングを考えよう，戦略を考えよう。マーケティングのフレームを学び，それを活用しようということである。そして誰もやらないこと，オンリーワンを目指そうということである。
　マーケティング戦略のフレームを整理すると以下のようになる。

	マーケティング理論	類型（2～5）
1	マーケティング・コンセプト	プロダクト／販売／マーケティング／社会的マーケティング
2	セグメンテーション	デモグラフィック／サイコグラフィックによる細分化
3	ターゲッティング	マス／ターゲット／ワン・トゥ・ワン・マーケティング
4	ポジショニング	新カテゴリー／既存カテゴリー（2つの軸で対極化）
5	マーケティング・ミックス	ターゲット顧客／製品／価格／チャネル／プロモーション
6	製品ライフサイクル	導入期／成長期／成熟期／衰退期
7	製品の3つレベル	製品の核／製品の形態／製品の付随機能
8	3つの価格設定方針	コスト志向型／需要志向型／競争志向型
9	プロモーション・ミックス	プッシュ戦略，プル戦略
10	4つのチャネル政策	開放的／選択的／専売的／直接チャネル政策
11	ポートフォリオ戦略	問題児／スター／金のなる木／負け犬
12	SWOT分析と戦略策定	SWOT分析→WHO／WHAT／HOW
13	ポーターの3つの競争戦略	コストリーダーシップ／差別化／集中戦略
14	競争地位別戦略	リーダー／チャレンジャー／フォロワー／ニッチャー
15	サービスの特性	無形性／品質の変動性／生産と消費の同時性／消滅性／需要の変動性
16	リレーションシップ・マーケティング	ワン・トゥ・ワン／FSP／データベース・マーケティング
17	サービスの3つのマーケティング	エクスターナル／インターナル／インタラクティブ
18	サービスマーケティング・ミックス	7P＝4P＋People，Physical evedence，Process
19	経験・感動マーケティング	モノ・便益の消費／経験・感動の消費
20	アンゾフの成長戦略	市場浸透／市場拡大／新製品開発／多角化戦略
21	ラテラル・マーケティング	ラテラル／バーティカル・マーケティング
22	ブルー・オーシャン戦略	ブルー・オーシャン／レッド・オーシャン戦略

　マーケティングの戦略類型は，表に示すように2つから6つくらいのパターンに類型化される。例えば4つのチャネル政策は開放的，選択的，専売的，直接の4つの方法があるということだ。4つのうちどの政策を採るかは企業が自分にあった政策を採ればよい。製品ごとに異なるチャネル政策を採用しても良いのである。どの政策が優れているかということではない。それが類型化の意味である。自社の状況や外的な環境に応じて最もふさわしい政策を

とることが必要なのである。

　これらのマーケティング戦略の類型は企業の実態を長年研究され体系化，類型化され構築されてきた理論である。机上の空論では全くない。実務に裏打ちされた理論であることを認識しておくべきである。

　企業の成功事例は必ずＳＷＯＴ分析ができる。成功の背景には自社の強みを見出し，さらにそれを強くして，弱みはカバーを考える。そして機会を逃さない。その機会は市場の，顧客の変化である。その変化を見逃さなかった。それがＳＷＯＴ分析をすることで明らかになるはずである。

　前述のマーケテング戦略類型はあくまでも思考のフレームである。思考のための武器であり，道具である。それを使うのは人間であり，使う人の想い，夢を実現したいと思う心，情熱が重要となる。情熱があればＳＷＯＴ分析の機会を逃す確率は低い。情熱がなければ，機会はやってこない。儲かる情報はやってこないのである。

　冒頭の「はじめに」でも述べたが，筆者が取り上げている企業の成功事例は，すべてオンリーワンである。他人がやらないことをやった企業ばかりである。しかし多くの企業は同質化の競争に明け暮れているように思う。他人と違う土俵を見つけることが最も重要であることがまだ理解されていないように思われるのである。誰でもが見つけるような広い道に，真の戦略はない。むしろ魔の道の場合すらある。誰もが見つけられない細い道を切り開いていくこと。それが真の道で，最も実現可能な，そして成功への近道であると筆者は考える。問題は広い道しか見えない自分をどう改革し，広い道しか見えない他人をどう説得するかが重要なのである。

　マーケティングは，企業のためだけでなく，人類のため，社会のため，地球のためにというようにその役割の範囲は極めて広がっている。今まで築き上げられてきたマーケティング理論を活用して，サステイナビリティ，すなわち人・社会・地球に優しいマーケティングを実践されることを期待したい。

３月31日

高谷和夫

◎――著者略歴

高谷　和夫（たかや・かずお）

目白大学社会学部社会情報学科教授
京都府立大学卒業後，大手企業においてストアプランニング，
マーチャンダイジング，商品開発など実務経験を積む
本社商品企画部長などを歴任後，1993年独立
企業やビジネススクールでマーケティングの指導を行う。
2002年　株式会社マーケティングトレインジャパン設立，
　　　　代表取締役に就任
2004年　目白大学人間社会学部社会情報学科教授就任
　　　　日本商品学会，日本ダイレクトマーケティング学会所属
　　　　現在に至る
主な著書・論文に，
「情報化社会におけるマーケティング戦略の考察」（目白大学総合科学研究第3号）
『チェーンストア・マネジメント』（繊研新聞社）
『新しいサービスの跫音が聞こえる』（産能大学出版部）
『商品開発の実際』（日本経済新聞社）
『時間マーケティング』（産能大学出版部）
『リテイル・マーケティング革命』（産能大学出版部）
『超価格破壊と製配販同盟』（産能大学出版部）
などがある

サステイナビリティ時代のマーケティング戦略　〈検印省略〉

■発行日――2008年4月26日　初版発行
　　　　　2014年4月6日　第2刷発行

■著　者――高谷　和夫
■発行者――大矢栄一郎
■発行所――株式会社　白桃書房

　　〒101-0021　東京都千代田区外神田5-1-15
　　℡03-3836-4781　FAX03-3836-9570　振替00100-4-20192
　　http://www.hakutou.co.jp/

■印　刷――藤原印刷

©Kazuo Takaya 2008 Printed in Japan　ISBN 970-4-561-65172-7 C3063

本書のコピー，スキャン，デジタル化等の無断複製は著作権法上での例外を除き禁じられています。本書を代行業者等の第三者に依頼してスキャンやデジタル化することは，たとえ個人や家庭内の利用であっても著作権法上認められておりません。

JCOPY　＜（社）出版者著作権管理機構　委託出版物＞
本書の無断複写は著作権法上での例外を除き禁じられています。複写される場合は，そのつど事前に，（社）出版者著作権管理機構（電話 03-3513-6969, FAX 03-3513-6979, e-mail: info@jcopy.or.jp）の許諾を得てください。
落丁本・乱丁本はおとりかえいたします。

出牛正芳【編著】
基本マーケティング用語辞典［新版］

マーケティングに携わる人が知っておかなければならないマーケティング論の基本用語と，隣接諸科学の関連用語をもれなく収録し，簡潔に解説したコンパクトな小辞典。学生，研究者，一般実務家に役立つ必携・必備図書。

ISBN978-4-561-64146-9　C3563　B6判　290頁　**本体 2500 円**

株式会社
白桃書房

（表示価格には別途消費税がかかります）

小宮路雅博【著】
徹底マスター マーケティング用語

本書は，マーケティングの基礎概念や理論を理解しながら，必要な用語をきちんと押さえるために生まれた問題集である。基礎からMBAレベルまで通用する 500 問 1300 用語をそろえ，徹底的にマスターできる。

ISBN978-4-561-65154-3　C3063　B5判　210頁　本体1905円

株式会社
白桃書房

（表示価格には別途消費税がかかります）

クリストファー・ラブロック／ローレン・ライト【著】小宮路雅博【監訳】
サービス・マーケティング原理

多様性が特徴のサービス・ビジネスにおいて，マーケティングとマネジメントの基本プロセスを理解するためのテキスト。マーケティング分野にとどまらず，サービス研究の統合的アプローチを提示する優れた理論書である。

ISBN978-4-561-65127-7　C3063　A5判　440頁　本体3900円

株式会社
白桃書房

（表示価格には別途消費税がかかります）